B2

gente hoy 3

Libro del alumno

Curso de español basado en el enfoque por tareas

Ernesto Martín Peris
Jaume Muntal Tarragó
Carmen Pastor Villalba
Nuria Sánchez Quintana
Neus Sans Baulenas

GENTE HOY
renovación pedagógica

una renovación **pedagógica**

- **Una nueva unidad**: Gente que aprende español (unidad 0) para conocerse y activar estrategias de aprendizaje de idiomas.
- **Profundas modificaciones en todas las unidades:** nuevos documentos, nuevas actividades y ampliación de ciertos contenidos.
- **Inclusión de internet** como propuesta de consulta y contacto con materiales auténticos.
- **Nueva concepción de los materiales audiovisuales.** Ahora más breves y más a mano, con el fin de facilitar su uso en la secuencia de enseñanza.

Todos los vídeos del curso están disponibles en línea.

http://goo.gl/aQhov

2 dos

una renovación **gráfica**

- Nuevo carácter del diseño gráfico, acorde a las expectativas actuales, pero fiel a las señas de identidad de **Gente**.
- Representación de los aspectos culturales del mundo del español con mayor abundancia de recursos fotográficos.
- Un aspecto característico desde siempre en **Gente** es el cuidado en la planificación de las ilustraciones como apoyo pedagógico. Ahora, junto a las más emblemáticas, nuevas propuestas de estilo muy contemporáneo.

PRESENTACIÓN

gente
hoy

Desde el primer momento, la enseñanza mediante tareas se centró en la acción del sujeto y en la interacción entre varios; proponía, pues, un aprendizaje caracterizado por tres propiedades: aprendizaje desarrollado mediante el uso de la lengua, uso de la lengua basado en textos y actividades de aula llevadas a cabo en cooperación entre alumnos. Estos elementos constitutivos del modelo fueron plenamente asumidos en la elaboración del manual GENTE. Han sido asumidos, también, por la gran mayoría de profesionales de la enseñanza de ELE (docentes, autores de materiales, responsables de programación y exámenes, etc.), hasta tal punto que hoy se aceptan como algo que se da por supuesto.

La gran aceptación que obtuvo GENTE y la satisfacción con que lo valoran los profesores y alumnos que lo han venido utilizando en todos estos años eran un poderoso estímulo para abordar la tarea de actualizar su presentación que se propuso la editorial; también, al propio tiempo, para introducir todas aquellas modificaciones que pudieran mejorarlo. A esta mejora han contribuido en gran medida, sin duda, las sugerencias de los profesores usuarios, que desde aquí queremos reconocer y agradecer sinceramente.

Como se ha señalado en más de una ocasión, una de las virtudes del enfoque mediante tareas es su capacidad de incorporar en el propio diseño de las tareas las nuevas aportaciones de las diversas disciplinas implicadas en la didáctica; y no solo en el diseño de las tareas propuestas en un manual, sino también en su ejecución en el aula. Es algo que estamos seguros de que han hecho y seguirán haciendo estos profesores y todos aquellos que se les unan con la publicación de esta nueva versión de GENTE.

cómo funciona
gente hoy

ENTRAR EN MATERIA
Estas páginas ofrecen un primer contacto con los temas y con el vocabulario de la unidad. Te anunciaremos cuál es la meta que nos hemos marcado para esta unidad y qué cosas vamos a aprender.

Estos iconos te informan sobre el tipo de trabajo que te propone la actividad: hablar con los compañeros, escuchar una grabación, tomar notas, elaborar una producción escrita o buscar en internet.

Normalmente se proponen pequeñas actividades de comprensión.

Se presentan los objetivos y los contenidos gramaticales de la unidad.

Aquí se anuncia el vídeo disponible para la unidad.

Cómo trabajar con estas páginas

▶ La imagen te va a ayudar mucho a comprender los textos o el vocabulario.

▶ Tus conocimientos generales, de otras lenguas o, simplemente, del mundo también te van a ser útiles. Aprovéchalos.

▶ Cuando en las actividades tengas que hablar o escribir, podrás hacerlo con los recursos lingüísticos ya aprendidos en secciones anteriores.

EN CONTEXTO
Estas páginas presentan documentos con imágenes, textos escritos y textos orales similares a los que vas a encontrar en las situaciones reales. Sirven para ponerte en contacto con los contenidos de la unidad y para desarrollar tu capacidad de comprender.

Hay textos muy variados: conversaciones, anuncios, artículos de prensa, programas de radio, folletos, cómics, etc.

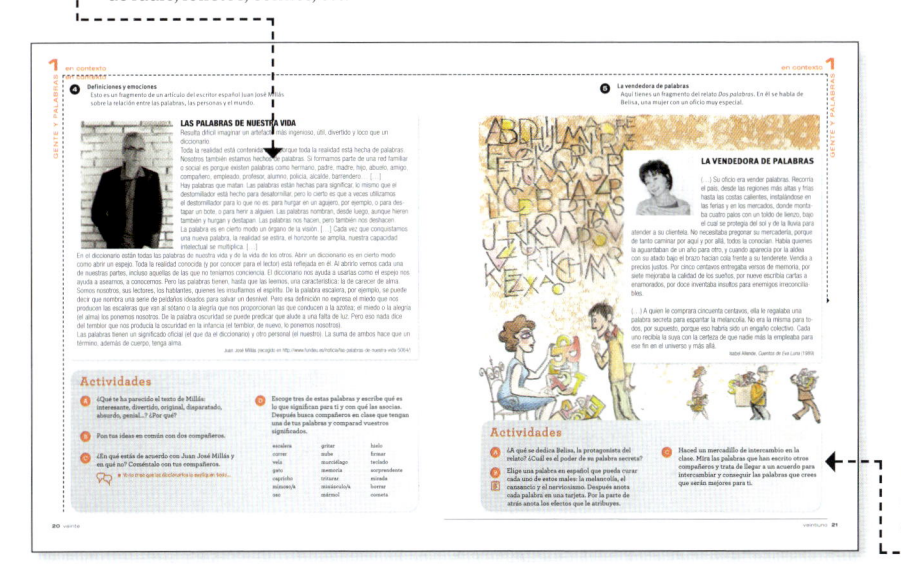

Lo que vamos a hacer con cada documento está en el cuadro "Actividades".

Cómo trabajar con estas páginas

▶ Desde el principio vas a leer y a escuchar ejemplos auténticos del español de todos los días. No te preocupes si no lo entiendes absolutamente todo. No es necesario para realizar las actividades.

▶ Encontrarás nuevas estructuras y nuevos contenidos. Tranquilo, en las siguientes secciones vamos a profundizar en su uso.

INTRODUCCIÓN

cinco **5**

FORMAS Y RECURSOS

En las actividades de estas páginas vamos a fijar la atención en algunos aspectos gramaticales pensando siempre en cómo se usan y para qué sirven en la comunicación.

Todos los recursos lingüísticos que se practican los encontrarás agrupados en una columna central. Esta "chuleta" te ayudará a realizar las actividades y podrás consultarla siempre que lo necesites.

Cómo trabajar con estas páginas

▶ Muchas veces tendrás que trabajar con un compañero o con varios y así practicaremos de una forma interactiva.

▶ En otras ocasiones te proponemos actividades en las que deberás explorar la lengua, fijarte en sus estructuras y en sus mecanismos para comprender mejor alguna regla determinada.

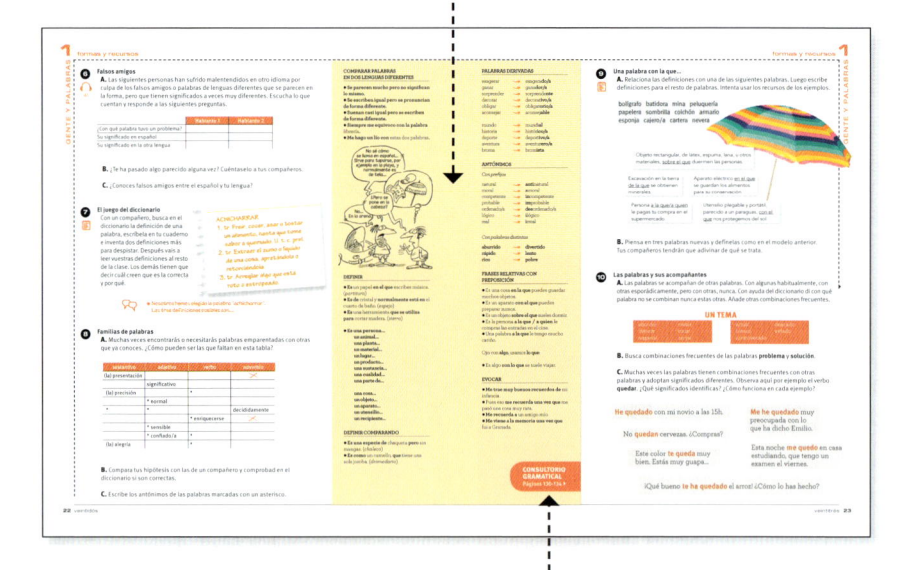

En esta nota te indicamos las páginas del "Consultorio gramatical" de esta unidad, que se halla al final del libro, donde podrás ampliar las explicaciones que tienes en la "chuleta".

TAREAS

Aquí encontrarás tareas para realizar en cooperación, en pequeños grupos o con toda la clase. Son actividades que nos permitirán vivir en el aula situaciones de comunicación similares a las de la vida real: resolver un problema, ponerse de acuerdo con los compañeros, intercambiar información con ellos y elaborar un texto, entre otras.

En muchas ocasiones, la doble página aporta nuevos recursos prácticos para la presentación del resultado de la tarea o para su preparación en grupos. Estos recursos se recogen en el apartado "Os será útil".

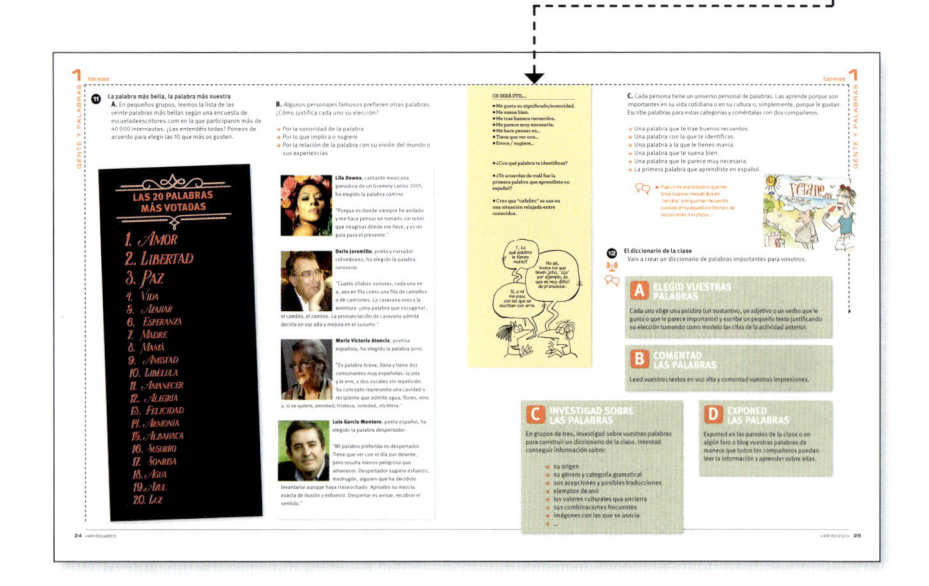

Cómo trabajar con estas páginas

▶ Lo más importante es la fluidez y la eficacia comunicativa. Recuerda que en páginas anteriores ya hemos practicado las herramientas lingüísticas que necesitas para comunicarte con tus compañeros; lo esencial ahora es llegar a manejar, en contexto, de forma natural y efectiva lo que hemos estudiado.

▶ En la fase de preparación, pregunta al profesor lo que necesites saber, o bien búscalo en el libro o en el diccionario, y discute con tus compañeros todo lo que consideres necesario para mejorar "el producto".

6 seis

MUNDOS EN CONTACTO

En estas páginas encontrarás información y propuestas para reflexionar sobre la cultura hispanohablante, tanto sobre la vida cotidiana como sobre otros aspectos, históricos, artísticos, etc.

En estas páginas encontraremos textos y actividades que nos ayudarán a entender mejor las sociedades hispanohablantes y nuestra propia cultura.

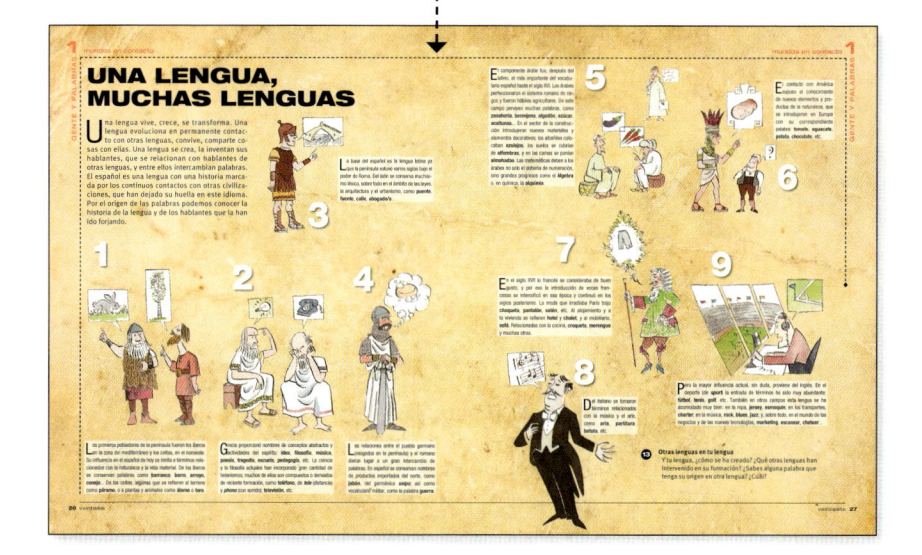

Cómo trabajar con estas páginas

▶ Muchas veces tendremos que reflexionar sobre nuestra propia identidad cultural y sobre nuestras propias experiencias para poder entender mejor las otras realidades culturales.

▶ Hay textos que te pueden parecer complejos. Pero ten en cuenta que solo tienes que entenderlos, no se trata de producir textos similares.

CONSULTORIO GRAMATICAL

Al final del libro tienes a tu disposición un compendio sencillo, completo y claro de todos los contenidos gramaticales del libro ordenados por unidades.

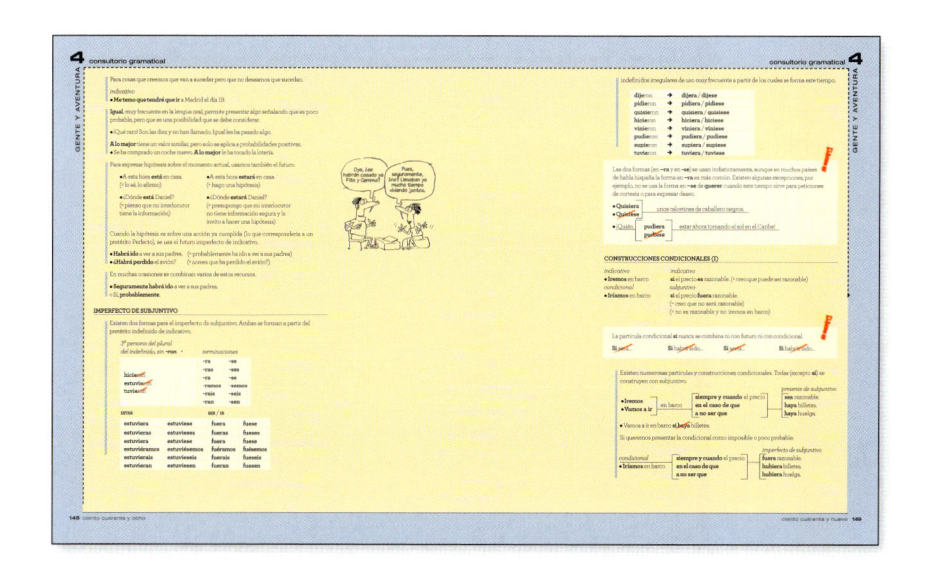

Cómo trabajar con estas páginas

▶ Cuando tengas una duda o quieras repasar puedes ir al consultorio. Aquí vas a encontrar explicaciones más detalladas de los contenidos lingüísticos organizados por unidades.

▶ A veces necesitarás saber si un verbo es irregular en un tiempo del pasado. Una rápida visita al Consultorio verbal te sacará de dudas.

siete **7**

ÍNDICE

0 gente que aprende español
p. 14

ENTRAR EN MATERIA
Hablar del aprendizaje de idiomas.
Vídeo
Tres estudiantes nos hablan de sus trucos y dificultades con el español.

TAREAS
Vamos a reflexionar sobre cómo aprendemos y a crear un gráfico sobre nuestro entorno personal de aprendizaje para el español.

Comunicación
Hablar de nuestras competencias respecto al español.
Expresar dificultades.
Expresar intereses.

Sistema formal
Me parece/n + adjetivo.
Me cuesta/n.
Me interesa/n.
Por/porque y **para**.

Vocabulario
Ámbitos relacionados con el uso de los idiomas.
Actividades de aprendizaje.
Dimensiones de la competencia comunicativa.
Ámbito de la tecnología y la comunicación.

Textos
Recomendaciones para el aprendizaje (CE, IO).
El entorno personal de aprendizaje (CE e IO).

CE = comprensión escrita
CO = comprensión oral
EO = expresión oral
IO = interacción oral
EE = expresión escrita

1 gente y palabras
p. 18

ENTRAR EN MATERIA
Reflexionar sobre el uso y aprendizaje de las palabras.
Vídeo
El Día E. Tu palabra favorita del español.

EN CONTEXTO

Comunicación
Hablar sobre la importancia de las palabras.
El significado de las palabras y el uso del diccionario.

Vocabulario
Definiciones y emociones.

Textos
Fragmento de un relato (CE, IO).
Artículo de prensa (CE, IO).

FORMAS Y RECURSOS

Comunicación
Comparar palabras en dos lenguas diferentes.
Definir objetos, lugares y personas.
Hacer un uso más completo del diccionario.

Sistema formal
Recursos para definir palabras: **Es... en el que... / Es de... / Es un/a... que su utiliza para...**
Definir y comparar: **Es una especie de... pero...**
Palabras derivadas: sustantivo, adjetivo, verbo, adverbio.
Frases relativas con preposición: **en la que / sobre el que/ a quien...**

Vocabulario
Falsos amigos.
Combinaciones de palabras.
El verbo **quedar**.
Antónimos: con prefijos y con palabras distintas.

TAREAS
Elegir las diez palabras que más nos gustan en español y elaborar el diccionario de la clase.

Comunicación
Conocer y valorar algunas de las palabras más apreciadas en español.
Evocar experiencias.

Sistema formal
Expresiones de valoración: **Me gusta... / Me suena bien...**
Expresar la opinión: **Pues a mí... / Yo creo que...**
Evocar sentimientos y recuerdos: **Me recuerda a... / ¿Te acuerdas de...? / Me trae muy buenos recuerdos...**

Vocabulario
Las palabras más valoradas en español.

Textos
Entrevistas (CE, IO).

MUNDOS EN CONTACTO
Historia y evolución de una lengua: los orígenes del español.

2 gente de cine
p. 28

ENTRAR EN MATERIA
Hablar sobre películas y gustos cinematográficos.
Vídeo
Tres tráilers de películas en español.

EN CONTEXTO
Comunicación
Hablar sobre el guion y el argumento de una película española.
Vocabulario
El lenguaje cinematográfico.
Textos
Biografía (CE).
Fragmento de un guion (CE, IO, EE, EO).

FORMAS Y RECURSOS
Comunicación
Narrar escenas con descripciones detalladas.
Describir y valorar series de televisión famosas.
Expresar y describir hábitos cotidianos.
Escribir una escena de una película.
Sistema formal
Los cambios de lugar (**se acerca, se va**...), de posición (**se sienta, se levanta**...) y de actitud (**se pone a llorar, a reír**...).
Verbos pronominales.
Marcadores temporales.
Vocabulario
Describir el aspecto físico, la ropa y la indumentaria.
Hablar del tiempo y del momento del día.
Cine y televisión: géneros, características...

TAREAS
Elaborar un guion de un cortometraje.
Comunicación
Trabajar un guion a partir de un *storyboard*.
Expresar preferencias personales sobre actores y actrices.
Describir situaciones y relatar hechos en presente.
Sistema formal
El presente de indicativo.
Transmitir órdenes.
Usos de **poner** y **ponerse**.
Usos de **quedar** y **quedarse**.
¿Cómo te imaginas...?
¿Qué le dices...?
Vocabulario
Elementos de la narración (personajes, argumento, punto de vista, escenarios...)
Películas, guiones y rodajes.
Textos
Sinopsis de un cortometraje (CE).

MUNDOS EN CONTACTO
Conocer el mundo de la telenovela, su historia y el impacto social que tiene en los teleespectadores.

3 gente genial
p. 38

ENTRAR EN MATERIA
Hablar sobre personajes célebres y su genialidad.
Vídeo
Tráiler de un documental sobre Paco de Lucía.

EN CONTEXTO
Comunicación
Profundizar en la figura de Lorca y su contexto histórico.
Relatar acciones pasadas.
Sistema formal
Construcciones pasivas y construcciones absolutas.
Vocabulario
Datos biográficos.
Textos
Biografía (CE).

FORMAS Y RECURSOS
Comunicación
Hablar de personajes famosos y valorar sus datos biográficos.
Valorar acciones, logros y cualidades.
Desarrollar biografías.
Sistema formal
Usos del pretérito indefinido y el pretérito imperfecto.
Expresiones temporales.
Perífrasis verbales.
Hacerse / quedarse.
Vocabulario
Recursos para la narración de biografías.
Verbos que expresan cambios en la vida.

TAREAS
Elegir a tres personas de la historia de la humanidad muy importantes por algún motivo.
Comunicación
Describir situaciones y relatar hechos en el pasado para referirnos a hechos biográficos.
Sistema formal
Usos del pretérito indefinido y del imperfecto.
El condicional.
Vocabulario
Elementos biográficos y ámbitos personales y profesionales.
Textos
Biografías: Dos premios Nobel de la Paz (CE).

MUNDOS EN CONTACTO
Conocer la realidad de los movimientos migratorios en la actualidad.

ÍNDICE

nueve **9**

ÍNDICE

4 gente y aventura p. 48

ENTRAR EN MATERIA
Hablar sobre las diferentes formas de viajar: ventajas e inconvenientes.
Vídeo
Entrevista y reportaje sobre parapente.

EN CONTEXTO

Comunicación
Informarse sobre la Patogonia y la Tierra de Fuego: rutas, expediciones e itinerarios.

Sistema formal
Expresar la opinión: **Yo creo que**…
El futuro imperfecto
El condicional

Vocabulario
Los accidentes geográficos.
Los viajes de aventura y tipos de actividades.

Textos
Folletos de viaje (CE).

FORMAS Y RECURSOS

Comunicación
Describir los espacios naturales y el clima.
Referirse a situaciones de emergencia y sus posibles soluciones.

Sistema formal
Expresar finalidad: **para / para que**.
El imperfecto de subjuntivo: forma y usos.
Expresar certeza, probabilidad: **quizás / posiblemente**…
Relaciones temporales en el futuro.
Expresar condiciones: **si… / siempre y cuando / siempre que / a no ser que / con tal de que / a condición de que**…
Expresar resignación.

Vocabulario
Planes e intenciones.
Equipajes.
Incidentes y remedios.

Textos
Entrevista (CE).

TAREAS
Preparar una expedición de aventura.

Comunicación
Barajar diferentes opciones y elegir un destino de viaje.

Sistema formal
Es imprescindible…
Lo más importante / útil / necesario es…

Vocabulario
Búsqueda y selección de vocabulario útil para la preparación y realización de un viaje de aventura.

Textos
Artículo informativo (CE, IO, EE).

MUNDOS EN CONTACTO
Conocer la experiencia de viajar en bici por América y la realidad de los diferentes países.

5 gente con derechos p. 58

ENTRAR EN MATERIA
Hablar sobre los animales y la relación que tienen con los humanos.
Vídeo
Anuncio sobre la OCU, organización de consumidores española.

EN CONTEXTO

Comunicación
Reflexionar sobre los derechos básicos de los consumidores.

Sistema formal
El imperativo afirmativo y negativo.

Vocabulario
Derechos básicos del consumidor.
Las reclamaciones.

Textos
Folleto informativo (CE, IO).
Artículo (CE, IO).

FORMAS Y RECURSOS

Comunicación
Describir los intereses de automovilistas y peatones.
Valorar las experiencias de los consumidores.
Valorar propuestas y plantear condiciones para su aceptación.

Sistema formal
Hacer propuestas y sugerencias: **Habría que… / Propongo**…
Aceptar con condiciones: **De acuerdo, pero**…
Marcadores temporales de inicio: **A partir de ahora**…
Usos del pronombre neutro **lo**.
El / la / los / las de.
Enumeraciones y adiciones: **…ni siquiera… / …e incluso**…
Usos del indicativo y el subjuntivo.

Vocabulario
Normas, derechos y obligaciones.

TAREAS
Elaborar la declaración de derechos de un colectivo.

Comunicación
Hablar y debatir sobre la defensa de los derechos de los consumidores.

Sistema formal
Plantear la opinión y matizarla: **Lo que yo digo es… / Yo no lo veo así, porque**…
Intentar llegar a un acuerdo.

Vocabulario
Colectivos.
Publicidad.

Textos
Propuesta de ley (EO, IO).

MUNDOS EN CONTACTO
Leer un texto literario y reflexionar sobre las expresiones relacionadas con los animales en español.

6 gente con corazón p. 68

ENTRAR EN MATERIA

Hablar sobre las relaciones personales y de pareja.
Vídeo
Cortometraje *Inocente*.

EN CONTEXTO

Comunicación
Obtener información sobre el actor español Alejandro Cantero.
Sistema formal
Llevarse bien / mal.
Usos del pretérito indefinido y del imperfecto.
Usos del pretérito imperfecto de subjuntivo.
Vocabulario
Descripción física y de la personalidad.
Acontecimientos biográficos.
Textos
Artículo de revista (CE, IO, EO).

FORMAS Y RECURSOS

Comunicación
Hablar sobre los problemas de la convivencia.
Relatar experiencias pasadas y anécdotas.
Sistema formal
Describir caracteres, actitudes y sentimientos.
Relatar y valorar situaciones y hechos pasados.
Usos del subjuntivo: hablar de emociones pasadas: **Le sentó fatal que…** / **No soportaba que…**
Organizadores de la información: **Según…** / **Me he enterado de que…**
Vocabulario
Gustos, aficiones y manías.
Relaciones personales.

TAREAS

Analizar las relaciones que mantuvo un grupo de personas.
Comunicación
Hablar sobre los momentos de tensión y los conflictos que se generan durante los viajes en grupo.
Reflexionar sobre la profesión de guía turístico.
Sistema formal
Disculparse: **No lo hice con mala intención**.
Ejemplificar: **Un día, por ejemplo,…** / **Una vez…**
Vocabulario
Viajes organizados.
Relaciones personales y situaciones conflictivas.
Textos
Cuaderno de bitácora (CE, IO).

MUNDOS EN CONTACTO

Reflexionar sobre el concepto del amor y el desamor a través de la música romántica antigua y actual.

7 gente utópica p. 78

ENTRAR EN MATERIA

Especular sobre las causas de diferentes tipos de lucha social.
Vídeo
Vídeo sobre el "derecho a soñar": varias personas describen el mundo con el que sueñan.

EN CONTEXTO

Comunicación
Expresar quejas y denuncias sociales.
Sistema formal
Basta ya de… / **Me niego a aceptar (que)…** / **Estoy hasta las narices de…** + sustantivo / infinitivo / presente de subjuntivo.
Vocabulario
Buzón de quejas.
Temática social.
Textos
Buzón de quejas (CE, IO).

FORMAS Y RECURSOS

Comunicación
Expresar rechazo, preocupación y descontento.
Mostrar acuerdo y desacuerdo, argumentar y clarificar las opiniones.
Expresar deseos y promesas.
Sistema formal
Expresar rechazo: **No soporto…** / **Me fastidia…** / **Lo que más me molesta…**
Expresar deseos: **Me gustaría…** / **Lo ideal sería…**
Expresar finalidad en indicativo y subjuntivo: **para** / **a fin de** / **a fin de que**.
Aludir a temas: **lo de que…** / **eso de que…**
Vocabulario
Asociaciones y formaciones políticas.
Denuncia social.
Influir y conseguir.
Textos
Fragmentos de programas electorales (CE, IO).

TAREAS

Elaborar el programa de un nuevo grupo político y celebrar elecciones en clase.
Comunicación
Debatir sobre propuestas electorales: ventajas e inconvenientes.
Sistema formal
Declarar intenciones: presente de indicativo y futuro imperfecto.
Vocabulario
Promesas y objetivos políticos.
Textos
Programa electoral (CE, IO).

MUNDOS EN CONTACTO

Reflexionar sobre los problemas sociales y políticos actuales a través de la canción protesta.

once **11**

ÍNDICE

8 gente y productos p. 88

ENTRAR EN MATERIA
Reflexionar sobre el arte de hablar en público.
Vídeo
Tutorial sobre el lenguaje corporal al hablar en público: cómo usar las manos.

EN CONTEXTO
Comunicación
Hablar sobre las características y beneficios de un producto alimentario.
Sistema formal
Los conectores del discurso.
Vocabulario
El aceite de oliva y sus propiedades.
Textos
Artículo (CE, IO, EE).

FORMAS Y RECURSOS
Comunicación
Reformular ideas y conceptos.
Conectar informaciones y organizar el discurso.
Describir las características de algunos productos y sus propiedades.
Sistema formal
Reestructurar la información en un registro formal.
Contraponer informaciones.
Sustantivos derivados de verbos.
Relacionar causas y consecuencias: usos de **por**.
Organizadores discursivos: **por tanto, por el contrario**, etc.
Construcciones concesivas con **sin embargo, aunque, a pesar de...**
Adverbios en **-mente** con valor discursivo: **efectivamente, concretamente**, etc.
Vocabulario
El oro de Perú.
La yerba mate.
Textos
Artículo y resumen (CE, IO, EO).

TAREAS
Preparar una breve presentación de un producto.
Comunicación
Reflexionar sobre la exportación y comercio de productos entre países.
Preparar una exposición oral.
Sistema formal
Vamos a tratar de explicarles...
También haremos un breve repaso de...
Para terminar / Por último...
Yo quería preguntar si...
Vocabulario
Exportación y comercialización de productos.
Conferencias.
Textos
Gráfico (CE, IO).

MUNDOS EN CONTACTO
Reflexionar sobre los productos y la gastronomía típica de varias regiones dentro del concepto general de la cultura de las tapas.

9 gente y culturas p. 98

ENTRAR EN MATERIA
Hablar sobre las fiestas y las celebraciones populares.
Vídeo
Reportaje sobre dos fiestas gallegas muy populares: la romería vikinga de Catoira y la fiesta histórica de Ribadavia.

EN CONTEXTO
Comunicación
Identificar la información más relevante sobre las bodas en España.
Vocabulario
Cifras y porcentajes.
Las bodas: indumentaria, invitados, banquete, gastos, etc...
Celebraciones familiares.
Textos
Artículos (CE, IO, CO).

FORMAS Y RECURSOS
Comunicación
Aproximarnos a diferentes costumbres y prácticas sociales para entenderlas mejor.
Aconsejar y hacer recomendaciones.
Expresar gustos y preferencias.
Felicitar.
Sistema formal
Manifestar sorpresa: **Me llama mucho la atención... / Me parece curioso...**
Contrastar información: **Mientras que... / En cambio...**
Expresar la opinión: **Creo que / No creo que**
Expresar deseos: **Que te diviertas / Que te vaya bien.**
Deshacer malentendidos o prevenirlos: **No vayas a pensar que...**
El verbo **soler**.
Uso de los pronombres **se le...**
Vocabulario
Hábitos y costumbres.
Celebraciones.

TAREAS
Escribir un correo electrónico a alguien que quiere visitar nuestro país.
Comunicación
Facilitar información sobre un lugar.
Expresar las primeras impresiones sobre algo.
Compartir experiencias.
Sistema formal
Introducir información nueva.
Pasar de un tema a otro.
Enlazar dos temas con un punto en común.
Introducir un nuevo tema en contraste con el anterior.
Vocabulario
Viajes y ciudades.
Costumbres.
Textos
Correo electrónico (CE, IO, EE).

MUNDOS EN CONTACTO
A partir de la lectura de un artículo y el fragmento de un texto, sensibilizarse y reflexionar sobre las diferencias y las semejanzas que existen entre las diferentes culturas a través del lenguaje.

10 gente y emociones
p. 108

ENTRAR EN MATERIA
Expresar emociones y estados de ánimo.
Vídeo
Reportaje sobre la inteligencia emocional.

EN CONTEXTO

Comunicación
Reflexionar sobre los aspectos positivos y negativos de las emociones.
Debatir sobre la inteligencia emocional.

Vocabulario
Emociones y sentimientos.
Inteligencia emocional.
Los emoticonos.

Textos
Artículos (CE, IO).

FORMAS Y RECURSOS

Comunicación
Plantear situaciones imaginarias y posibles reacciones.
Valorar situaciones.
Debatir diferentes tipos de inteligencias y habilidades.

Sistema formal
El pretérito pluscuamperfecto de subjuntivo.
Construcciones condicionales con condicional compuesto.
El estilo referido.
Como si fuera / hubiera sido...
Circunstancias temporales: **Justo al / Estar a punto de** + infinitivo.
Situaciones hipotéticas: **Imagínate que... / ¿Qué harías si...?**

Vocabulario
Reuniones.
Anécdotas y experiencias.
Inteligencias múltiples.

TAREAS
Elaborar un cuestionario sobre la personalidad de los compañeros.

Comunicación
Responder un cuestionario sobre nuestra personalidad.
Debatir sobre el grado de inteligencia emocional.

Sistema formal
Interrogativas directas: **¿Eres...? / ¿Te consideras...?**

Vocabulario
La personalidad.
La inteligencia emocional.

Textos
Test de personalidad (CE, IO).

MUNDOS EN CONTACTO
Reflexionar sobre las costumbres culturales de proximidad: los besos y los abrazos en público.

11 gente justa
p. 108

ENTRAR EN MATERIA
Discutir sobre algunas costumbres o normas que pueden resultar arbitrarias y generar conflicto.
Vídeo
Cortometraje *Subterráneo*.

EN CONTEXTO

Comunicación
Valorar noticias.
Criticar y defender acciones y comportamientos.
Hacer reproches.

Sistema formal
Expresiones de valoración: **Me parece injusto / criticable...**

Vocabulario
Premios.
Conductas sociales.

Textos
Web (CE, IO).

FORMAS Y RECURSOS

Comunicación
Expresar juicios morales.
Criticar y defender acciones y comportamientos.

Sistema formal
Usos del condicional: el futuro en el pasado.
Condicionales con **de: de haber sabido que...**
Identificar a alguien ya mencionado: **el / la / los / las + de**.

Vocabulario
Comportamientos.
Sucesos.
Argumentos de defensa.

Textos
Noticias (CE, IO).

TAREAS
Preparar y llevar a cabo un juicio popular.

Comunicación
Juzgar un caso de presunto fraude en un concurso de televisión de gran audiencia.

Vocabulario
Fraudes y escándalos.
Juicios y jurados populares.

Textos
Artículo (CE, IO).

MUNDOS EN CONTACTO
Reflexionar sobre el humor a través del humor gráfico.

consultorio gramatical
p. 128

ÍNDICE

Vamos a reflexionar sobre cómo aprendemos y a crear un gráfico sobre nuestro entorno personal de aprendizaje para el español.

Para ello, aprenderemos:

- a hablar del aprendizaje de idiomas,
- de nuestras competencias, dificultades e intereses respecto al español,
- vocabulario de las tecnologías de la información y la comunicación.

gente que
aprende español

14 catorce

Algo más que palabras

Es muy difícil describir qué es exactamente «saber una lengua». Está claro que no es solo saber cosas sobre la lengua, sean reglas o teorías. Todo el mundo considera, actualmente, que lo importante es saber actuar con el idioma, saberlo utilizar en situaciones reales de comunicación, interactuando con otros hablantes o con textos: poder participar en una discusión, entender un periódico o poder escribir un correo, por ejemplo.

No basta con saber muchas palabras o con saber formar frases correctas y pronunciar bien, aunque todo eso también es necesario. Hay que saber elegir qué formas son adecuadas para expresar nuestras intenciones en una determinada situación (¿sería adecuado decirle al director de un banco «¿Qué tal, tío?» u «Hola, vengo a por la pasta»?). Hay que saber con quién hablamos, qué relación tenemos con esa persona y qué tono debemos emplear. Además, hay que saber no solo entender las palabras de nuestro interlocutor sino reconocer sus intenciones. Si alguien nos dice «Hace un poquito de frío, ¿no?», a lo mejor nos está pidiendo que cerremos una ventana o tal vez busca empezar una conversación o quizás nos está pidiendo que nos vayamos a otro lugar. También es importante saber qué se puede decir, qué no se puede decir (por ejemplo, ¿sabes si puedes preguntarle a un español cuánto gana o a qué partido vota?) o qué se espera que digamos. Conocer las costumbres y los valores de la sociedad también nos va a ayudar a desenvolvernos de forma fluida.

Por otra parte, cuando hablamos o escribimos no amontonamos frases inconexas. Construimos la comunicación relacionando nuestras palabras y las de nuestros interlocutores, conectándolas.

Reconocer a qué tipo de texto nos enfrentamos también será indispensable para comprenderlo.

Además, en la comunicación surgen constantemente pequeños problemas, malentendidos, obstáculos: nos falta una palabra, alguien habla demasiado deprisa o no hemos entendido bien su intención. Las personas desarrollamos estrategias para salvar esos pequeños accidentes; por ejemplo, si no sabemos la palabra «sartén», podemos hablar de «una cosa que sirve para freír» o pedirle ayuda a nuestro interlocutor: «¿Cómo se llama eso?».

Todo este conjunto de habilidades tan complejo, y no solo unas cuantas reglas de gramática, es saber un idioma. Es evidente, entonces, que aprender un idioma supone realizar un largo camino. Y medir cuánto sabe alguien se convierte en una tarea muy difícil.

1 **¿Qué es saber una lengua?**

A. Antes de leer el texto, entre todos, haced una lluvia de ideas sobre qué pensáis que es saber una lengua.

B. Leed el texto y contrastad las ideas que aparecen con las vuestras. ¿Aporta ideas diferentes?

C. Comentad con los compañeros qué habilidades o saberes mencionados en el texto todavía no domináis en español. Pensad en vuestros intereses y necesidades y decidid cuáles son los principales.

tareas

GENTE QUE APRENDE ESPAÑOL

2. ¿Qué sabes hacer?

A. Individualmente, señala cuáles de estas cosas ya sabes hacer en español, cuáles tienes que mejorar, cuáles vas a necesitar en tus contactos con la lengua española, cuáles no te interesan…

	Lo sé hacer bien	Lo hago, pero me cuesta	No lo sé hacer	Me gustaría saber hacerlo	No me interesa
Expresar un sentimiento íntimo.					
Contar un chiste.					
Comentar una noticia del periódico.					
Tomar la palabra en una discusión acalorada.					
Averiguar cómo funciona una regla gramatical viendo ejemplos.					
Criticar el comportamiento de una persona.					
Deducir, por el contexto, el significado de una palabra que no conoces.					
Explicar cómo funciona el pretérito pluscuamperfecto.					
Iniciar una conversación con un desconocido en un ascensor.					
Expresar enfado por algo que ha sucedido.					
Pedir ayuda si estás escribiendo algo y no estás seguro.					
Elogiar algo que lleva puesto un amigo.					
Explicar lo que estás buscando en una tienda si no conoces el nombre.					
Estructurar tus ideas en un texto escrito (en un informe, por ejemplo).					
Interrumpir a alguien para tomar el turno de habla.					
Dejar un mensaje en un buzón de voz.					
Reconocer si una conversación tiene un tono muy familiar, o muy formal…					
Pedirle a alguien, cortésmente, una aclaración porque habla demasiado deprisa.					
Dar tu opinión en una reunión de trabajo.					
Definir una palabra, dando ejemplos de cómo se usa.					

B. Ahora, de las cosas que has marcado en la cuarta columna, selecciona tres y comenta con tu compañero por qué las has escogido.

- A mí, lo que más me interesa es poder dar mi opinión en una reunión de trabajo.
- Pues yo, como soy periodista, necesito saber estructurar las ideas en un texto…

C. Entre toda la clase cread una lista con las acciones de la tabla que os gustaría saber hacer. Después, formad grupos y repartidlas. Cada grupo debe encontrar ideas o recursos sobre qué podemos hacer para aprender a hacerlo.

- Si quieres aprender a contar chistes, podrías buscar chistes en español en internet, en YouTube hay muchos, y contarnos uno en cada clase.

tareas

GENTE QUE APRENDE ESPAÑOL

1. Busco información

2. Organizo

3. Creo

4. Publico

5. Comparto

Mi entorno personal de aprendizaje

El entorno personal de aprendizaje

Siempre se ha aprendido en el aula y fuera de ella pero, en la actualidad, los entornos digitales nos ofrecen muchos más espacios y herramientas para conseguir un aprendizaje más autónomo y ajustado a nuestros intereses personales. Configurar nuestro entorno personal de aprendizaje o EPA (del inglés *Personal Learning Environment*) puede ayudarnos a gestionar y mejorar todas esas oportunidades para seguir aprendiendo y usando el español. Con el EPA definimos dónde conseguimos información (un periódico, YouTube…), dónde hacemos cosas (Facebook, nuestro blog…) y dónde nos relacionamos con otros (redes sociales). Las posibilidades para obtener modelos de lengua, interactuar con nativos, consultar dudas y mucho más, son inmensas, solo debemos saber localizar las que sean relevantes para nosotros.

OS SERÁ ÚTIL...

- **Me cuesta** escribir / la pronunciación.
- **Me cuestan** los verbos.

- **Me parece** muy útil ver vídeos.
- **Me parecen** aburridos los ejercicios de huecos.

- Para memorizar vocabulario **me va muy bien** hacer esquemas.

3 El entorno personal de aprendizaje

A. ¿Sabes lo que es un EPA? Lee el texto de la izquierda y compara lo que dice con tus hábitos de aprendizaje.

B. ¿Reconoces alguno de los recursos de arriba? ¿Cuáles usas tú también? Coméntalo con tus compañeros.

C. En grupos, confeccionad el EPA ideal del estudiante de español. Luego lo justificaréis ante los compañeros.

→ Para consultar dudas de léxico: la página de la RAE…
→ Para conocer a gente que habla español:
→ Para practicar la comprensión auditiva:
→ Para corregir errores:
→ Para consultar dudas de gramática:
→ Para traducir:
→ Para mejorar la pronunciación:
→ Para saber más sobre…
→ …

D. ¿El EPA que habéis creado te anima a incorporar o cambiar algo en tu aprendizaje de español?

● Yo creo que, a partir de ahora, voy a empezar a escuchar más *podcasts* en internet…

diecisiete **17**

1

Vamos a elegir las diez palabras que más nos gustan en español y a elaborar con ellas el diccionario de la clase.

Para ello, aprenderemos:
– a evocar experiencias,
– recursos para definir palabras,
– a hablar de nuestra relación con las palabras y con su aprendizaje,
– a hacer un uso más completo del diccionario,
– frases relativas con preposición: **en la que / sobre el que / a quien**,
– palabras derivadas.

Pau GASOL

El sol sale por el este y se pone por el oeste.

Siempre me pongo música para estudiar.

Me pongo nervioso cuando veo un partido de fútbol de mi equipo.

gente y palabras

entrar en materia 1

GENTE Y PALABRAS

① Busco una palabra

¿Qué haces cuando no entiendes una palabra o cuando te falta una palabra en español? ¿Haces lo mismo que el personaje de la izquierda? Coméntalo con dos compañeros.

- Yo también utilizo traductores de internet. El que más me gusta es...
- Yo también. Y me ayuda mucho asociar palabras a imágenes...

No sé dónde he puesto las gafas.

② Conozco bien una palabra

Escucha lo que dicen unos hablantes nativos sobre una serie de palabras. ¿Cuáles de estas cosas hacen para explicar el significado y el uso de cada una?

01

☐ Dicen si es una palabra formal, coloquial...
☐ Dicen si se usa con mucha frecuencia.
☐ Dicen con qué la asocian.
☐ Se refieren a valores culturales, sociales... de la palabra.
☐ Dan palabras o expresiones con significado parecido.
☐ Dicen con qué otras palabras se suele combinar.
☐ Dan ejemplos para ilustrar su uso.

Me he puesto mi mejor traje porque tengo una reunión importante.

③ Memorizo una palabra

Entre todos, hacemos una lista de las mejores maneras de aprender nuevas palabras. ¿Qué trucos o estrategias usa cada uno para recordarlas?

- Yo las escribo en pósits, con un ejemplo o con un dibujo, y luego las pego en la pared. A mí me funciona.
- Pues yo lo que hago mucho es buscar palabras parecidas en mi lengua.

Las gallinas ponen huevos.

diecinueve **19**

1 en contexto

4 Definiciones y emociones

Esto es un fragmento de un artículo del escritor español Juan José Millás sobre la relación entre las palabras, las personas y el mundo.

LAS PALABRAS DE NUESTRA VIDA

Resulta difícil imaginar un artefacto más ingenioso, útil, divertido y loco que un diccionario.

Toda la realidad está contenida en él porque toda la realidad está hecha de palabras. Nosotros también estamos hechos de palabras. Si formamos parte de una red familiar o social es porque existen palabras como hermano, padre, madre, hijo, abuelo, amigo, compañero, empleado, profesor, alumno, policía, alcalde, barrendero… […]

Hay palabras que matan. Las palabras están hechas para significar, lo mismo que el destornillador está hecho para desatornillar, pero lo cierto es que a veces utilizamos el destornillador para lo que no es: para hurgar en un agujero, por ejemplo, o para destapar un bote, o para herir a alguien. Las palabras nombran, desde luego, aunque hieren también y hurgan y destapan. Las palabras nos hacen, pero también nos deshacen.

La palabra es en cierto modo un órgano de la visión. […] Cada vez que conquistamos una nueva palabra, la realidad se estira, el horizonte se amplía, nuestra capacidad intelectual se multiplica. […]

En el diccionario están todas las palabras de nuestra vida y de la vida de los otros. Abrir un diccionario es en cierto modo como abrir un espejo. Toda la realidad conocida (y por conocer para el lector) está reflejada en él. Al abrirlo vemos cada una de nuestras partes, incluso aquellas de las que no teníamos conciencia. El diccionario nos ayuda a usarlas como el espejo nos ayuda a asearnos, a conocernos. Pero las palabras tienen, hasta que las leemos, una característica: la de carecer de alma. Somos nosotros, sus lectores, los hablantes, quienes les insuflamos el espíritu. De la palabra escalera, por ejemplo, se puede decir que nombra una serie de peldaños ideados para salvar un desnivel. Pero esa definición no expresa el miedo que nos producen las escaleras que van al sótano o la alegría que nos proporcionan las que conducen a la azotea; el miedo o la alegría (el alma) los ponemos nosotros. De la palabra oscuridad se puede predicar que alude a una falta de luz. Pero eso nada dice del temblor que nos producía la oscuridad en la infancia (el temblor, de nuevo, lo ponemos nosotros).

Las palabras tienen un significado oficial (el que da el diccionario) y otro personal (el nuestro). La suma de ambos hace que un término, además de cuerpo, tenga alma.

Juan José Millás (recogido en http://www.fundeu.es/noticia/las-palabras-de-nuestra-vida-5064/)

Actividades

A ¿Qué te ha parecido el texto de Millás: interesante, divertido, original, disparatado, absurdo, genial...? ¿Por qué?

B Pon tus ideas en común con dos compañeros.

C ¿En qué estás de acuerdo con Juan José Millás y en qué no? Coméntalo con tus compañeros.

• Yo no creo que los diccionarios lo expliquen todo…

D Escoge tres de estas palabras y escribe qué es lo que significan para ti y con qué las asocias. Después busca compañeros en clase que tengan una de tus palabras y comparad vuestros significados.

escalera	gritar	hielo
correr	nube	firmar
vela	murciélago	teclado
gato	memoria	sorprendente
capricho	triturar	mirada
mimoso/a	minúsculo/a	borrar
oso	mármol	cometa

5. La vendedora de palabras

Aquí tienes un fragmento del relato *Dos palabras*. En él se habla de Belisa, una mujer con un oficio muy especial.

LA VENDEDORA DE PALABRAS

(…) Su oficio era vender palabras. Recorría el país, desde las regiones más altas y frías hasta las costas calientes, instalándose en las ferias y en los mercados, donde montaba cuatro palos con un toldo de lienzo, bajo el cual se protegía del sol y de la lluvia para atender a su clientela. No necesitaba pregonar su mercadería, porque de tanto caminar por aquí y por allá, todos la conocían. Había quienes la aguardaban de un año para otro, y cuando aparecía por la aldea con su atado bajo el brazo hacían cola frente a su tenderete. Vendía a precios justos. Por cinco centavos entregaba versos de memoria, por siete mejoraba la calidad de los sueños, por nueve escribía cartas a enamorados, por doce inventaba insultos para enemigos irreconciliables.

(…) A quien le comprara cincuenta centavos, ella le regalaba una palabra secreta para espantar la melancolía. No era la misma para todos, por supuesto, porque eso habría sido un engaño colectivo. Cada uno recibía la suya con la certeza de que nadie más la empleaba para ese fin en el universo y más allá.

Isabel Allende, *Cuentos de Eva Luna* (1989)

Actividades

A ¿A qué se dedica Belisa, la protagonista del relato? ¿Cuál es el poder de su palabra secreta?

B Elige una palabra en español que pueda curar cada uno de estos males: la melancolía, el cansancio y el nerviosismo. Después anota cada palabra en una tarjeta. Por la parte de atrás anota los efectos que le atribuyes.

C Haced un mercadillo de intercambio en la clase. Mira las palabras que han escrito otros compañeros y trata de llegar a un acuerdo para intercambiar y conseguir las palabras que crees que serán mejores para ti.

formas y recursos

6. Falsos amigos

A. Las siguientes personas han sufrido malentendidos en otro idioma por culpa de los falsos amigos o palabras de lenguas diferentes que se parecen en la forma, pero que tienen significados a veces muy diferentes. Escucha lo que cuentan y responde a las siguientes preguntas.

	Hablante 1	Hablante 2
¿Con qué palabra tuvo un problema?		
Su significado en español		
Su significado en la otra lengua		

B. ¿Te ha pasado algo parecido alguna vez? Cuéntaselo a tus compañeros.

C. ¿Conoces falsos amigos entre el español y tu lengua?

7. El juego del diccionario

Con un compañero, busca en el diccionario la definición de una palabra, escríbela en tu cuaderno e inventa dos definiciones más para despistar. Después vais a leer vuestras definiciones al resto de la clase. Los demás tienen que decir cuál creen que es la correcta y por qué.

ACHICHARRAR
1. tr. Freír, cocer, asar o tostar un alimento, hasta que tome sabor a quemado. U. t. c. prnl.
2. tr. Extraer el zumo o líquido de una cosa, apretándola o retorciéndola.
3. tr. Arreglar algo que está roto o estropeado.

• Nosotros hemos elegido la palabra "achicharrar". Las tres definiciones posibles son...

8. Familias de palabras

A. Muchas veces encontrarás o necesitarás palabras emparentadas con otras que ya conoces. ¿Cómo pueden ser las que faltan en esta tabla?

sustantivo	adjetivo	verbo	adverbio
(la) presentación			✗
	significativo		
(la) precisión		*	
	* normal		
*	*		decididamente
		* enriquecerse	✗
	* sensible		
	* confiado/a	*	
(la) alegría		*	

B. Compara tus hipótesis con las de un compañero y comprobad en el diccionario si son correctas.

C. Escribe los antónimos de las palabras marcadas con un asterisco.

COMPARAR PALABRAS EN DOS LENGUAS DIFERENTES

• Se parecen mucho pero no significan lo mismo.
• Se escriben igual pero se pronuncian de forma diferente.
• Suenan casi igual pero se escriben de forma diferente.
• Siempre me equivoco con la palabra librería.
• Me hago un lío con estas dos palabras.

DEFINIR

• **Es** un papel **en el que** escribes música. (*partitura*)
• **Es** de cristal y **normalmente está en** el cuarto de baño. (*espejo*)
• **Es** una herramienta **que se utiliza para** cortar madera. (*sierra*)

• Es una persona...
   un animal...
   una planta...
   un material...
   un lugar...
   un producto...
   una sustancia...
   una cualidad...
   una parte de...

   una cosa...
   un objeto...
   un aparato...
   un utensilio...
   un recipiente...

DEFINIR COMPARANDO

• **Es una especie de** chaqueta **pero** sin mangas. (*chaleco*)
• **Es como** un camello, **que** tiene una sola joroba. (*dromedario*)

formas y recursos 1

GENTE Y PALABRAS

PALABRAS DERIVADAS

exagerar	→	exagera**do/a**
ganar	→	gana**dor/a**
sorprender	→	sorprend**ente**
decorar	→	decora**tivo/a**
obligar	→	oblig**atorio/a**
aconsejar	→	aconsej**able**

mundo	→	mund**ial**
historia	→	histór**ico/a**
deporte	→	deport**ivo/a**
aventura	→	aventur**ero/a**
broma	→	brom**ista**

ANTÓNIMOS

Con prefijos

natural	→	**anti**natural
moral	→	**a**moral
competente	→	**in**competente
probable	→	**im**probable
ordenado/a	→	**des**ordenado/a
lógico	→	**i**lógico
real	→	**i**rreal

Con palabras distintas

aburrido	→	divertido
rápido	→	lento
rico	→	pobre

FRASES RELATIVAS CON PREPOSICIÓN

• Es una cosa **en la que** puedes guardar muchos objetos.
• Es un aparato **con el que** puedes preparar zumos.
• Es un objeto **sobre el que** sueles dormir.
• Es la persona **a la que / a quien** le compras las entradas en el cine.
• Una palabra **a la que** le tengo mucho cariño.

Ojo: con **algo**, usamos **lo que**:

• Es algo **con lo que** se suele viajar.

EVOCAR

• **Me trae muy buenos recuerdos de** mi infancia.
• Pues eso **me recuerda una vez que** me pasó una cosa muy rara.
• **Me recuerda a** un amigo mío.
• **Me viene a la memoria una vez que** fui a Granada.

CONSULTORIO GRAMATICAL
Páginas 130-134 ▶

9. Una palabra con la que...

A. Relaciona las definiciones con una de las siguientes palabras. Luego escribe definiciones para el resto de palabras. Intenta usar los recursos de los ejemplos.

bolígrafo   batidora   mina   peluquería
papelera   sombrilla   colchón   armario
esponja   cajero/a   cartera   nevera

Objeto rectangular, de látex, espuma, lana, u otros materiales, <u>sobre el que</u> duermen las personas.

Excavación en la tierra <u>de la que</u> se obtienen minerales.

Aparato eléctrico <u>en el que</u> se guardan los alimentos para su conservación.

Persona <u>a la que/a quien</u> le pagas tu compra en el supermercado.

Utensilio plegable y portátil, parecido a un paraguas, <u>con el que</u> nos protegemos del sol.

B. Piensa en tres palabras nuevas y defínelas como en el modelo anterior. Tus compañeros tendrán que adivinar de qué se trata.

10. Las palabras y sus acompañantes

A. Las palabras se acompañan de otras palabras. Con algunas habitualmente, con otras esporádicamente, pero con otras, nunca. Con ayuda del diccionario di con cuáles se combina la palabra "tema". Añade otras combinaciones frecuentes.

UN TEMA

abordar	meter	actual	delicado
debatir	tratar	blanco	trillado
respetar	zanjar	controvertido	

B. Busca combinaciones frecuentes de las palabras **problema** y **solución**.

C. Muchas veces las palabras tienen combinaciones frecuentes con otras palabras y adoptan significados diferentes. Observa aquí por ejemplo el verbo **quedar**. ¿Qué significados identificas? ¿Cómo funciona en cada ejemplo?

He quedado con mi novio a las 15h.

No **quedan** cervezas. ¿Compras?

Este color **te queda** muy bien. Estás muy guapa...

Me he quedado muy preocupada con lo que ha dicho Emilio.

Esta noche **me quedo** en casa estudiando, que tengo un examen el viernes.

¡Qué bueno **te ha quedado** el arroz! ¿Cómo lo has hecho?

veintitrés 23

1 tareas

GENTE Y PALABRAS

11 **La palabra más bella, la palabra más nuestra**

A. En pequeños grupos, leemos la lista de las veinte palabras más bellas según una encuesta de escueladeescritores.com en la que participaron más de 40 000 internautas. ¿Las entendéis todas? Poneos de acuerdo para elegir las 10 que más os gusten.

B. Algunos personajes famosos prefieren otras palabras. ¿Cómo justifica cada uno su elección?

→ Por la sonoridad de la palabra
→ Por lo que implica o sugiere
→ Por la relación de la palabra con su visión del mundo o sus experiencias

LAS 20 PALABRAS MÁS VOTADAS

1. Amor
2. Libertad
3. Paz
4. Vida
5. Azahar
6. Esperanza
7. Madre
8. Mamá
9. Amistad
10. Libélula
11. Amanecer
12. Alegría
13. Felicidad
14. Armonía
15. Albahaca
16. Susurro
17. Sonrisa
18. Agua
19. Azul
20. Luz

Lila Downs, cantante mexicana ganadora de un Grammy Latino 2005, ha elegido la palabra *camino*.

"Porque es donde siempre he andado y me hace pensar en tomarlo sin tener que imaginar dónde me lleve, y es mi guía para el presente."

Darío Jaramillo, poeta y narrador colombiano, ha elegido la palabra *caravana*.

"Cuatro sílabas sonoras, cada una en a, aes en fila como una fila de camellos o de camiones. La caravana evoca la aventura -¡otra palabra que escogería!-, el cambio, el camino. La pronunciación de caravana admite decirla en voz alta y mejora en el susurro."

María Victoria Atencia, poetisa española, ha elegido la palabra *jarro*.

"Es palabra breve, llana y tiene dos consonantes muy españolas: la jota y la erre, y dos vocales sin repetición. Su concepto representa una cavidad o recipiente que admite agua, flores, vino y, si se quiere, amistad, tristeza, soledad, etcétera."

Luis García Montero, poeta español, ha elegido la palabra *despertador*.

"Mi palabra preferida es despertador. Tiene que ver con el día por delante, pero resulta menos peligrosa que amanecer. Despertador sugiere esfuerzo, madrugón, alguien que ha decidido levantarse aunque haya trasnochado. Apruebo su mezcla exacta de ilusión y esfuerzo. Despertar es avisar, recobrar el sentido."

tareas 1
GENTE Y PALABRAS

OS SERÁ ÚTIL...

- Me gusta su significado/sonoridad.
- Me suena bien.
- Me trae buenos recuerdos.
- Me parece muy necesaria.
- Me hace pensar en...
- Tiene que ver con...
- Evoca / sugiere...

- ¿Con qué palabra te identificas?

- ¿Te acuerdas de cuál fue la primera palabra que aprendiste en español?

- Creo que "cafelito" se usa en una situación relajada entre conocidos.

[Viñeta:]
— Y, ¿a qué palabra le tienes manía?
— No sé, todas las que llevan jota, "ajo" por ejemplo, es que es muy difícil de pronunciar.
— Sí, a mí me pasa con las que se escriben con erre.

C. Cada persona tiene un universo personal de palabras. Las aprende porque son importantes en su vida cotidiana o en su cultura o, simplemente, porque le gustan. Escribe palabras para estas categorías y coméntalas con dos compañeros.

→ Una palabra que te trae buenos recuerdos.
→ Una palabra con la que te identificas.
→ Una palabra a la que le tienes manía.
→ Una palabra que te suena bien.
→ Una palabra que te parece muy necesaria.
→ La primera palabra que aprendiste en español.

- Pues a mí una palabra que me trae buenos recuerdos es "verano" porque me recuerda cuando era pequeño e íbamos de vacaciones a la playa...

12 El diccionario de la clase
Vais a crear un diccionario de palabras importantes para vosotros.

A ELEGID VUESTRAS PALABRAS
Cada uno elige una palabra (un sustantivo, un adjetivo o un verbo que le gusta o que le parece importante) y escribe un pequeño texto justificando su elección tomando como modelo las citas de la actividad anterior.

B COMENTAD LAS PALABRAS
Leed vuestros textos en voz alta y comentad vuestras impresiones.

C INVESTIGAD SOBRE LAS PALABRAS
En grupos de tres, investigad sobre vuestras palabras para construir un diccionario de la clase. Intentad conseguir información sobre:

→ su origen
→ su género y categoría gramatical
→ sus acepciones y posibles traducciones
→ ejemplos de uso
→ los valores culturales que encierra
→ sus combinaciones frecuentes
→ imágenes con las que se asocia
→ ...

D EXPONED LAS PALABRAS
Exponed en las paredes de la clase o en algún foro o blog vuestras palabras de manera que todos los compañeros puedan leer la información y aprender sobre ellas.

GENTE Y PALABRAS 1 — mundos en contacto

UNA LENGUA, MUCHAS LENGUAS

Una lengua vive, crece, se transforma. Una lengua evoluciona en permanente contacto con otras lenguas, convive, comparte cosas con ellas. Una lengua se crea, la inventan sus hablantes, que se relacionan con hablantes de otras lenguas, y entre ellos intercambian palabras. El español es una lengua con una historia marcada por los continuos contactos con otras civilizaciones, que han dejado su huella en este idioma. Por el origen de las palabras podemos conocer la historia de la lengua y de los hablantes que la han ido forjando.

3 La base del español es la lengua latina ya que la península estuvo varios siglos bajo el poder de Roma. Del latín se conserva muchísimo léxico, sobre todo en el ámbito de las leyes, la arquitectura y el urbanismo, como **puente**, **fuente**, **calle**, **abogado/a**...

1 Los primeros pobladores de la península fueron los íberos en la zona del mediterráneo y los celtas, en el noroeste. Su influencia en el español de hoy se limita a términos relacionados con la naturaleza y la vida material. De los íberos se conservan palabras como **barranco**, **barro**, **arroyo**, **conejo**... De los celtas, algunas que se refieren al terreno como **páramo**, o a plantas y animales como **álamo** y **toro**.

2 Grecia proporcionó nombres de conceptos abstractos y actividades del espíritu: **idea**, **filosofía**, **música**, **poesía**, **tragedia**, **escuela**, **pedagogía**, etc. La ciencia y la filosofía actuales han incorporado gran cantidad de helenismos; muchos de ellos son compuestos o derivados de reciente formación, como **teléfono**, de **tele** (distancia) y **phono** (con sonido); **televisión**, etc.

4 Las relaciones entre el pueblo germano (visigodos en la península) y el romano dieron lugar a un gran intercambio de palabras. En español se conservan nombres de productos importados del norte, como **jabón**, del germánico **saipo**; así como vocabulario militar, como la palabra **guerra**.

26 veintiséis

mundos en contacto 1

GENTE Y PALABRAS

5

El componente árabe fue, después del latino, el más importante del vocabulario español hasta el siglo XVI. Los árabes perfeccionaron el sistema romano de riegos y fueron hábiles agricultores. De este campo perviven muchas palabras, como **zanahoria**, **berenjena**, **algodón**, **azúcar**, **aceitunas**... En el sector de la construcción introdujeron nuevos materiales y elementos decorativos; los albañiles colocaban **azulejos**, los suelos se cubrían de **alfombras**, y en las camas se ponían **almohadas**. Las matemáticas deben a los árabes no solo el sistema de numeración, sino grandes progresos como el **álgebra** o, en química, la **alquimia**.

6

El contacto con América supuso el conocimiento de nuevos elementos y productos de la naturaleza, que se introdujeron en Europa con su correspondiente palabra: **tomate**, **aguacate**, **patata**, **chocolate**, etc.

7

En el siglo XVII lo francés se consideraba de buen gusto, y por eso la introducción de voces francesas se intensificó en esa época y continuó en los siglos posteriores. La moda que irradiaba París trajo **chaqueta**, **pantalón**, **satén**, etc. Al alojamiento y a la vivienda se refieren **hotel** y **chalet**, y al mobiliario, **sofá**. Relacionadas con la cocina, **croqueta**, **merengue** y muchas otras.

8

Del italiano se tomaron términos relacionados con la música y el arte, como **aria**, **partitura**, **batuta**, etc.

9

Pero la mayor influencia actual, sin duda, proviene del inglés. En el deporte (de *sport*) la entrada de términos ha sido muy abundante: **fútbol**, **tenis**, **golf**, etc. También en otros campos esta lengua se ha acomodado muy bien: en la ropa, **jersey**, **esmoquin**; en los transportes, **charter**; en la música, **rock**, **blues**, **jazz**; y, sobre todo, en el mundo de los negocios y de las nuevas tecnologías, **marketing**, **escanear**, **chatear**...

13 **Otras lenguas en tu lengua**
Y tu lengua, ¿cómo se ha creado? ¿Qué otras lenguas han intervenido en su formación? ¿Sabes alguna palabra que tenga su origen en otra lengua? ¿Cuál?

veintisiete 27

2

Vamos a elaborar el guion de un cortometraje.

Para ello, aprenderemos:
- a narrar escenas con descripciones detalladas,
- a transmitir órdenes,
- a indicar los cambios de posición (**se sienta, se levanta**...), de lugar (**se acerca, se va**...), de actitud (**se pone a llorar, a reír**...),
- verbos pronominales,
- usos de **poner** / **ponerse**,
- usos de **quedar** / **quedarse**.

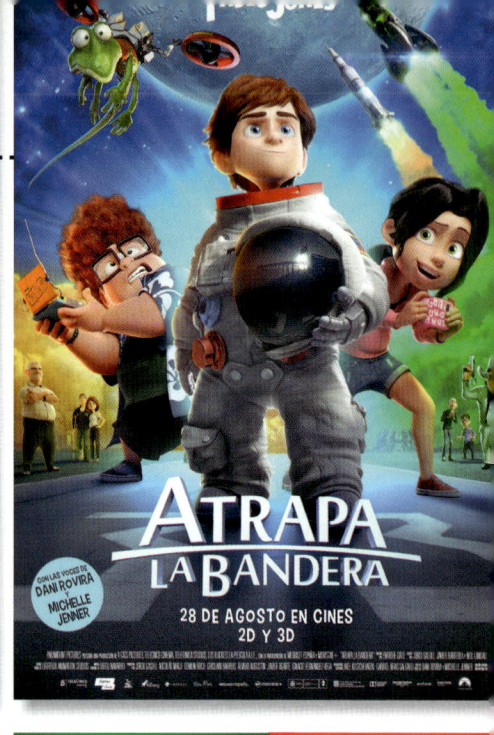

gente de cine

entrar en materia

GENTE DE CINE

1 **Festival de cine**

A. En un festival de cine en español se proyectan estas películas. ¿Qué sabes o qué puedes deducir de cada cartel?

• Yo creo que *Ocho apellidos vascos* es una comedia.

---

una película de acción / animación / guerra / ciencia-ficción / terror / suspense...
    en blanco y negro / en 3D
    antigua / reciente / argentina...
    basada en hechos reales / en la vida de... / en una novela / ...
un musical
una comedia romántica
una comedia
un drama

B. Un programa de radio ha preguntado a los espectadores a la salida de la sala. ¿Qué película han visto? Marca en la escala qué le ha parecido a cada uno. Luego, discútelo con tus compañeros.

película	no le ha gustado nada								le ha encantado
	1	2	3	4	5	6	7	8	9	10
1:										
2:										
3:										

C. ¿Cuál de estas películas te gustaría ver? ¿Por qué?

• A mí me gustaría ver... porque...
○ Pues yo preferiría ver... porque...

D. ¿Ves cine en español? ¿Cómo y dónde? ¿Qué películas, directores o autores conoces o te gustan? Coméntalo con los compañeros.

• Yo, cuando voy a España, compro DVDs.
○ Pues yo...

2 **¿Qué vamos a ver?**

A. ¿Cómo escoges una película? Compáralo con tus compañeros.

→ Veo el tráiler
→ Me fijo en quién es el director / quiénes son los actores
→ Miro si tiene premios
→ Veo las que me recomiendan
→ Busco de qué va
→ Tengo en cuenta la opinión de los críticos o de otros espectadores
→ ...

B. En pequeños grupos vais a crear una lista con tres películas que os hayan gustado a los tres. Las presentáis al resto de la clase (título, género, resumen del argumento, aspectos más interesantes, etc.)

• A los tres nos gustó mucho...

veintinueve 29

3 Vivir es fácil con los ojos cerrados

Aquí tienes el argumento de una película española. También tienes un fragmento del guion y varios fotogramas.

Antonio (Javier Cámara) es un profesor que utiliza las canciones de los Beatles para enseñar inglés en la España de 1966. Cuando se entera de que su ídolo John Lennon está en Almería rodando una película, decide viajar hasta allí para conocerlo. En su ruta recoge a Juanjo (Francesc Colomer), un chico de 16 años que se ha fugado de casa, y a Belén (Natalia de Molina), una joven de 21 que aparenta estar también escapando de algo.

Actividades

A Lee el guion. ¿Cuáles son los tres fotogramas que se mencionan?

B En el guion hay una serie de expresiones que se utilizan para describir las acciones que deben llevar a cabo los actores. Clasifícalas según las siguientes categorías.

- gestos e indicaciones
- cambios de lugar y posición
- cambios de actitud o comportamiento
- el modo de hacer algo

C En grupos de tres, elegid un fragmento del guion y preparad una representación. Intentad memorizar vuestros textos y tener en cuenta las acotaciones. Durante las representaciones, los compañeros estarán atentos a si respetamos el guion.

D Si podéis, visionad la película e, individualmente, escribid un comentario crítico.

E Buscad información en internet y preparad una ficha sobre la película (año, duración, país, director, música, fotografía, reparto, género, premios).

14. EXT. PINAR JUNTO A LA CARRETERA. DÍA

Antonio se agacha y saca del maletero una neverita con comida y algo de bebida.
La comparten directamente de la tartera, unas albóndigas y algo de tortilla.

ANTONIO: La casera me prepara las comidas. ¿Están ricas?

BELÉN: ¿Y no te has casado?

ANTONIO: No sé, los profesores de tanto tratar con niños, al final, acabamos por no entender el mundo de los adultos...

Es la primera ocasión en que Antonio, siempre lleno de energía, cede a la melancolía y se queda callado.

[...]

ANTONIO: Y ahora me vais a contar qué leches hacéis en la carretera vosotros dos...

Antonio se ha levantado y se recuesta contra un árbol.

ANTONIO: Porque algo estaréis tramando, digo yo...

Belén y Juanjo le miran, Juanjo se ha puesto muy serio.

BELÉN: Yo me vuelvo a Málaga, a casa de mi madre. ¿Y tú?

JUANJO: Quiero buscar un trabajillo cerca del mar, siempre vamos a la playa con mis hermanos dos semanas en agosto y es un plomazo. Quería ir solo esta vez.

BELÉN: ¿Te llevas bien con tus padres?

ANTONIO: Ahí, ahí, buena pregunta...

Antonio lo ha dicho medio amodorrado ya. Juanjo bebe de la cantimplora de viaje de Antonio un trago de agua. Belén le hace un gesto con la mano para que se la pase.

JUANJO: Sí, no sé, mi padre es gilipollas... pero es buena gente...

ANTONIO: La mala suerte de ser el mayor. A mis hermanos mayores mi padre los llevaba firmes. Conmigo en cambio ya le cogió cansado. Por eso he salido una persona responsable, yo aprendí a respetar la autoridad por algo mejor que el miedo...

JUANJO: Ya, debe de ser eso...

Antonio bosteza.

ANTONIO: Pero sigue, cuenta, ¿por qué te has fugado de casa?... Y de casa de un policía...

JUANJO: Yo no me he fugado... Mis padres lo saben...

BELÉN: ¿Y has dejado los estudios?

JUANJO: Puff, no sé...

Belén percibe que Juanjo no tiene ganas de seguir hablando. Antonio se ha quedado totalmente dormido, la cabeza apoyada en el pino. Belén lleva ropa holgada, por primera vez, al levantarse, se diría que está embarazada. Recoge las cosas de Antonio, limpiándolas levemente. Lo devuelve todo al maletero del coche, que está abierto ventilándose.

JUAN: Te ayudo.

Juanjo se levanta y le lleva la neverita. Cierra el capó y se sienta apoyado sobre él. Belén se aleja un poco para estirar las piernas.
Juanjo la observa sin decir nada, es obvio que se siente atraído por ella. Belén señala a Antonio.

BELÉN: ¿Tú crees que le dejarán ver a John Lennon?

JUANJO: ¿Estás loca? Suerte tendrá si le ve de lejos.

BELÉN: Él está convencido...

Los dos se quedan mirándolo mientras suelta un leve ronquido. Juanjo y Belén se sonríen con complicidad. Él se sopla el flequillo. Belén se apoya al lado de él en el capó. Del bolsillo saca un puñadito de pipas que comienza a comer tranquilamente. Le ofrece a Juanjo, que lo rechaza.

BELÉN: ¿No tendrás un cigarrito?

Juanjo niega con la cabeza, ambos permanecen ajenos el uno al otro, pero vigilándose.

(Fuente: TRUEBA, David: *Vivir es fácil con los ojos cerrados. Cuaderno de rodaje y guion.* Editorial Malpaso, Barcelona, 2014)

2 formas y recursos

GENTE DE CINE

4 La fiesta de Ignacio

Mira estas dos imágenes. ¿Qué ha pasado entre las 22 y las 23.30 h? Elige un personaje y describe lo que ha hecho. Tus compañeros deben adivinar a quién te refieres y decir su nombre.

A las 22 h...

Carlos, Borja, Raúl, Estrella, Ignacio, David, Alejandro, Berta, Laura, Pepa, Inés

A las 23.30 h...

5 El juego de las grandes series de televisión

A. Varias personas están jugando a adivinar series de televisión famosas. ¿Puedes reconocer la serie de la que están hablando?

06-08

B. ¿Hay alguna serie que te haya gustado mucho? Prepara una breve descripción de su argumento, de algún personaje que salga en ella o de alguna escena que te haya impresionado. Cuéntaselo al resto de la clase, tus compañeros tendrán que adivinar a qué serie te refieres.

POSICIÓN

- Él / ella **está de pie**.
  - **sentado/a**.
  - **tumbado/a**.
  - **arrodillado/a**.
  - **agachado/a**.
  - **enfrente del** hotel.
  - **frente a** la farmacia.
  - **cerca de** la cocina.
  - **junto a** su novio.
  - **sobre** el sofá.
  - **al lado de** la lámpara.

CAMBIOS DE LUGAR Y POSICIÓN

- Él / ella **se va / ha ido**.
  - **se marcha / ha marchado**.
  - **se para / ha parado**.
  - **se sienta / ha sentado**.
  - **se tumba / ha tumbado**.
  - **se levanta / ha levantado**.
  - **se pone / ha puesto de pie**.

- Él / ella **se agacha / ha agachado**.
  - **se aleja / ha alejado**.
  - **se acerca / ha acercado**.
  - **se cae / ha caído**.

- Él se va / se mueve / camina...
  - **para atrás / adelante**.
  - **arriba / abajo**.
  - **hacia adelante / atrás**.
  - **la izquierda**.
  - **hasta** la lámpara.

CAMBIOS DE ACTITUDES O DE COMPORTAMIENTO

- Él / ella **se pone a llorar**.
  - **reír**.
  - **gritar**.
  - **cantar**.
  - **correr**.

- Ellos / ellas **se quedan mirando**.
  - **en silencio**.
  - **callados/as**.
  - **quietos/as**.

EL MODO DE HACER ALGO

- Ella mira **nerviosa**.
- Ellos caminan lenta**mente**.
- Juan entra corr**iendo**.

- Ella lo mira **sin** decir nada.
  - moverse.
  - contestar.

DESCRIBIR EL ASPECTO FÍSICO

- Él / ella **es** rubio/a, bajo/a.
  - **tiene** los ojos azules / la nariz grande.

---

32 treinta y dos

formas y recursos

ROPA E INDUMENTARIA

- Ella **se pone** la falda.
- Él **se quita** los pantalones.
- Paula **lleva (puesto)** un vestido rojo.
- Él **va vestido de** romano / payaso.
- Él **va** desnudo / descalzo.

MOMENTO DEL DÍA

- Está amaneciendo / anocheciendo.
- Es de día / noche.
- Es muy temprano.

HABLAR DEL TIEMPO

- **Hace** (mucho) sol / viento / calor / frío.
  (muy) buen / mal tiempo.
  un día espléndido.
- Hay niebla.
- Está lloviendo / nevando.
- El cielo está gris / azul / nublado / despejado.
- Es un día lluvioso / gris / muy bonito.

MARCADORES TEMPORALES

Entonces...
En ese momento...
De repente...
De pronto...
De golpe...
Inmediatamente...
Y, mientras, ...
Y, al mismo tiempo...
Al entrar / salir / llegar...

CONSULTORIO GRAMATICAL
Páginas 135-140 ▸

---

6 Gestos cotidianos

¿Has pensado alguna vez en cómo haces las cosas más habituales? ¿Qué haces al mismo tiempo? Compara tus hábitos con los de tus compañeros (usa las construcciones de la lista).

- dormir
- dormirse
- comer
- estudiar
- escuchar música
- ver la tele
- desayunar
- usar el móvil
- conducir
- ...

sentado/a	tranquilamente
tumbado/a	lentamente
de pie	con una mano
rodillas	los ojos cerrados
lado	los codos en la mesa
boca arriba/abajo	mirando el móvil
sin moverme	solo/a
así (+ gesto)	...

● Yo veo la tele tumbada en el suelo. Y, mientras, hojeo una revista...
○ Yo la veo sentada en el sofá.

7 En un lugar de esta ciudad

A. Piensa en algún lugar muy conocido de la ciudad donde estás estudiando (una plaza, una calle...) y descríbelo por escrito con todo detalle (la hora del día, el tiempo que hace, qué se ve y qué se oye, a qué huele, quién pasa o está por ahí...).

> Está anocheciendo. El cielo está nublado. En el centro de una pequeña plaza hay una fuente. Unos chicos y una chica están de pie al lado de la fuente hablando y riendo. Uno de ellos se despide y va a recoger a un niño que sale corriendo de la escuela que hay en un lado de la plaza...

B. Ahora lee tu texto en voz alta. Tus compañeros dirán si reconocen el lugar y si lo has descrito con precisión.

8 Escenas especiales

A. Ahora vamos a hacer de guionistas. En grupos, imaginad la primera escena de una película en la que salgan todos los elementos de una de estas tres listas. Anotad los gestos, cambios de posición... Pero, ojo, tiene que ser de un género determinado: una película de amor, de suspense o de terror.

1
Un gato
Una anciana ciega
Un coche fúnebre
Un rosal de rosas amarillas
Un vendedor de seguros
Un helado
Un fragmento de una ópera

2
Una playa
Una casa con las ventanas cerradas
Un náufrago
Una llave perdida en la arena
Un descapotable rojo
Una sinfonía de Beethoven
Una ambulancia

3
Un cocodrilo
Un camión de plátanos
Un autoestopista
Una botella de perfume
Una gasolinera
Una pizza 4 estaciones
Una canción de los Rolling Stones

B. Contad la escena a los compañeros. Ellos tienen que adivinar a qué género pertenece la película.

Pues yo me imagino un pueblo desierto..., y una carretera...

Sí, y entonces un coche fúnebre entra muy lentamente...

treinta y tres 33

9. El guion de un cortometraje

A. Aquí tienes cinco ilustraciones para el *storyboard* de un corto. Tienes que relacionarlas con el fragmento de la sinopsis correspondiente.

Flashback. Un hombre y una mujer de unos 50 años están en un acantilado junto a un faro que ya no funciona. Los dos se miran a los ojos y sonríen.

Marta y Pedro se han conocido navegando por internet. Hace tres meses que se comunican, pero todavía no se han visto nunca cara a cara. Como han descubierto que tienen muchas cosas en común y creen que se han enamorado, deciden encontrarse un fin de semana en un pueblecito cerca de la playa. Los dos están un poco nerviosos porque en sus mensajes se han comunicado con seudónimos y ninguno de los dos ha visto una foto real del otro.

A medianoche Pedro-David va a llamar a Lila desde su móvil y le deja un mensaje en el buzón de voz: "Lo he pensado mejor, creo que no estoy realmente enamorado de ti. Lo siento. No me esperes en la playa." Al cabo de un rato Marta-Lila sale un momento del hostal para llamar en secreto a David. Pero en su móvil tiene ya un mensaje suyo. Lo lee y responde: "David: tienes razón, es mejor así. No he sido sincera y no soy como tú piensas." Es la una de la madrugada, Marta y Pedro se han quedado solos en el restaurante, y Pancho les dice que va a cerrar...

Llegan al pueblo, pero no hay ningún taller y ya es tarde. Los dos deciden cenar en un pequeño hotel de carretera. Es un lugar muy acogedor donde les atiende Pancho, un *hippy* cincuentón y charlatán. Les dice que será difícil encontrar un mecánico antes del lunes y les prepara una cena exquisita. Empiezan a hablar y se sienten cada vez más atraídos el uno por el otro. Descubren que, aunque no tienen mucho en común, se sienten bien juntos. De vez en cuando, ambos recuerdan, sin decir nada, su cita con su "pareja virtual" y miran el reloj. Ya llegan tarde, pero se sienten tan a gusto que las horas van pasando.

La noche del sábado, ambos se dirigen en coche hacia la costa, pero Pedro-David tiene una avería y su coche se para en un lugar muy aislado cerca de un faro. Casualmente, es Marta-Lila quien se detiene para ayudarle. Desde el primer momento se gustan. También para un coche del que baja un extravagante personaje, que rehúsa ayudarles y vuelve a marcharse, misteriosamente. Los dos se han quedado solos sin saber qué hacer. Están en un lugar muy solitario y por ese lugar no pasan más coches. Finalmente, Marta-Lila le propone a Pedro-David acompañarle hasta el pueblo más próximo.

B. ¿Puedes ponerle un título a esta película?

tareas 2
GENTE DE CINE

OS SERÁ ÚTIL…

- ¿**Cómo te imaginas** al camarero?
- **Yo me lo imagino** alto, con bigote y…

Intervenciones de los actores

> Yo, a la protagonista me la imagino morena.

- ¿**Qué le dice** a la chica?
- **Le propone que se quede** con ella un rato más.
- ▲ Yo creo que **le pide que se vean** otro día.
- **Pues le pregunta:** "¿Cuándo volveremos a vernos?"

- Tú entras y **le dices que** lo quieres y **le pides que** no se vaya.

- ¿**Cómo se lo dice**?
- Yo creo que **se lo dice** sonriendo.

---

10. Guionistas y directores

Elige un fragmento del guion de la actividad anterior para trabajar. Busca entre tus compañeros aquellos que han elegido el mismo fragmento que tú. En grupos de tres, vamos a imitar a los guionistas y a los directores de cine.

A EL *CASTING* DE LOS ACTORES

Elige qué actores y actrices te parecen más adecuados como protagonistas para esta película. Ponte de acuerdo con tu grupo.

actores	actrices

B LOS DIÁLOGOS Y EL ESCENARIO

Escribid el guion de la escena:
- cómo es el escenario
- cómo son los protagonistas
- qué gestos y qué movimientos hacen
- qué dicen
- cómo lo dicen

C EL RODAJE

Si os gusta actuar, podéis escenificar el guion que habéis escrito. Uno de vosotros puede hacer de director, otro de ayudante de dirección, etc., y dirigir los ensayos y dar instrucciones sobre cómo se debe filmar.

Si os apetece, podéis filmar durante la representación.

treinta y cinco **35**

PORQUE NOS GUSTA LLORAR

"Dos personas que se aman y un guionista dispuesto a separarlos hasta el último capítulo", esta podría ser la mejor definición de la telenovela, un género televisivo que se ha convertido en el "auténtico producto cultural de Latinoamérica"

Argentina, 31/10/2011. El país entero se paraliza para saber qué pasará en el último episodio de la teleserie *El elegido*, unos de los culebrones más seguidos en los últimos tiempos. Horas antes de la emisión las redes sociales hierven con teorías acerca del final y en Twitter los personajes de la serie se comunican con los espectadores desde sus cuentas oficiales. Como la caja de Pandora, *El elegido* muestra historias que revelan las peores miserias del ser humano: el abuso sexual, la trata de blancas, corrupción política, adicción a las drogas… y temas de actualidad (las elecciones presidenciales, los derechos a la propiedad de las tierras de los pueblos originarios, el autismo…).

Han pasado más de 60 años desde el día en que el cubano Felix Besañé, el guionista padre del género de las radionovelas y telenovelas, les preguntó a unas mujeres "¿Por qué escuchan las radionovelas?" y la respuesta fue "Porque nos gusta llorar". Su telenovela *El derecho a nacer* sería la pionera de este género, que es el más vendido e importante en América Latina y que se exporta a todo el mundo, y se emite en versión original o en las diferentes lenguas traducidas.

En ruso, polaco, chino o árabe, lo importante para el éxito total de una telenovela es que tenga un final feliz. "Es obligatorio, el amor debe triunfar por encima de cualquier obstáculo". Según la investigadora argentina Nora Mazziotti, el género está inspirado en los temas clásicos de la mitología griega: la pasión desenfrenada, las relaciones incestuosas, los hijos extramatrimoniales, el castigo y el premio del dios supremo; unos ingredientes que no pueden faltar en los 800 capítulos de toda telenovela. El triunfo del amor al final es una recompensa siempre merecida: el final más recurrente es el de la boda en la que el amor triunfa por encima de todos aquellos impedimentos (disputas familiares, conflictos de clase, intereses perversos de terceras personas…) que hacen serpentear y culebrear la trama (de ahí su acepción popular: "culebrón"). También se representa el triunfo del bien sobre el mal.

A medida que pasan los años estas historias empiezan a incorporar problemáticas sociales, a generar temas de conversación y discusión. Además, se van agregando cada vez más elementos procedentes de otros géneros (comedia, musical, policíaco…) y las series alcanzan mercados más amplios (Europa del Este, EE. UU., Asia…), llegando a realizarse versiones locales. Países como Rusia, Turquía o China compran un argumento y lo rehacen con sus actores. Por ejemplo, *Yo soy Betty, la fea* (Colombia, 1999-2001), retrato universal de una mujer víctima de los prejuicios, se ha convertido en la telenovela más exitosa de la historia, se emite en más de 100 países en 15 idiomas y cuenta con 22 adaptaciones alrededor del mundo.

mundos en contacto 2 — GENTE DE CINE

> " Las telenovelas gustan tanto en Iberoamérica por el amor. Allá nos gustan las canciones de amor, las películas de amor, todas las historias de amor. En Europa también tienen éxito, pero se producen más en América Latina, quizá porque los europeos tienen más sentido del ridículo. Hay muchas cosas que no les gusta decir, pero que les encanta escuchar. "
>
> Santiago Roncagliolo
> Escritor, dramaturgo, guionista, traductor y periodista peruano.

> " La telenovela sigue siendo el gran espejo y el gran ojo de la sociedad actual. "
>
> Boris Izaguirrre
> Escritor venezolano, guionista de exitosas telenovelas como "Rubí" o "La Dama de Rosa"

11. Culebrones

A. ¿Tienen éxito las telenovelas en tu país? ¿Cuál crees que es la razón de ese éxito? ¿Te gustan? ¿Sigues o has seguido alguna?

B. Lee el texto y compara el fenómeno de los culebrones con los hábitos de los telespectadores en tu país. ¿Existe este fenómeno? ¿En qué es igual o diferente?

C. ¿Qué opinas de los argumentos de Boris Izaguirre y Santiago Roncagliolo acerca del valor de los culebrones?

treinta y siete 37

3

Vamos a elegir a tres personas de la historia de la humanidad que consideremos muy importantes por algún motivo

Para ello, aprenderemos:

- a referirnos y a valorar datos biográficos,
- usos del imperfecto y del indefinido,
- a defender los méritos del personaje,
- a expresar informaciones con **hacerse** / **quedarse**,
- perífrasis verbales,
- construcciones pasivas y construcciones absolutas.

gente genial

Salvador Dalí

Coco Chanel

Simone de Beauvoir

Nikola Tesla

Rosa Parks

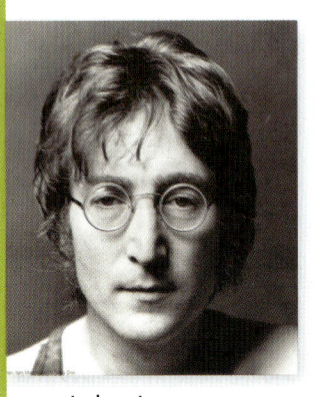

John Lennon

Leonardo da Vinci

Steve Jobs

Emmy Noether

38 treinta y ocho

¿Qué hace a un genio ser un genio?

Es una pregunta que nos hemos hecho a lo largo de toda la historia. Todo el mundo aspira a alcanzar la excelencia pero muy pocos la logran y, en la mayoría de ocasiones, no entendemos cómo una u otra persona ha logrado lo que ha logrado. ¿Cómo consiguió Picasso mantener siempre un altísimo nivel en su inmensa obra pictórica? ¿De dónde sacó el tiempo Stockhausen para componer un total 363 obras? ¿En qué momento se le ocurrió a Einstein formular la teoría de la relatividad?

Hay quien piensa que un genio nace, no se hace: sencillamente, tiene el talento para una actividad concreta y le basta con desarrollarla para alcanzar la excelencia. Pero esto es una visión muy simplista de la realidad y, además, como han comprobado numerosos estudios, falsa. No cabe duda de que un genio es talentoso por naturaleza, pero el talento no es, ni de lejos, la característica más importante del genio. Estas son las cinco cosas que, sin excepción, cumplen todos los genios. Y no todas son agradables para el común de los mortales.

1. Son curiosos e impulsivos
2. Lo importante no es la educación, son las horas que dedican a su especialidad
3. Son muy críticos con su trabajo
4. Son sacrificados, solitarios y, en ocasiones, neuróticos
5. Trabajan siempre por pasión, nunca por dinero

Autor: Miguel Ayuso
adaptado de www.elconfidencial.com

Steven Spielberg

Maria Montessori

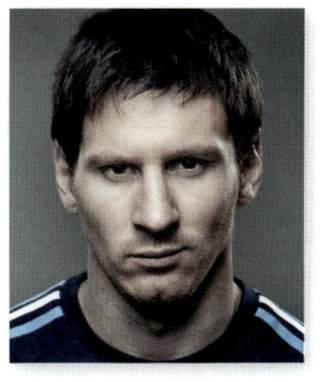

Lionel Messi

Wolfgang Amadeus Mozart

1. Genios y genialidad

A. Anota las primeras tres personas que te vienen a la cabeza cuando piensas en un genio y a continuación escribe una frase para justificar por qué. Después compara tu elección con la de tres compañeros más. ¿Tenéis la misma visión de qué es ser un genio?

- Yo pienso en Leonardo da Vinci, porque fue un maestro de la pintura, la arquitectura y además fue inventor.
- Pues yo en Einstein, porque...

B. ¿A cuántas de las personas célebres de esta página conocéis? ¿Cómo las definiríais o describiríais su obra? Intercambiad información y discutidlo.

> Fue un / una ... extremadamente / increíblemente / verdaderamente / realmente...
> un auténtico visionario / verdadero héroe
> quien descubrió / inventó / creó...
> el primer / la primera... en...

C. ¿Hay algún personaje que nadie conoce en la clase? Buscad información y decidid si fue o no un genio.

D. Después de leer el artículo, ¿cuáles de los personajes dirías que son genios y por qué? ¿Conoces a otros genios? ¿Alguna persona de tu entorno podría ser considerada un genio? Coméntaselo a tus compañeros.

2. Me cae genial

Busca en internet las definiciones de las palabras **genial** y **genio**. Después busca en la red ejemplos con las siguientes expresiones. Anota algunos ejemplos que te parezcan claros y escribe una equivalencia en tu idioma.

- (alguien) es un genio (en algo)
- (alguien) tiene (mal / mucho) genio
- (alguien / algo) son geniales
- (alguien) me cae genial
- nos lo pasamos genial (haciendo algo / con alguien)

3 en contexto

3 Federico y su tiempo
Vas a conocer un poco mejor la figura de Lorca y a obtener información sobre el período histórico que le tocó vivir (1898-1936).

Lorca, su vida

Nacido en Fuente Vaqueros (Granada) en 1898, de joven quería ser músico, pero su familia quiso que estudiara Derecho. En 1915 empezó sus estudios en la Universidad de Granada, pero en 1919 se trasladó a Madrid y entró en la Residencia de Estudiantes, uno de los centros de creación artística y de intercambio científico más vivos de la época. Allí se hizo amigo de Dalí, del cineasta Luis Buñuel y de otros muchos intelectuales. Lorca, Dalí y Buñuel formaron un trío inseparable, rebelde y provocador. En aquella época se dedicó con intensidad a la poesía, a la música, al dibujo y al teatro, y a participar activamente en la vida cultural y festiva de la Residencia. En 1923 obtuvo su título de abogado. Su padre le financió la publicación de dos libros de poemas y en 1927 estrenó el drama patriótico *Mariana Pineda*. Fue un gran éxito y Lorca empezó a convertirse en un poeta famoso que incomodaba al sector conservador. En 1929, distanciado de Buñuel y Dalí y bastante deprimido, se marchó un año a Nueva York. Allí se apasionó por la música negra y volcó sus experiencias en *Poeta en Nueva York*, un libro de poemas que fue publicado póstumamente. En 1932, de nuevo en España, Lorca, aunque nunca perteneció a ningún partido político, se implicó con las ideas republicanas y se dedicó con la compañía La Barraca a llevar el teatro y la cultura a la España rural. En 1933 hizo pública su oposición a los fascismos y estrenó *Bodas de sangre*, que triunfó en España, Argentina y Uruguay. En 1934 estrenó *Yerma*, obra que trata sobre la esterilidad femenina y que fue calificada como inmoral por la Iglesia y por la derecha. En 1936 terminó su última obra, *La casa de Bernarda Alba*, un drama rural en el que una joven se enfrenta a la incomprensión de su familia.

Próximo a la ideología del Frente Popular (una coalición de partidos de izquierdas y antifascistas) y abiertamente homosexual, Lorca se había ganado muchos enemigos entre los sectores más conservadores, y el 16 de agosto de 1936 fue detenido por fuerzas franquistas por una denuncia anónima. Tres días después, junto con otros tres hombres, fue fusilado al amanecer y enterrado en una fosa común anónima. Tenía 38 años. Figura de capital importancia tanto por su obra como por el valor simbólico que ha tenido y tiene su asesinato, Federico García Lorca es el poeta español más conocido a nivel mundial.

> "El dolor del hombre y la injusticia constante que mana del mundo, y mi propio cuerpo y mi propio pensamiento, me evitan trasladar mi casa a las estrellas."
> **Federico García Lorca**

> "Era un relámpago físico, una energía en continua rapidez, una alegría, un resplandor, una ternura completamente sobrehumana. Su persona era mágica y morena, y traía la felicidad."
> **Pablo Neruda**

Actividades

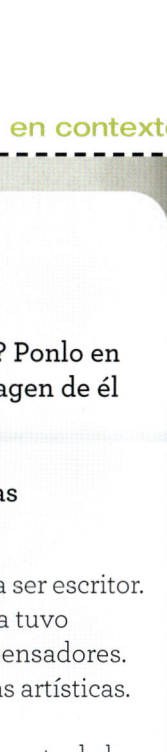

A ¿Qué sabes de Federico García Lorca? Ponlo en común con tus compañeros. ¿Qué imagen de él transmiten las citas?

B Lee el texto y busca dónde se dan estas informaciones.

- La verdadera vocación de Lorca no era ser escritor.
- Durante sus años de formación, Lorca tuvo contacto con importantes artistas y pensadores.
- Lorca se dedicó a diferentes disciplinas artísticas.
- Terminó la carrera de Derecho.
- Sus ideas y su obra molestaron a una parte de la sociedad.
- Una de sus obras se inspiró en un viaje.
- Para Lorca era muy importante acercar la cultura al pueblo.
- Lorca fue asesinado por sus ideas y su condición sexual.

C Anota cómo se expresan las siguientes ideas en el texto. ¿Entiendes cómo funciona esa estructura propia de un discurso formal?

- *Poeta en Nueva York* <u>se publicó</u> póstumamente.
- La derecha y la Iglesia <u>consideraron</u> *Yerma* como inmoral.
- A Lorca lo <u>detuvieron</u> fuerzas franquistas.
  lo <u>fusilaron</u> en 1936.
  lo <u>enterraron</u> en una fosa común.

D Escucha una conferencia sobre el contexto histórico en el que vivió Lorca y toma notas para reconstruir el máximo de información. Luego, compara tus notas con las de un compañero.

09

E Dividíos en grupos. Cada grupo debe hacer una lista con todas las relaciones posibles manejando la información sobre la vida de Lorca y el contexto histórico. Gana el equipo que consiga más. Usa recursos como los del cuadro.

El mismo año en que nació Lorca...
La infancia de Lorca coincidió con...
En la época en la que Lorca estaba en la Residencia de estudiantes, España...
Justo el año en que terminó la carrera de Derecho...
Durante su estancia en Nueva York...
Fue fusilado un mes después de...

3 formas y recursos

GENTE GENIAL

4 Hombres y mujeres geniales: un juego

A. En parejas, leed la lista de personajes, ¿los conocéis a todos? Relacionad las frases de abajo con su personaje correspondiente (puede haber varias opciones correctas). ¿Qué pareja termina antes?

Van Gogh · Karl Marx · Picasso · Los hermanos Lumière · Charles Darwin · Marie Curie · Gutenberg · Beethoven · García Márquez · Sigmund Freud · Walt Disney · Aristóteles · Che Guevara · Virginia Woolf · Bill Gates · B.B. King · Alexander Fleming · Cristóbal Colón · Martin Luther King · Jane Goodall · Nelson Mandela · Shirin Ebadi

1. **Ha sido pionera** en la investigación de los grandes simios.
2. **Hasta que no** descubrió la penicilina, la gente no sobrevivía a la tuberculosis.
3. **Fue quien** elaboró la teoría de la evolución de las especies.
4. **Gracias a** él entendemos mejor los motivos de nuestro comportamiento. Su obra es fundamental para la psicología.
5. **Consiguió** derechos civiles para los afroamericanos. Sus ideas revolucionarias han servido de ejemplo e inspiración para muchas minorías y colectivos sociales oprimidos.
6. **Hizo descubrimientos** fundamentales sobre el uso del radio. Gracias a su trabajo, la ciencia dio un gran paso adelante.
7. **Fue premiada** con un Nobel de la Paz por la Academia en reconocimiento a su trabajo.
8. **Se quedó** sordo, pero **siguió trabajando** en su música.
9. **Nunca dejó de luchar** por los derechos de los oprimidos de su país.
10. **Se hizo** multimillonario con su trabajo.
11. **Fue** asesinado.

B. Escoge cinco personajes de la lista al azar y escribe algún dato sobre su vida o su obra usando los recursos destacados en negrita en el apartado anterior. No digas su nombre, tus compañeros tendrán que adivinar de quién se trata.

> • *Gracias a él y a su trabajo todo el mundo tiene acceso a la literatura y a la cultura en general.*

5 Geniales, ¿por qué?

Escucha a estas personas hablando de tres personajes a los que admiran. ¿De quiénes hablan y qué admiran de ellos?

10-12

1.	2.	3.
	Para muchos ha sido un gran maestro.	

REFERIRSE A DATOS BIOGRÁFICOS

Identificar a la persona

- Cervantes **fue** un escritor español.
- Aristóteles **es** un filósofo griego que vivió en el siglo IV a. C.

Aportar otros datos: origen, residencia, profesión, estado civil, fallecimiento

- Benedetti **nació** en Uruguay.
- Picasso **vivió** mucho tiempo en Barcelona.
- Sancho Panza **fue** gobernador de una isla.
- **Estuvo** casado con una famosa periodista.
- Cervantes **murió** en 1616.

IMPERFECTO E INDEFINIDO EN BIOGRAFÍAS

Con los verbos que expresan idea de cambio de estado, acontecimiento o logro se utiliza el indefinido.

- **Se casó** tres veces y **se exilió** en Francia.
- **Se quedó** ciego y poco después **murió**.

Los datos biográficos se formulan en indefinido cuando se presentan como informaciones autónomas y como resultado final de una trayectoria vital.

- **Fue** pintor. **Vivió** en Italia.

Pero si cualquiera de esos datos se usa como información complementaria que sirve de contexto a otro dato, entonces se pone en imperfecto.

- **Era** pintor y **tenía** un gran prestigio y **realizó** una obra muy extensa.

En ocasiones los datos van en imperfecto porque se dan como información complementaria de otra que ya se posee o que no se menciona.

- (Ribera **fue** un célebre pintor). Era español y **vivía** en Italia.

REFERIRSE A CUALIDADES

Con información autónoma se utiliza indefinido.

- **Fue** muy valiente y no **delató** a sus compañeros.

Con información complementaria se usa imperfecto.

- **Era** muy valiente y no **delató** a sus compañeros.

Con **siempre** y **nunca** o con expresiones temporales como que delimitan un período (**durante algunos años**, **toda su vida**, **de 1659 a 1602**) se pone siempre indefinido.

- **Fue** muy valiente **durante toda su vida** y **nunca traicionó** sus principios.

VALORAR GLOBALMENTE ACCIONES Y CUALIDADES

- **Fue** **un gran** actor.
  él quien descubrió la electricidad.
  uno de los escritores más **importantes**.

- **Gracias a ella** mucha gente pobre se salvó.
- **Hizo** progresar la medicina de su época.
- **Consiguió** acabar con la colonización en su país.
- Su obra **es fundamental para** la ciencia.

CAMBIOS EN LA VIDA

- **Se casó** / **se divorció** / **se quedó** viudo.
- **Tuvo** una hija.
- **Se le murió** un hijo.
- **Cambió de** trabajo / pareja / ...
- **Se hizo** rico / famoso / ...
- **Se quedó** ciego / sordo / manco / ...
- **Se volvió** muy introvertido / raro / ...
- **Se convirtió** en un mito.
- **Se puso** muy enfermo.
- **Dejó de escribir** a causa de una enfermedad.
- **Siguió escribiendo** hasta su muerte.

EXPRESIONES TEMPORALES

- **Durante muchos años** / **unos meses** / **(durante) toda su vida**...
  ... trabajó en una empresa británica.
  ... viajó con mucha frecuencia a Bolivia.

- **En su juventud** fue aviador.

- **De niño** / **joven** / **mayor** estuvo enfermo.

- **Al cabo de cinco años** se fue a vivir a Brasil.
- **Unos años más tarde** tuvo su primer hijo.
- **Poco después** cambió de trabajo.
- **Después de casarse** se cambió de casa.

CONSULTORIO GRAMATICAL
Páginas 141-146 ▶

---

formas y recursos 3

6. La vida de Facundo

Con un compañero inventad una posible biografía de Facundo, uniendo con una línea las diferentes etapas de su vida. Luego, contádsela a otros compañeros. Comparad la vida de vuestros personajes: ¿cuántas diferencias tenéis?

- Nació en un pueblo pequeño y ya de niño se puso a estudiar música... Al cabo de unos años...

7. Un genio de la guitarra

A. Construye con un compañero, a partir de estos datos, la biografía escrita de Paco de Lucía. Usa los verbos y expresiones necesarios para ello.

– Algeciras (1947) - México (2014)
– Familia pobre y sin dinero para estudios. Actuación en tablaos ya a los 12 años.
– Pareja mítica del flamenco con Camarón de la Isla.
– Rechazo del tradicionalismo inmovilista de los puristas del flamenco.
– Fusión del flamenco con ritmos de música rock, pop, jazz: popularización del flamenco y salto al gran público.
– Gran éxito en 1973, con la rumba *Entre dos aguas*: nuevo interés del público joven por la guitarra flamenca.
– Incorporación del cajón de procedencia afroperuana al flamenco.
– Premio Príncipe de Asturias de las Artes, Grammy Latino y muchos otros premios.
– Alguien dijo: "Todo cuanto puede expresarse con las seis cuerdas de la guitarra, estaba en sus manos."

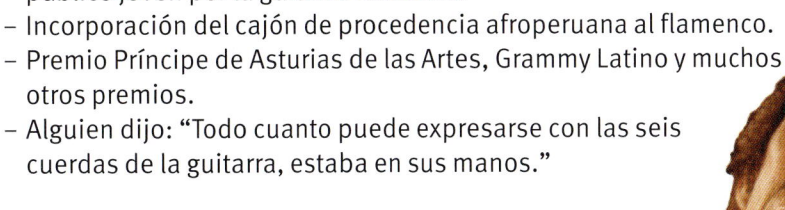

B. Completad vuestros textos con información de internet.

C. Intercambiad las biografías entre las parejas. ¿Hay información nueva?

3 tareas

8 **Dos premios Nobel de la Paz**

A. Lee estas dos biografías. ¿Cuál de las dos representa mejor tu idea de un Premio Nobel de la Paz?

Malala YOUSAFZAI

Estudiante, activista y bloguera pakistaní. Nació en 1997 en Mingora (Pakistán) y recibió el Premio Nobel de la Paz a los 17 años. Sin embargo, algunos la acusan en las redes de denigrar la historia del pueblo pakistaní y de recibir a cambio una vida de lujos en Europa. Malala comenzó a los diez años su campaña para poder ir a la escuela desafiando a las milicias del régimen talibán, que entre 2003 y 2009 habían prohibido en el valle del río Swat la asistencia a la escuela de las niñas. En 2009 escribió sobre su vida bajo la presión de los talibanes en un blog para la BBC y apareció en un documental del *New York Times* sobre la educación en Pakistán. En 2012 fue víctima de un atentado de los talibanes, que le dispararon cuando volvía a casa del colegio. Otras dos estudiantes fueron también heridas y cientos de personas salieron a la calle a protestar por el atentado en los alrededores del colegio. La noticia tuvo una amplia cobertura tanto en los medios pakistaníes como a nivel mundial y el atentado suscitó inmediatamente la condena internacional. Actualmente la familia Yousafzai vive en Birmingham (Reino Unido), donde Malala estudia y sigue abogando por el acceso universal a la educación a través de Malala Fund, una organización sin ánimo de lucro que apoya a los defensores de la educación en todo el mundo. ¿Son 17 años edad suficiente para recibir un Premio Nobel de la Paz?

Barack OBAMA

Abogado, político y primer presidente negro de EE.UU. Nació en 1961 en Honolulu (Hawái), hijo de un economista keniano y de una antropóloga norteamericana. Pasó su infancia entre Hawái e Indonesia, donde conoció la pobreza que afecta a millones de personas en el llamado Tercer Mundo. Estudió Ciencias Políticas en las universidades de Columbia y Harvard, se graduó con honores y empezó a trabajar en una asesoría jurídica especializada en derechos civiles y a involucrarse en política desde el partido demócrata. Promovió reformas para el control de la venta de armas y para fomentar la transparencia en el uso de los fondos federales. Su mensaje fue siempre de cambio, tanto en la política interior como exterior, de renovación y esperanza, lo que le hizo ganar las elecciones de 2008 con un 64,9% de los votos. En 2009 se le concedió el Premio Nobel de la Paz, el mismo día que lo recibiera Martin Luther King 45 años antes, una decisión que sorprendió puesto que se le entregó no tanto por sus logros sino por lo que muchos esperaban que pudiera lograr. De hecho, el comité del Nobel justificaba así su elección: "Solo muy ocasionalmente ha logrado una persona capturar la atención mundial en el mismo grado que Obama y darles a sus ciudadanos la esperanza de un mejor futuro." ¿Ganaría Obama hoy el Premio Nobel de la Paz?

B. En pequeños grupos, buscad en internet la lista de los 20 últimos Premios Nobel de la Paz. ¿Cuál creéis que lo merecía más?

tareas 3
GENTE GENIAL

OS SERÁ ÚTIL...

- **Yo voto por** Picasso...
  me quedo con Lorca...
  elegiría a Borges...
  ... porque...

- **Yo diría que** Cervantes es el más importante.

Restar importancia a una valoración

- Hombre, **no hay para tanto**.
- **No** es **tan** original **como** se ha dicho.
- **No** hizo **tantas** cosas **como** se ha dicho.
- **Hay otros mucho más** importantes **que** él / ella.

> Para mí, Mozart es el mejor músico de todos los tiempos.
>
> Hombre, no tanto.

9. Nuestra "Gente genial"

Vamos a elegir a tres personas de la historia de la humanidad que serán la "gente genial" de nuestra clase.

A. ELIGE EL ÁMBITO QUE TE INTERESA

¿De qué ámbito son las personas que te interesan? Marca tus preferencias del 5 (+) al 1 (-) en estos ámbitos. Añade alguno si te parece oportuno.

- aventuras y viajes
- pintura
- cine
- poesía
- pensamiento y filosofía
- política
- ciencia e investigación

- exploraciones y descubrimientos
- música
- teatro
- deporte
- lucha social
- religión

B. BUSCA A COMPAÑEROS CON INTERESES SIMILARES

Busca a dos compañeros que tengan intereses próximos a los tuyos. Elegid tres ámbitos en los que vais a trabajar y una persona para cada uno de ellos.

> • ¿A quién ponemos en nuestra lista de "gente genial"? ¿Pondríais a Freud?

C. ESCRIBID LAS BIOGRAFÍAS

Escribid una breve biografía en la que queden claros los méritos de las personas para ser elegidas como geniales. Podéis buscar información en internet, en la biblioteca, etc.

D. EXPONED Y VOTAD

Exponed ante el resto de la clase las razones de vuestra elección. Llevad a cabo la votación. ¿Quiénes son las tres personas geniales de vuestra clase?

> • Hemos elegido a Frida Kahlo, una pintora mexicana. Nació en Coyoacán y es una de las representantes más destacadas de la pintura del siglo XX. La hemos elegido porque...

E. MEJORAD LOS TEXTOS

Finalmente, cada grupo elige cualquiera de los textos sobre las personas famosas e intenta mejorarlo con los recursos vistos en esta unidad.

cuarenta y cinco **45**

3 mundos en contacto

CRUZAR FRONTERAS

El siglo XXI está siendo testigo de algunos de los mayores movimientos migratorios de la historia de la humanidad. Los conflictos bélicos, la pobreza y la falta de oportunidades empujan a millones de personas a buscar un futuro mejor en los países más desarrollados. Sin embargo, el camino hacia estos países es muchas veces un peligrosísimo peregrinaje que no siempre tiene un final feliz. Durante el camino hacia el sueño de una vida digna, son muchos los que caen en manos de mafias que trafican con personas. Además, las fronteras se hacen cada vez más difíciles de cruzar y la llegada al país de destino puede acabar en una vida clandestina y sin espectativas de futuro.

Afortunadamente para estos viajeros forzosos, existen miles de voluntarios que intentan paliar las trágicas condiciones en las que se pueden encontrar tanto en su camino como en los países en los que pretenden instalarse. Dos claros ejemplos de este comportamiento ejemplar son Las Patronas y el Padre Patera.

LAS PATRONAS

El trabajo de Las Patronas empezó hace dos décadas gracias a Leonila Romero, conocida como la Abuela, madre de una de las activistas que visitaron Madrid para dar a conocer el trabajo del colectivo y la situación de los derechos humanos en el viaje al Norte. El grupo, formado por 14 mujeres, se ocupa de preparar a diario comida para repartir entre los migrantes centroamericanos que intentan llegar a EE. UU. subidos en el tren de carga conocido como La Bestia.

«Todo empezó cuando mi mamá se enteró de que el tren de carga llevaba gente. Entonces pensó que había que hacer algo», nos cuenta Norma, hija de Leonila. «Los migrantes van agarrados de donde pueden y recorren así más de 8 000 km. Como el tren es de carga, a veces se detiene para recoger mercancía y los migrantes tienen que esperar tres o cuatro días a que el tren termine de cargar».

Las Patronas se colocan al borde de la vía del tren a su paso por Guadalupe La Patrona –de donde toman su nombre– y entregan bolsas con alimentos a los migrantes. Estos permanecen agarrados como pueden del tren con una mano mientras con la otra tratan de alcanzar los «lonchecitos» –como ellas les dicen– de arroz con un poco de tortillas y frijoles.

Fragmento del artículo "Las Patronas, 14 mujeres que desafiaron a La Bestia", de Emma de Coro, 28/09/14, en https://www.diagonalperiodico.net/global/24001-patronas-14-mujeres-desafiaron-la-bestia.html

ISIDORO MACÍAS, "PADRE PATERA"

Este fraile franciscano, más conocido como el 'Padre Patera', transformó su piso de Algeciras en una casa de acogida en la que, desde hace más de dos décadas, hospeda «a los más desfavorecidos, a los que menos tienen» –resume en una conversación con ABC–, especialmente, mujeres inmigrantes que arriban a las playas embarazadas o con sus hijos recién nacidos.

«Vienen a España creyendo que es la Tierra Prometida», comenta el fraile, al mismo tiempo que admite el «calvario» por el que muchos tienen que pasar para llegar hasta aquí. «Ellos son felices cuando llegan aquí y no quieren hablar de lo que les ocurrió en el camino pese a que las mafias que se aprovechan de sus desgracias. Solo quieren olvidar, libertad y algo de dinero para enviárselo a sus familias», subraya Macías.

La solidaridad y la generosidad sin escrúpulos son las leyes por las que el «Padre Patera» dirige su vida, y conforme a estos principios humanitarios trata a todos los inmigrantes, legales e ilegales, de la raza, sexo y religión que sean, como si fueran «sus propios hijos», reconoce. Es por eso que les proporciona techo, comida, luz, agua y sobre todo, un respaldo legal, necesario para conseguir el permiso de residencia en España.

«Aquí no hay límite de estancia, hasta que no consigan un trabajo no les vamos a dejar ir».

Fragmento del artículo "Padre Patera", de Marta R. Domingo, 18/08/2013, en http://www.elmundo.es/andalucia/2014/01/12/52ce922522601dff738b4575.html

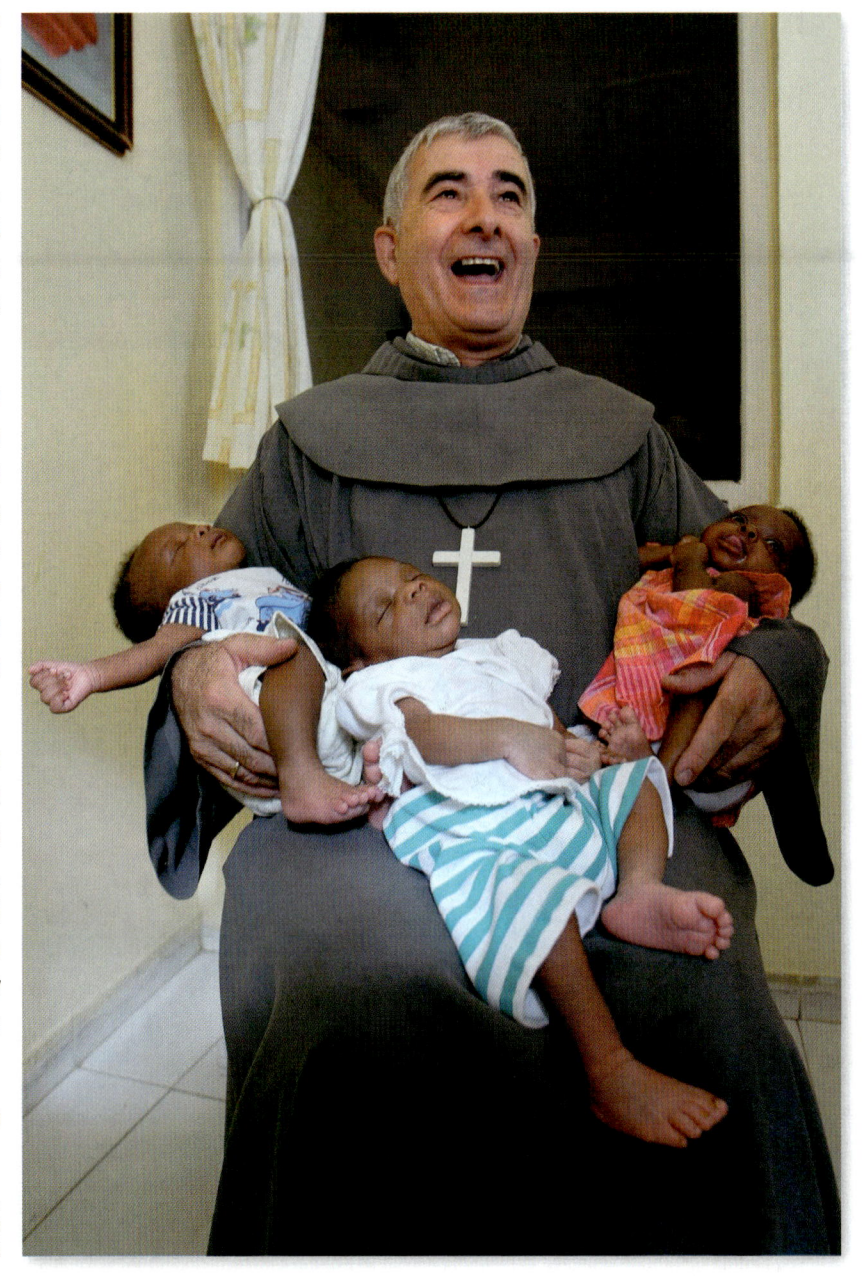

10. Voluntarios geniales

A. Lee la introducción del texto y comenta con tus compañeros lo que sabes sobre el tema. ¿Conoces ejemplos concretos?

B. Organizaos por parejas: unas van a leer el texto sobre Las Patronas y otras, el texto sobre el Padre Patera. Cada pareja tiene que preparar por escrito un breve resumen para explicarle el contenido de su texto a otra pareja que no lo haya leído.

C. Comenta con tus compañeros si conoces alguna ONG cuyo trabajo admires especialmente. ¿Qué actividades realiza?

4

Vamos a preparar una expedición de aventura.

Para ello, aprenderemos:

- a describir los espacios naturales y el clima,
- a relacionar proyectos con las circunstancias en las que ocurrirán,
- a expresar finalidad: **para / para que**,
- el imperfecto de subjuntivo con las oraciones finales,
- a expresar certeza, probabilidad: **quizás / posiblemente**,
- **por si (acaso)**,
- a expresar condiciones **si... / siempre y cuando / siempre que / a no ser que / con tal de que / a condición de que**,
- imperfecto de subjuntivo: formas y usos.

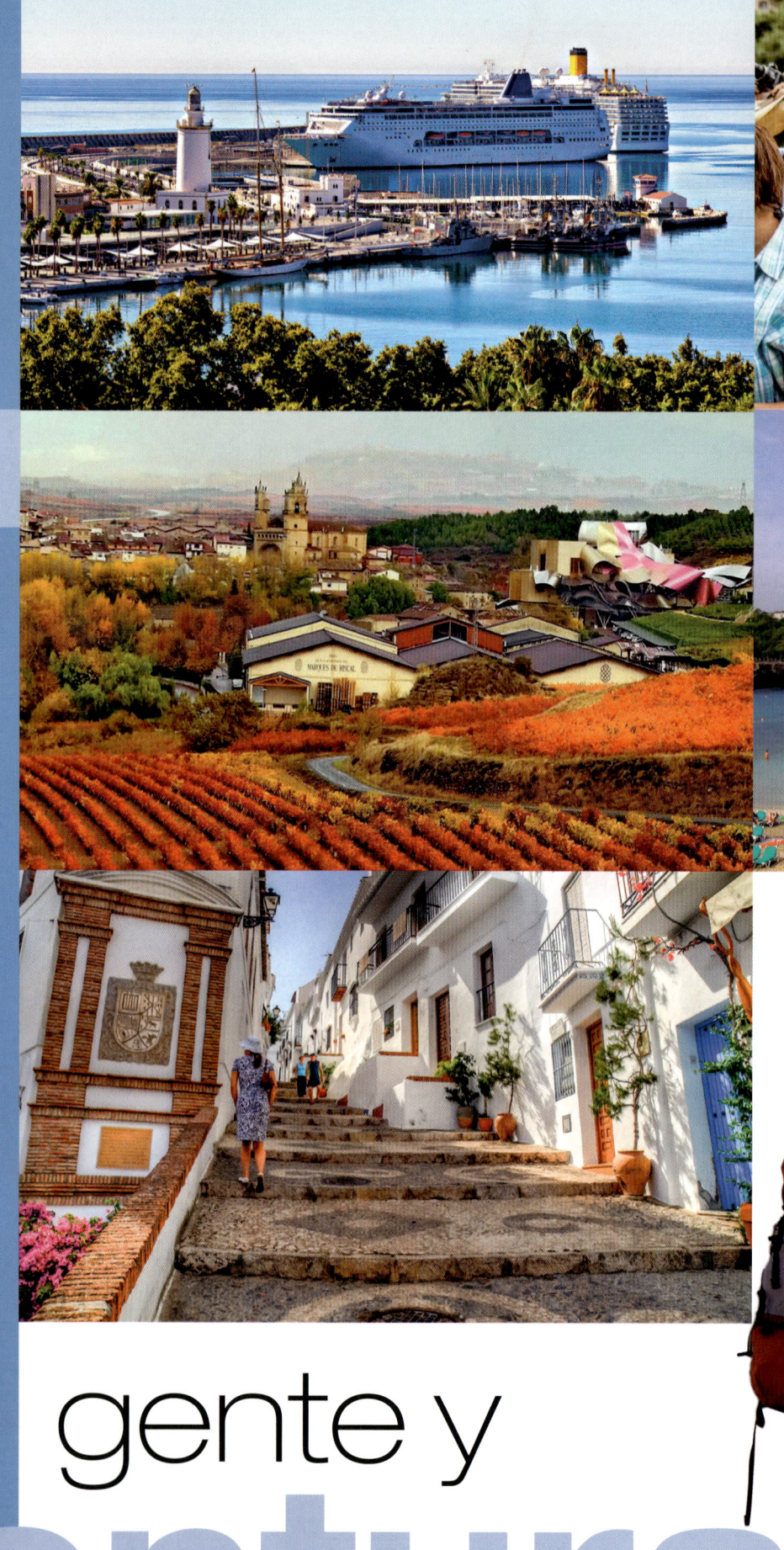

gente y aventura

entrar en materia 4

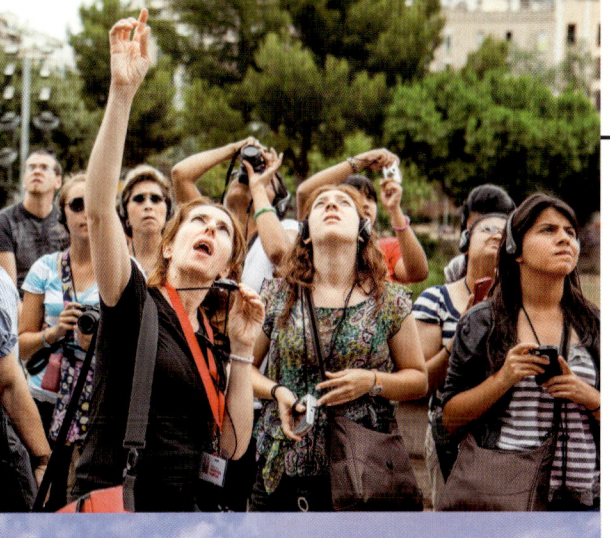

GENTE Y AVENTURA

1. Diversas formas de viajar

A. Fíjate en estas expresiones para hablar de viajes. ¿Las entiendes todas? Amplía la lista con otras expresiones que reflejen tus costumbres o preferencias en el ámbito de los viajes. Luego, asocia las imágenes con las expresiones.

VIAJAR...
- por mi cuenta
- en grupo

DISFRUTAR DE...
- la cocina típica
- el paisaje
- el contacto con la naturaleza

APUNTARSE A...
- un programa cultural
- visitas guiadas
- un viaje organizado

IR...
- improvisando sobre la marcha
- con todo planificado
- de camping
- a la aventura

CONOCER...
- otras costumbres
- a gente del país

PASAR LAS VACACIONES...
- en familia
- en el pueblo
- con amigos

TENER...
- (...lo) todo incluido
- las reservas hechas

B. ¿Qué ventajas e inconvenientes ves a cada una de las maneras de viajar que relacionas con las imágenes? Coméntalo con dos de tus compañeros. ¿Coincidís en vuestras preferencias?

• Los viajes organizados en grupo están muy bien porque no tienes que preocuparte de nada.
○ Sí, pero...

C. Escucha a estas cuatro personas hablando de sus futuras vacaciones. ¿Por qué tipo de viaje opta cada uno? ¿Lo tienen todo decidido? ¿Cómo lo sabes?

13-16

D. ¿Y tú? ¿Tienes planes para tus próximas vacaciones? Prepara individualmente un guion según este esquema para explicarlo después a tus compañeros.

Cuándo:
Tengo pensado ir a... el...

Para qué:
Quiero...
También me gustaría...

Dudas que tengo todavía:
Todavía no sé si...
No estoy seguro/a de que...

Circunstancias que podrían cambiar mis planes:
... excepto que...

• Yo suelo hacer senderismo y estoy pensando en hacer una ruta por el Pirineo aragonés pero todavía no sé si tendré vacaciones este verano...

cuarenta y nueve **49**

4 en contexto

2 **Expedición a Tierra del Fuego**
Lee la información sobre los diferentes destinos.

PATAGONIA ANDINA Y TIERRA DEL FUEGO

Es difícil describir la hermosura que la cordillera de los Andes ofrece en las provincias patagónicas. Los bosques milenarios se extienden a orillas de grandes lagos. En las cumbres de las montañas, la naturaleza se desborda y los glaciares conducen sus aguas a lagos de belleza inigualable. Y al sur, la Tierra del Fuego y la ciudad más austral del mundo, Ushuaia, una puerta abierta hacia la inmensa y misteriosa Antártida.

LA PATAGONIA ATLÁNTICA

Impresionantes mamíferos y aves marinas viven algunas temporadas en las costas patagónicas, donde cumplen parte de su ciclo vital. Colonias de pingüinos juegan entre los islotes. Los elefantes marinos tienen en Península Valdés un refugio único. Es este también un lugar mágico al que acuden puntualmente las ballenas a cumplir su ritual de apareamiento.

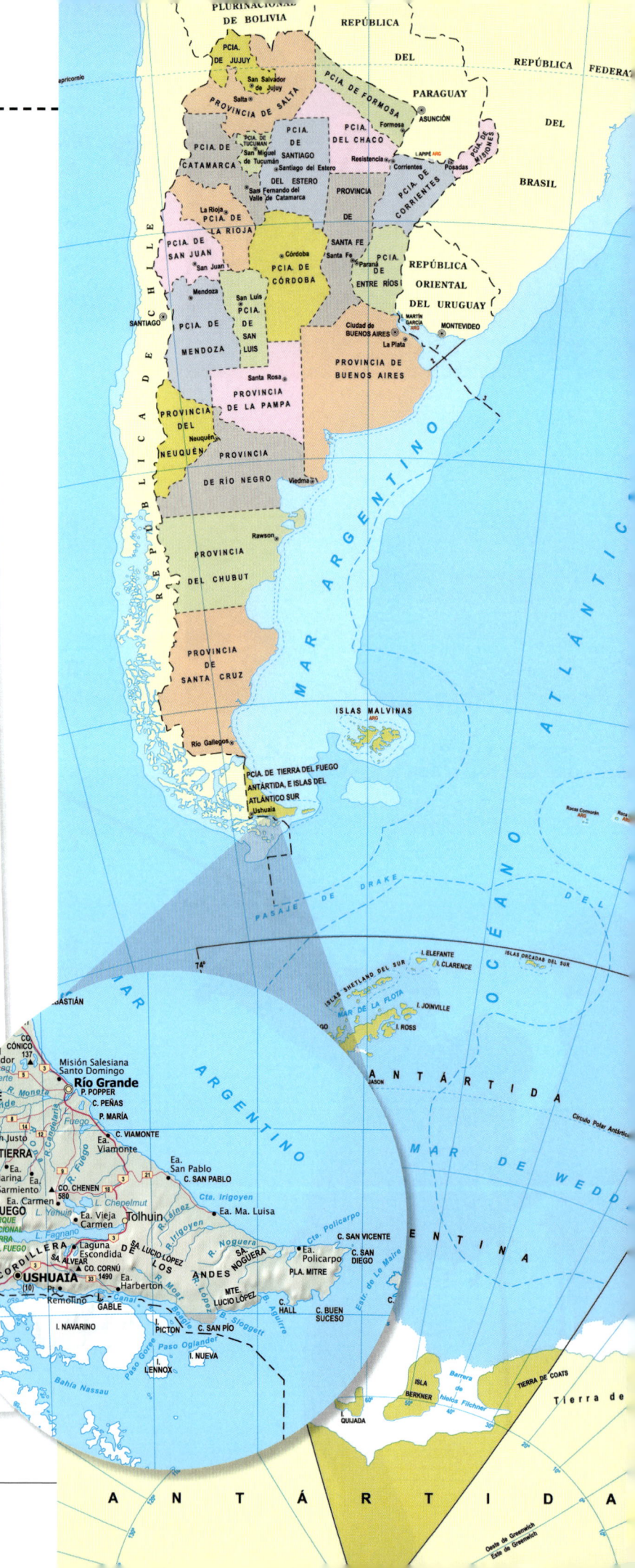

VIAJES MUNDI

TU IMAGINACIÓN ES EL LÍMITE

VIAJES DE AVENTURA A CUALQUIER LUGAR DEL MUNDO

Destinos con itinerarios abiertos, flexibles y totalmente adaptables. Incluso en lugares donde el transporte es precario y los hoteles inexistentes tenemos una persona de confianza para organizar cualquier expedición. En todas partes y en cualquier época del año.

NOS ENCARGAMOS DE:
- Organizar itinerarios.
- Ofrecer servicios.
- Facilitar transportes.
- Reservar alojamiento.
- Tramitar seguros de viaje.
- Organizar actividades: *trekking*, viajes en canoa, escalada, submarinismo, observación de aves, etc.

PRECIOS SEGÚN EL NÚMERO DE PARTICIPANTES
- Mínimo 4 personas.
- Grupos de más de 6 personas: 5 % de descuento.
- Más de 12 personas: 10 % de descuento.

PATAGONIA Y TIERRA DEL FUEGO
RUTAS RECOMENDADAS

ENTRE BOSQUES, LAGOS Y GLACIARES: RUTA DE LOS SIETE LAGOS

En San Martín de los Andes se inicia este itinerario que transcurre entre lagos y bosques. Llega al Parque Nacional de Los Arrayanes, un bosque centenario con árboles de más de 20 m y diversas especies protegidas de flora y fauna. Encontrarán refugios para pasar la noche.

CIRCUITOS DESDE BARILOCHE

Desde la capital de la Patagonia andina se inician escaladas a los cerros López y Tronador, famosos por sus glaciares. Excursiones a la península Llao Llao para navegar en canoa por el lago Nahuel Huapi. Ushuaia, situada a orillas del canal de Beagle, es la ciudad más al sur del planeta. Desde allí se organizan expediciones por glaciares y *trekking* por montañas de hielo. Vistas espectaculares de icebergs.

EL CAÑADÓN DEL RÍO PINTURAS

A 163 km al sur de la localidad de Perito Moreno se encuentra una de las manifestaciones de arte rupestre más significativas de la Patagonia. Escenas de caza de más de 9000 años de antigüedad en las cuevas y rocas del cañadón. Lugar ideal para espeleólogos.

RESERVA DE PUNTA TOMBO

A 120 km al sur de Trelew se encuentra una de las colonias de aves marinas más diversa del mundo, con miles de animales, y la mayor concentración de pingüinos de todo el planeta.

BAHÍA Y PENÍNSULA DE SAN JULIÁN

Navegación entre islotes en pequeña embarcación. Puntos de observación de aves y animales marinos. Estancia en tiendas de campaña y excursiones nocturnas para observar la llegada a la costa de los pingüinos.

EXPEDICIONES A LA ANTÁRTIDA

La Antártida, enorme masa de hielo deshabitada, a excepción de las estaciones científicas, donde no hay flora ni fauna. Vuelo en helicóptero. Desplazamiento en trineo. Visita a la estación científica.

Actividades

A Completa las dos columnas con el vocabulario que aparece en los textos.

accidentes geográficos	tipos de actividades
el lago	la escalada

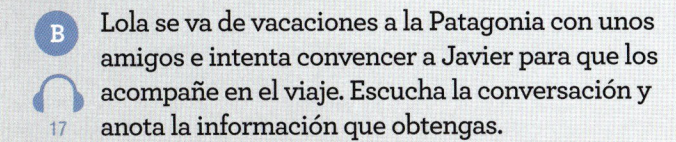

B Lola se va de vacaciones a la Patagonia con unos amigos e intenta convencer a Javier para que los acompañe en el viaje. Escucha la conversación y anota la información que obtengas.

17

- ¿Qué ruta quieren seguir?
- ¿Cuándo esperan llegar a la Antártida?
- ¿Qué harán cuando lleguen a Bariloche?
- ¿Hasta cuándo estarán en la península de San Juan?
- ¿Dónde piensan alojarse si van al Cañadón de Río Pinturas?

C ¿Crees que Javier se apuntará a la expedición? ¿Por qué?

D ¿Qué dificultades crees que pueden encontrar en la Patagonia y en Tierra del Fuego?

- Yo creo que lo más duro debe de ser el frío, ¿no?
- Sí, pero el reflejo del sol también es muy peligroso...

E ¿Cuántas personas de la clase os apuntaríais a este viaje? ¿Sois suficientes personas para obtener un descuento?

4 formas y recursos

❸ El equipo básico del senderista

A. Lee el texto y, con un compañero, complétalo con un par de recomendaciones más sobre los mismos temas u otros.

De camino | 22/08/2015

¿Qué material debemos llevar en nuestra mochila? ¿Se nos olvida algo importante?

El **calzado**: Es el elemento básico para el senderismo. En general, la bota de senderismo debe tener una suela algo rígida y con buen dibujo para que tenga buena adherencia, y ser de media caña (justo por encima del tobillo) para protegernos de golpes o torceduras. Debe ser de piel para que transpire bien y para que evapore el sudor y tener un cierto grado de impermeabilidad en el caso de que tengamos que andar bajo la lluvia o la nieve.

Los **calcetines**: Deben ser de algodón y ajustarse bien al pie, sin apretar. No deben formar pliegues, para evitar rozaduras. En invierno, a poder ser térmicos, para que retengan el calor de tus pies y, en verano, transpirables para no sudar excesivamente. Es bueno llevar siempre unos calcetines de repuesto por si fuera necesario cambiarlos.

La **mochila**: Es otro elemento básico de nuestro material. Tiene que ser ergonómica para repartir el peso por todo el cuerpo y para que no solo recaiga en los hombros. Otro detalle que hay que tener en cuenta es que sea impermeable o con funda, por si llueve. Trata siempre de llevar lo imprescindible para evitar un exceso de peso.

El **botiquín**: Nunca está mal llevar un pequeño kit de primeros auxilios en el caso de que tengamos algún problema de salud o sufriéramos un pequeño accidente.

B. Localiza en el texto las construcciones con **para**, **para que**, **por si** y **en el caso de que**. Comenta con un compañero cómo funcionan y cuándo se usa cada una.

C. ¿Y tú? ¿Qué tres cosas llevas normalmente cuando vas de excursión? ¿Y cuándo vas a la playa? ¿Y cuándo visitas una gran ciudad? Escribe tres frases usando **para**, **para que**, **por si** y **en el caso de que**.

• Yo, normalmente, me llevo unas tiritas por si me salen ampollas en los pies.

❹ Si no hay más remedio

A. Escucha lo que dicen estas personas. ¿En qué situación crees que se expresan de esa manera y por qué?

• Parece que están en una fiesta, se lo están pasando muy bien y no tienen ganas de irse...
○ Sí, pero tal vez tienen hijos y le han dicho a la canguro que volverán a una hora en concreto.

B. Vuelve a escuchar el audio, fíjate en las expresiones para expresar resignación y anótalas. También puedes usar la transcripción.

C. Con la ayuda de un compañero, escribe situaciones con los recursos observados en las que alguien expresa resignación por algo. No des todas las pistas, tus compañeros tendrán que decir de qué situación se trata.

EXPRESAR FINALIDAD

Objetivos claros

• Llevaremos...
  un mapa **para** orientarnos.
  ropa clara **para que** nos **puedan** ver.

Circunstancias eventuales

• Llevaremos el paraguas...
  por si acaso.
  por si llueve.
  no vaya a ser que llueva.

Circunstancias remotas o improbables

• Llevaremos el paraguas...
  por si lloviera.
  por si acaso lloviera.

Finalidad en el pasado

• Llevábamos ropa reflectante **para que** nos **pudieran** ver de noche.

EXPRESAR RESIGNACIÓN

• Si no hay más remedio,
• Me temo que
• No veo otra salida,   } nos quedaremos aquí.
• ¡Qué le vamos a hacer!,

• Habrá que
• No habrá más remedio que   } cambiar la ruta.
• Tendremos que

EXPRESAR CERTEZA Y PROBABILIDAD

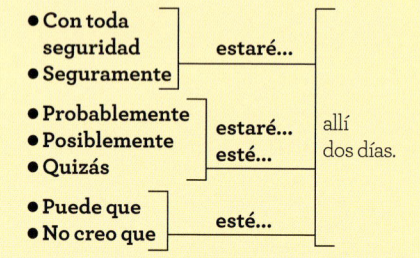

• Con toda seguridad
• Seguramente   } estaré...

• Probablemente
• Posiblemente   } estaré... / esté...   allí dos días.
• Quizás

• Puede que
• No creo que   } esté...

IMPERFECTO DE SUBJUNTIVO

Indefinido 3ª pl + terminaciones

	-ra	-se
hicie**ron**	-ras	-ses
	-ra	-se
estuvie**ron**	-ramos	-semos
	-rais	-seis
tuvie**ron**	-ran	-sen

ESTAR	VIVIR	SER/IR
estuviera	viviera	fuera
estuvieras	vivieras	fueras
estuviera	viviera	fuera
estuviéramos	viviéramos	fuéramos
estuvierais	vivierais	fuerais
estuvieran	vivieran	fueran

formas y recursos

PREVER INCIDENTES Y REACCIONAR

- ¿Qué **haréis si hay** tormenta?
- **Cambiaremos** la ruta.

- ¿Cómo **reaccionarías si te picara** un escorpión?
- Pues **haría** un corte sobre la herida y...

RELACIONES TEMPORALES EN EL FUTURO

Acciones sucesivas

- **Cuando termine** de trabajar,
- **Cuando haya comprado** el billete, **te llamaré**.

Sucesión inmediata

- **En cuanto / Tan pronto como llegue**, **te llamaré**.
- **Cuando llegues**, **verás** el puente nuevo.

Límite en el tiempo

- **Estaremos** allí **hasta que vengan** a recogernos.

HABLAR DE PLANES E INTENCIONES

- ¿Dónde / Cómo / Cuándo **pensáis ir**?
- **Intentaremos llegar** a la Antártida.
- **Si podemos**, iremos en balsa.
- **Según** el tiempo **que haga**, iremos al lago.

¿Qué haréis, ir en bici o en coche?

Depende del tiempo que haga.

EXPRESAR CONDICIONES

- **Cogeremos** el avión...
  - **si** todavía **hay** billetes.
  - **siempre y cuando** / **en el caso de que haya** billetes.
  - **a no ser que haya** huelga.

CONSULTORIO GRAMATICAL
Páginas 147-152 ▶

---

5. Planes de vacaciones

Inventa dos planes extravagantes. Un compañero te hará tres preguntas sobre posibles incidentes. Si no queda convencido, podrá hacerte tres preguntas más.

- Me iré con unos amigos unos días a vivir a una cueva, en plan primitivo y sin móvil. Necesito desconectar.
- Una: ¿qué haréis si os ataca algún animal salvaje? Dos...

6. Emergencias

¿A quién se le ocurren las mejores reacciones en caso de que ocurrieran estas emergencias?

¿Qué harías si...?
- ... te picara un escorpión en medio del bosque?
- ... se prendiera fuego en tu habitación del hotel?
- ... te robaran todos tus documentos en un viaje?
- ... te pillara una tormenta en la montaña?
- ... alguien en clase se desmayara?

7. Una expedición fallida

A. Lee la entrevista a la escaladora Clara Portolés. ¿Por qué falló la expedición?

La cara norte del Everest
Una expedición fallida

La expedición asturiana con siete experimentados escaladores salió de Madrid rumbo a Katmandú. El gran reto era alcanzar el Everest por la cara norte y sin botellas de oxígeno. En tres ocasiones estuvieron muy cerca, pero, desafortunadamente, no lo consiguieron. Entrevistamos a Clara Portolés, jefa de la expedición.

Clara, suponemos que ha sido una experiencia muy dura...
Sí, desde el principio fue muy difícil. En cuanto llegamos a China tuvimos que retrasar la entrada por problemas de papeleo en la frontera. Permanecimos allí seis días hasta que llegaron los permisos para iniciar el viaje. Otra de las dificultades a las que nos tuvimos que enfrentar fue el mal de altura. Javier Cernedo y Olga Belver se levantaban con fuertes dolores de cabeza, mareos y vómitos. Así que, para que todo el mundo estuviera preparado, nos vimos obligados a alargar el período de aclimatación casi una semana.

¿Qué fue lo peor del viaje?
Sin duda, el clima. Hubo varias tormentas de nieve. Una mañana, cuando nos despertamos, las tiendas estaban completamente cubiertas por la nieve y tuvimos que utilizar un cuchillo para poder salir. Podríamos haber muerto asfixiados.

¿Por qué no pudisteis llegar a la cumbre?
La primera vez que intentamos la ascensión parecía un día claro, pero cuando estábamos iniciando la marcha, se nos vino encima una avalancha de nieve. Fue horrible. Afortunadamente estábamos bien sujetos y conseguimos protegernos bajo unas rocas. En el segundo intento, el viento era muy fuerte y la temperatura alcanzó los 30 grados bajo cero. Javier empezó a tener síntomas de congelación en la nariz y no nos quedó más remedio que volver al campamento base. En el tercero, realmente tuvimos muy mala suerte. Cuando ascendíamos, se me rompieron las gafas de sol, por lo que tuve que seguir escalando sin ellas durante dos horas. Así que cuando estábamos solo a 200 metros de la cima, perdí totalmente la visión. La luz me quemó la córnea. Entonces mis compañeros decidieron bajarme. Me vendaron los ojos para que no se pusieran peor y me cargaron a hombros hasta que llegó el equipo de salvamento. Hasta dos días más tarde no empecé a recuperar la vista. Permanecimos varios días en el campamento esperando mi recuperación, pero el equipo estaba agotado y el permiso de estancia en el país estaba a punto de finalizar. Cuando las condiciones son tan adversas, hay que tomar decisiones difíciles y dolorosas y, en nuestro caso, no tuvimos más remedio que decidir abandonar.

¿Volverás a intentarlo? Y si es así, ¿cuándo?
De momento no sé cuándo volveré a intentarlo. Al menos no hasta que no me haya recuperado del todo. Pero sí, seguro que volveré a hacerlo cuando pueda: la montaña es mi vida. Quizá sea en un par de años. Preparar un viaje así es muy complejo y no puedes salir hasta que no consigues reunir los medios económicos y humanos necesarios. En cuanto consiga un patrocinador, empezaré a montar el equipo para lanzarme de nuevo al Everest. Lo que sí es seguro es que volveré a intentarlo en primavera, que es cuando las condiciones climáticas son las más adecuadas.

B. Subraya en el texto las frases que expresan relaciones temporales con **cuando**, **hasta** y **en cuanto**. ¿Qué tiempos verbales las acompañan? ¿En qué se diferencian?

C. Ahora observa las oraciones con **para que**. ¿Con qué tiempo verbal se construyen?

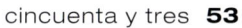

8 Una expedición

A. En grupos, vais a preparar una expedición. ¿A qué lugar preferirías viajar? ¿A la jungla o al desierto? ¿Por qué? Explícaselo a tus compañeros. Luego, lee el texto correspondiente a tu elección y haz una lista de las cosas que has de tener en cuenta antes de iniciar el viaje.

La jungla

Lo más molesto en la jungla es la humedad. Las lluvias caen durante todas las estaciones del año. Tener algunas cosas en cuenta puede facilitarnos en gran medida la ruta.

Orientación → la vegetación es tan espesa que a veces no llegan al suelo los rayos del sol. Los árboles pueden alcanzar una altura de 60 m. En algunas zonas, la única forma de avanzar es a golpe de machete. Es fácil desorientarse, y con una cobertura vegetal tan espesa es muy difícil emitir señales de humo o luminosas. En caso de sentirse perdido, es aconsejable construir una balsa y seguir el curso de un río, porque normalmente los ríos atraviesan zonas habitadas.

Alimentos → con una vegetación tan abundante, es difícil morir de hambre. Muchas plantas son comestibles, aunque algunas pueden ser altamente venenosas. Hay que examinar bien la planta, recoger un poco de su líquido y aplicárselo en una zona de piel sensible. Si se produce irritación o hinchazón, es mejor no comerla. Si se caza algún animal, ¡cuidado!, con un calor tan húmedo la carne se pudre fácilmente. La solución es ahumarla, de ese modo puede conservarse de cinco a siete días.

Animales → los mosquitos son los animales más molestos y peligrosos, sobre todo cuando cae la noche. Conviene cubrirse el cuerpo con ropa e incluso meter la parte inferior de los pantalones dentro de los calcetines y las botas. Ponerse barro en la cara resulta también muy eficaz. Otros animales como arañas, serpientes o cocodrilos no suelen atacar al hombre si no se sienten amenazados y son una excelente fuente de alimentos.

Calzado → lo esencial es disponer de zapatos y vestidos que no se estropeen con la humedad. El algodón y el cuero no son lo ideal, tardan mucho en secar y se pudren. Los tejidos sintéticos modernos están perfectamente adaptados para su utilización en la selva.

Dormir → hay que evitar a toda costa el contacto directo con un terreno siempre mojado y habitado por insectos. Una buena hamaca atada entre dos árboles puede ser la mejor solución.

El desierto

Viajar por el desierto no es nada fácil: falta agua y las temperaturas son extremas. Los mayores peligros allí son la insolación y la deshidratación. Esta información puede ser útil.

Ropa → quitarse la ropa es una equivocación, por el riesgo de quemaduras, pero, sobre todo, por la deshidratación. Cubrir el cuerpo es fundamental, el sudor humedece los vestidos, refresca y, a la vez, limita la transpiración.

El elemento más importante es, sin duda, el turbante: es de algodón, puede medir hasta ocho metros, cubre totalmente la cabeza, protege de las quemaduras solares, del viento, de las tormentas de arena y del calor en la nuca, que es terriblemente peligroso. Además, al estar sobre la nariz y la boca, retiene la humedad de la respiración.

Sol → muy importante no exponerse al sol durante las horas de más calor. Encontrar un lugar sombreado en el desierto puede resultar imposible, la mejor solución es enterrarse en la arena; en profundidad está más fresca y tiene un efecto relajante. Si se encuentra vegetación, mejor cavar a su lado, así se aprovecha la humedad de las raíces de las plantas y se limita la transpiración. Uno de los mayores peligros es sufrir quemaduras en los ojos: no llevar protección puede afectar de forma grave la vista.

Animales → la mordedura de víbora en el desierto puede ser mortal. La víbora se esconde buscando lugares sombreados como las rocas y solo muerde para defenderse cuando ha sido descubierta. Si se produce una picadura, tanto de víbora como de escorpión, lo más urgente es aspirar el veneno con la boca o con una jeringuilla especial.

Transporte → el mejor medio de transporte es el animal. El camello o el dromedario resisten largas temporadas sin beber y pueden orientar y conducir a los viajeros hacia los pozos de agua. Además, sus excrementos pueden servir de combustible.

Temperaturas → las noches son tremendamente frías, la temperatura puede llegar a cinco grados bajo cero. Conviene montar las tiendas y encender un fuego. Es difícil encontrar combustible en el desierto pero si se dispone de gasolina, se puede llenar una lata de conserva con arena empapada en ese combustible, encenderla y obtener, así, una estufa muy eficaz.

B. Busca a compañeros que quieran ir al mismo lugar que tú y, entre todos, decidid: a qué país vais a viajar, en qué época del año, qué medios de transporte utilizaréis, etc.

tareas 4
GENTE Y AVENTURA

OS SERÁ ÚTIL...

- **Es imprescindible...**
  llevar una cuerda.
  cuerdas.
  aceite.

- **Para este tipo de viaje,**
  las cuerdas **son...**
  imprescindibles.

- **Lo más necesario / útil / importante...**
  es el machete.

9 Preparación de la mochila

A. En primer lugar, individualmente, elige tres cosas que quieras llevar. Intenta calcular bien los riesgos y ser muy precavido. Piensa por qué y para qué has elegido esos objetos.

una mosquitera	una manta de supervivencia	un paraguas
un sombrero de paja	una jeringuilla aspiraveneno	un turbante
una bolsa de plástico	un espejo	una brújula
una cuerda	una hamaca	un bolígrafo
un machete	una navaja multiuso	un hacha
un desinfectante	una lata	unos prismáticos
un recipiente para el agua	un repelente antimosquitos	una radio

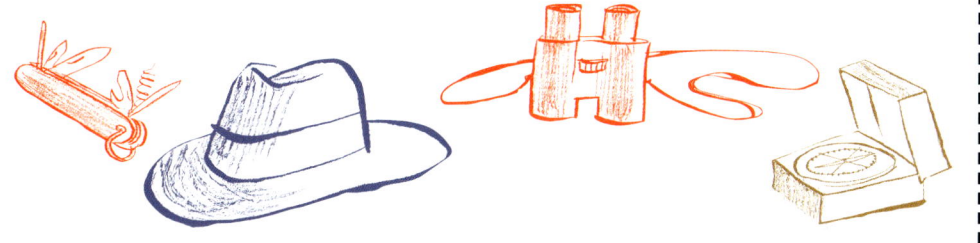

B. Luego, compara tu lista con la de los compañeros de tu equipo. Poneos de acuerdo: entre todos, podéis elegir solamente tres cosas.

- Yo creo que lo más importante es llevar un buen machete.
- Pues yo creo que un hacha es algo mucho más útil.

10 Más vale prevenir...
Presentad vuestra expedición a los otros grupos y votad.

A PRESENTAD LOS DETALLES

- ¿En qué época del año viajaréis?
- ¿Cómo os trasladaréis de un sitio a otro?
- ¿Qué ropa llevaréis?
- ¿Qué cualidades tenéis para desenvolveros en la naturaleza?
- ¿Qué actividades llevaréis a cabo?
- ¿Qué comeréis?
- ¿Cómo cocinaréis?
- ¿Cómo dormiréis?
- Otras cosas importantes

- Iremos a la jungla en julio porque es la estación seca...
- Nos llevaremos...

B PREPARAD PREGUNTAS PARA LOS COMPAÑEROS

Cada grupo puede hacer cinco preguntas a los otros equipos sobre posibles incidentes. Escribid las preguntas que haréis.

- ¿Y qué haréis si hay una tormenta de arena?
- ¿Y qué haríais si a alguien le picara un escorpión?

C HACED LAS PREGUNTAS

Haced las preguntas a los otros grupos, estos tienen que saber resolver la situación usando los objetos que han elegido.

- ¿Y qué haríais si os perdierais por la selva?
- Con el machete cortaríamos troncos y construiríamos una balsa.
- Ya, pero ¿con qué sujetaríais los troncos?
- Pues cortaríamos unas ramas y las ataríamos...

D ELEGID AL GRUPO MÁS PRECAVIDO

¿Cuál de los grupos es el más precavido? La clase, que representa a la casa patrocinadora del viaje, decidirá a quién apoyar.

cincuenta y cinco **55**

AMÉRICA EN BICI

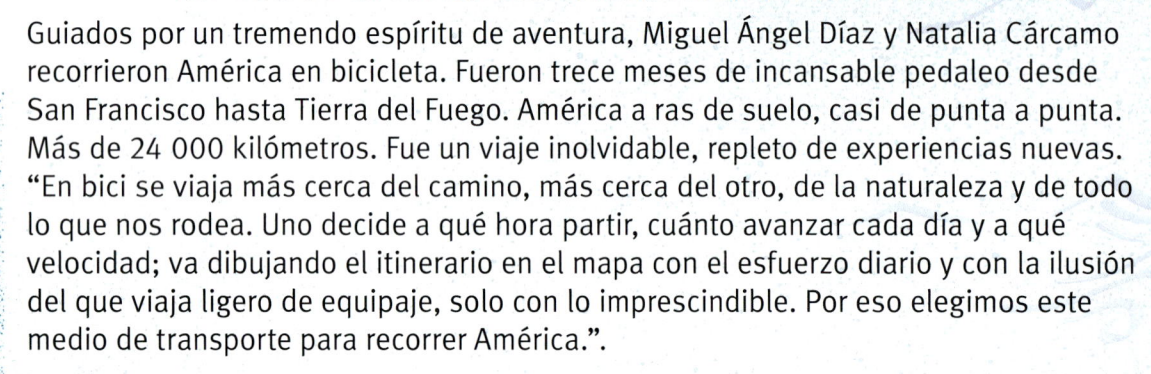

Guiados por un tremendo espíritu de aventura, Miguel Ángel Díaz y Natalia Cárcamo recorrieron América en bicicleta. Fueron trece meses de incansable pedaleo desde San Francisco hasta Tierra del Fuego. América a ras de suelo, casi de punta a punta. Más de 24 000 kilómetros. Fue un viaje inolvidable, repleto de experiencias nuevas. "En bici se viaja más cerca del camino, más cerca del otro, de la naturaleza y de todo lo que nos rodea. Uno decide a qué hora partir, cuánto avanzar cada día y a qué velocidad; va dibujando el itinerario en el mapa con el esfuerzo diario y con la ilusión del que viaja ligero de equipaje, solo con lo imprescindible. Por eso elegimos este medio de transporte para recorrer América.".

Estados Unidos
Bajo los imponentes rascacielos de San Francisco dimos nuestras primeras pedaladas.

México
Rectas de 100 kilómetros entre arenales. Atardeceres anaranjados y solo nuestras alargadas sombras que avanzan en las últimas horas de luz.

Guatemala
Apetitosas frutas tropicales que combinan con los vivos colores y diseños geométricos de la ropa de la gente en los puestos del mercado. Un festín para la vista.

Costa Rica
Volcanes en activo, playas realmente paradisíacas y selvas impenetrables donde se siente la vida en ebullición.

Panamá
El puente de las Américas sobre el canal de Panamá, uno de los momentos más emocionantes de la travesía.

Ecuador
Montañas de más de 5 000 metros nos rodean en Quito. Una naturaleza exuberante, muy verde y muy diversa.

Perú
Pedalear entre los imponentes picos de la Cordillera Blanca. Sentir a cada segundo lo que la naturaleza ha tardado millones de años en construir. Arquitectura inca y caminata hasta el Machu Picchu, otro momento cumbre de nuestra ruta.

Bolivia
Uyuni, el salar más grande del mundo. Pedalear por la superficie blanca, lisa e infinita, es una fantástica experiencia.

Brasil
Cataratas ante las que dos personas en bici son como dos gotas de agua en medio del diluvio. Ruido ensordecedor, tardamos un buen rato en recuperar el habla.

Argentina
Espectáculo de ballenas en la península Valdés. Sus acrobacias acuáticas nos encantaron. Mereció la pena atravesar la Pampa para llegar hasta allí.

Chile
Sensación de estar en el fin del mundo. La niebla rara vez se levanta del horizonte. Frente a Ushuaia solo la Antártida. Tierra de Fuego: el fin de un sueño y el principio de los recuerdos.

mundos en contacto **4**

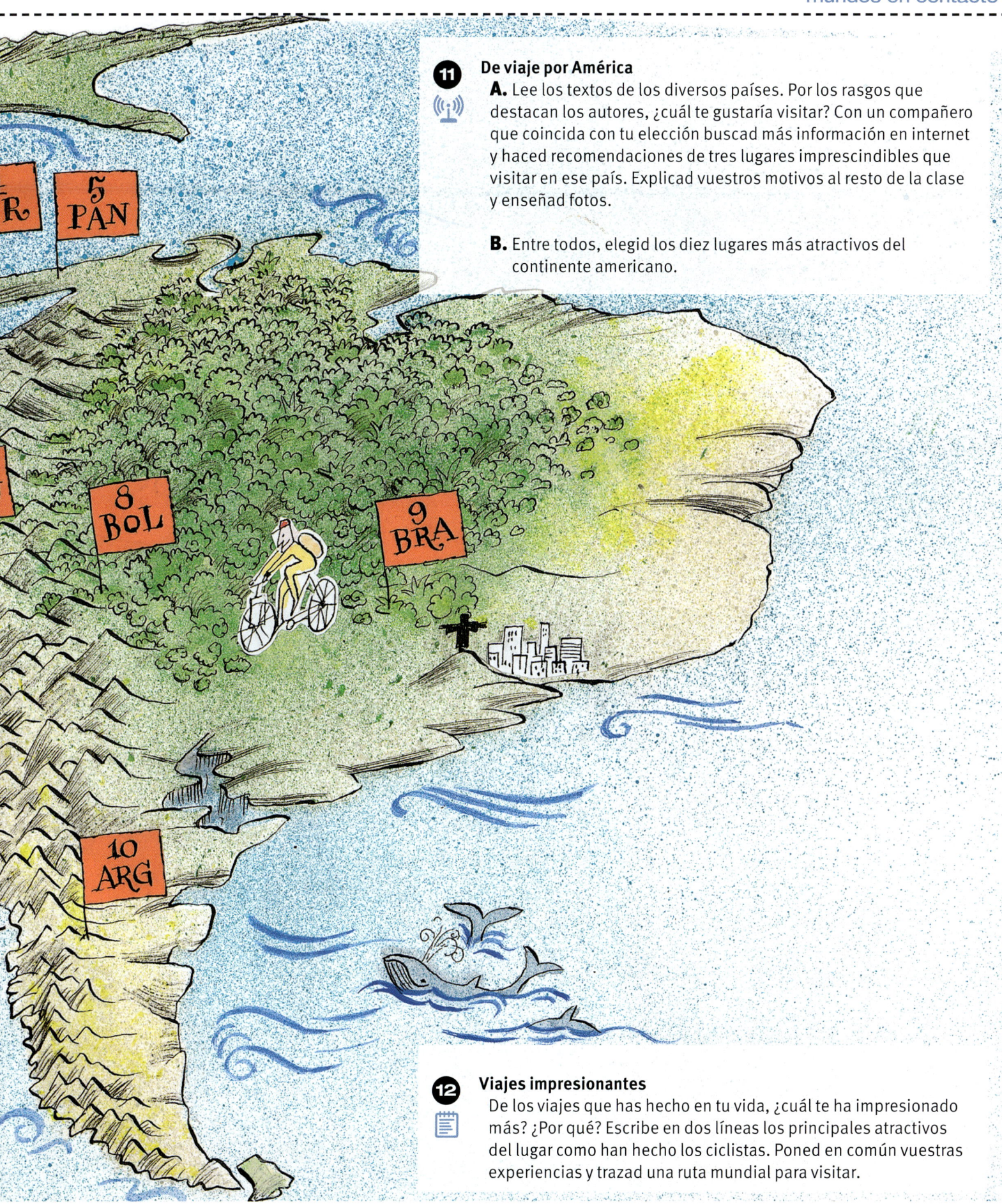

11 **De viaje por América**
A. Lee los textos de los diversos países. Por los rasgos que destacan los autores, ¿cuál te gustaría visitar? Con un compañero que coincida con tu elección buscad más información en internet y haced recomendaciones de tres lugares imprescindibles que visitar en ese país. Explicad vuestros motivos al resto de la clase y enseñad fotos.

B. Entre todos, elegid los diez lugares más atractivos del continente americano.

12 **Viajes impresionantes**
De los viajes que has hecho en tu vida, ¿cuál te ha impresionado más? ¿Por qué? Escribe en dos líneas los principales atractivos del lugar como han hecho los ciclistas. Poned en común vuestras experiencias y trazad una ruta mundial para visitar.

cincuenta y siete **57**

5

Vamos a elaborar la declaración de derechos de un colectivo.

Para ello, aprenderemos:

- a valorar nuestras propuestas y a plantear condiciones para su aceptación,
- a argumentar nuestras decisiones,
- a expresar obligaciones, derechos y prohibiciones,
- enumeraciones y adiciones: ... ni siquiera... / ... e incluso...,
- usos del pronombre neutro **lo**,
- usos del indicativo y el subjuntivo,
- **es cierto que...** / **no es cierto que...**.

gente con derechos

entrar en materia **5**

GENTE CON DERECHOS

1 Animales y humanos

A. ¿Sabes cómo se llaman los animales de la imagen? ¿Conoces el resto de nombres de abajo? ¿Cómo se llama en español tu animal preferido?

lobo puma cebra escorpión
tigre ciervo
elefante tarántula
oveja **oso** hormiga
rana jirafa águila víbora oso panda
gallina

B. ¿Qué importancia tienen los animales en tu vida? ¿Cómo crees que es la relación de la gente con los animales en tu entorno social?

- Yo creo que mucha gente tiene animales pero no los trata lo suficientemente bien... Por ejemplo, si tienes un perro...

C. ¿Qué aspectos positivos y negativos (para unos y otros) tiene la relación entre humanos y animales? En pequeños grupos, pensad en ellos y haced dos listas. Ponedlas después en común con los demás.

Aspectos positivos	Aspectos negativos
Muchos animales domésticos llegan a ser una parte de la familia.	Los humanos utilizan animales en espectáculos violentos como la lucha de gallos.

2 Animales en asamblea

A. ¿Crees que los animales tienen buenas razones para rebelarse contra los humanos? Escucha esta asamblea de animales y marca los argumentos, a favor o en contra de la rebelión, que aparecen en el debate.

☐ El comportamiento humano es cada vez más peligroso.
☐ Los humanos destruirán el planeta con sus máquinas y producciones.
☐ Los inventos humanos son un peligro para personas y animales.
☐ El humano explota a gran escala las pieles de animales.
☐ Algunos animales viven en espacios que apenas les dejan moverse.
☐ El ser humano debe respetar a los animales porque también son seres vivos.
☐ Algunos humanos ya han formado asociaciones para la defensa de los animales.
☐ Los humanos abandonan a sus animales de compañía.

B. ¿Coinciden sus argumentos con los vuestros? ¿Dan alguno más? ¿Hablarían así si pudieran?

cincuenta y nueve **59**

5 en contexto

GENTE CON DERECHOS

3 Reclama tus derechos

Aquí tienes los siete derechos básicos del consumidor según la Procuraduría Federal del Consumidor de México.

PROFECO — PROCURADURÍA FEDERAL DEL CONSUMIDOR

Teléfono del Consumidor
5568 8722
01 800 468 8722

www.profeco.gob.mx
www.consumidor.gob.mx

Delegación

PROFECO

7 Derechos básicos del consumidor

Derecho a la información

La publicidad, las etiquetas, los precios, los instructivos, las garantías y, en general, toda la información de los bienes y servicios que nos ofrezcan, debe ser oportuna, completa, clara y veraz, de manera que podamos elegir sabiendo qué compramos.

Derecho a la educación

Podemos recibir educación en materia de consumo, conocer nuestros derechos y saber de qué forma nos protege la ley, así como organizarnos con familiares o vecinos para aprender a consumir mejor y de manera más inteligente.

Derecho a elegir

Al decidirnos por un producto o servicio, nadie puede presionarnos, condicionarnos la venta a cambio de comprar algo que no queremos, o exigir pagos o anticipos sin que se haya firmado un contrato.

Derecho a la seguridad y calidad

Los bienes y servicios que se ofrecen en el mercado deben cumplir con normas y disposiciones en materia de seguridad y calidad. Además, los instructivos deben incluir las advertencias necesarias y explicar claramente el uso recomendado de los productos.

Derecho a no ser discriminados

Al comprar un producto o contratar un servicio, no pueden negarlo, discriminarnos o tratarnos mal por nuestro sexo, raza, religión, condición económica, nacionalidad, orientación sexual, por tener alguna discapacidad o cualquier motivo similar.

Derecho a la compensación

Si un proveedor nos vende un producto de mala calidad o que no cumple con las normas, tenemos derecho a que nos lo reponga o nos devuelva nuestro dinero, así como a una bonificación no menor al 20% del precio pagado. También nos deberá bonificar cuando nos preste un servicio de forma deficiente o no nos lo proporcione. Asimismo, tenemos derecho a que nos indemnice por los daños y perjuicios que nos haya ocasionado.

Derecho a la protección

Podemos ser defendidos por las autoridades y exigir la aplicación de las leyes; también organizarnos con otros consumidores para defender intereses comunes. Cuando algún proveedor no respete nuestros derechos, podemos acudir a Profeco a presentar nuestra queja o llamar al Teléfono del Consumidor para denunciar algún abuso que esté afectando a varios consumidores.

En México, los consumidores no estamos solos.

Desde 1975 la Ley Federal de Protección al Consumidor vela por nuestros intereses y por dar certeza y seguridad jurídica a las relaciones entre consumidores y proveedores. Los siete derechos básicos del consumidor son un rápido resumen de los muchos derechos que nos otorga la Ley, que se puede consultar íntegra en nuestra página de Internet. ¡Conócelos y hazlos valer! Recuerda que, como consumidor, tú tienes el poder, y Profeco te respalda.

PROFECO

Actividades

A ¿Cuáles son para ti los tres derechos más relevantes de los siete anteriores? ¿Añadirías o eliminarías alguno?

- Yo añadiría el derecho a poder elegir entre distintos productos, no me gustan los monopolios que te obligan a consumir su producto.

B ¿Has reclamado tus derechos alguna vez? ¿Por escrito u oralmente? ¿Por qué razón? ¿Has tenido resultados positivos?

- Yo una vez escribí a una agencia de viajes porque me dieron un hotel de menos categoría de la que yo había pagado.

en contexto 5

GENTE CON DERECHOS

(4) La rebelión del consumidor
En una revista nos dan algunas ideas para defender nuestros derechos como consumidores.

LA REBELIÓN DEL CONSUMIDOR

El consumo crece y con él la conciencia del ciudadano a reivindicar sus derechos, a reclamar y a demandar más información y leyes que lo protejan.

Cuando una persona está descontenta con una situación, bien sea por un producto o por un mal servicio recibido, tiene dos opciones: puede decir algo o puede marcharse sin decir nada. Es evidente que muchas personas se sienten incómodas cuando deben presentar una queja, o porque creen que están llevando a cabo un esfuerzo desagradable, o porque piensan que es inútil. Muchas no quieren ser una molestia para nadie y muchas otras reprimen su enfado e intentan olvidarlo, o se sienten impotentes ante las grandes compañías e instituciones.

No obstante, la tendencia a no quejarse ha ido cambiando en los últimos años, y las organizaciones que llevan a cabo estudios estadísticos sobre la recepción de reclamaciones afirman que cada vez es mayor el número de cartas de queja que reciben las compañías y el sector comercial en general. Las causas parecen ser varias: una mayor concienciación del consumidor respecto a sus derechos, la accesibilidad a información rápida gracias a las nuevas tecnologías, y la creación de asociaciones y de nuevas leyes de protección al consumidor.

Sin duda, reclamar vale la pena: el consumidor puede así conseguir la reparación de un daño y la empresa información valiosa para la toma de futuras decisiones de importancia.

7 CONSEJOS PARA RECLAMAR

DECIDA CÓMO QUEJARSE
La reclamación escrita puede dar una mayor impresión de seriedad al problema, permite pensar con claridad, documentar la explicación y reaccionar de forma más racional que emocional.

PIDA UNA SOLUCIÓN CONCRETA
Deje claro qué tipo de solución o compensación espera obtener.

EXPLIQUE CON CLARIDAD
Proporcione todos los detalles e información pertinentes. Evite los rodeos y adjunte documentación que avale su narración de los hechos.

ARGUMENTE
Incluya argumentos claros y concretos que apoyen su petición de una solución. Exprese claramente su decepción por lo ocurrido.

ADOPTE UN TONO ADECUADO
Recuerde que su objetivo es persuadir a su interlocutor de que solucione su problema. Use un tono correcto, positivo y flexible. Si no tiene éxito, sea más contundente.

ELIJA EL DESTINATARIO
Infórmese y dirija su reclamación al departamento o a la persona adecuada.

NO ESPERE
El tiempo es una pieza clave en la solución del problema. Si espera mucho, el destinatario puede interpretar que el problema no es tan importante en realidad

Actividades

A ¿Crees que la mayoría de consumidores se quejan cuando tienen un problema? ¿La gente se queja más o menos que antes? Coméntalo con un compañero.

B Lee el texto. ¿Confirma tus ideas?

C ¿Estás de acuerdo con los consejos que se dan? ¿Añadirías algo?

D (27-28) Escucha a estas personas: ¿de qué se quejan? ¿Qué piden? ¿Cómo argumentan su petición? ¿A qué derechos del consumidor se alude?

E Prepara con tu compañero una conversación similar. Después, representadla ante los compañeros.

5 formas y recursos

GENTE CON DERECHOS

5 **Automovilistas y peatones: intereses contrapuestos**

A. ¿Qué piden los peatones? ¿Con qué condiciones lo aceptan los conductores de coches? En dos grupos, A y B, leed el cuadro que os corresponda. Cada grupo debe añadir sus propias ideas.

Grupo A
Propuestas de los peatones
– Suprimir el tráfico en las ciudades los sábados y los domingos.
– Poner una duración mínima de un minuto en todos los semáforos para peatones.
– Reducir a 30 km/h el límite de velocidad máxima en las ciudades.
– Prohibir el acceso de coches a los parques naturales y a otros espacios protegidos.
– Obligar a los coches particulares a aparcar a más de 2 km de playas y de parques.
– Limitar a casos de urgencia la circulación de coches por la ciudad entre las 22 h y las 7 h.
– Aumentar los impuestos para los coches.
...

Grupo B
Condiciones de los conductores
– Construcción de túneles.
– Ampliación del horario de metro y aumento del número de autobuses nocturnos.
– Amplias zonas de aparcamiento gratuito cerca de las zonas peatonales del centro de las ciudades.
– Suficientes transportes públicos, rápidos y frecuentes.
– Subvención en la compra de coches eléctricos.
– Reducción del número de semáforos.
...

B. Ahora, el grupo A debe hacer propuestas y el grupo B las puede aceptar pero con condiciones.

● Proponemos que se suprima el tráfico en las ciudades el fin de semana.
○ De acuerdo, pero siempre y cuando haya transportes públicos suficientes, rápidos y frecuentes.

6 **Ni siquiera me dieron las gracias**

A. Lee estos datos con respecto a la experiencia que ha tenido Fermín como consumidor con un determinado producto. ¿Te imaginas qué producto es?

– costó 20 euros más de lo que habían prometido
– tardaron en darle línea dos semanas
– las llamadas se cortan
– no le dieron ninguna explicación
– no le enviaron un *router*
– no proporcionaron la velocidad que había contratado

B. Ahora lee cómo se lo cuenta a un compañero de trabajo. ¿Entiendes qué valor tienen los conectores **ni siquiera** e **incluso**?

→ Las llamadas se cortan, y tardaron en darme línea dos semanas, ¡e incluso me ha costado 20 euros más!
→ No tengo la velocidad que había contratado, no me enviaron el *router*, ¡ni siquiera me han dado una explicación!

C. Con un compañero, haced una enumeración usando los conectores **incluso** y **ni siquiera**. Tened en cuenta las cosas que hacen los...

ciclistas   turistas   racistas   políticos   bancos

HACER PROPUESTAS, SUGERENCIAS

- Habría que
- Deberíamos   cambiar las leyes.
- Propongo

- Proponemos que cambien las leyes.

- Sería conveniente que cambiaran las leyes.

ACEPTAR CON CONDICIONES

- Reestructuraremos el centro de la ciudad.

○ Si no hay parques,   no lo aceptamos.
                       no estamos de acuerdo.

○ De acuerdo, pero...
   si os comprometéis a que
   siempre que   haya parques.
   siempre y cuando
   con tal de que

   si nos prometéis que   habrá parques.

MARCADORES TEMPORALES DE INICIO

A partir de ahora,...
A partir del próximo día 1 de enero,...
De ahora en adelante,...
Desde este momento,...
Desde este mismo instante,...

Deberíamos terminar el proyecto en dos meses. Propongo que, desde esta semana, nos reunamos todos los martes.

De acuerdo, siempre y cuando sea a partir de las tres.

formas y recursos 5

GENTE CON DERECHOS

ESTABLECER NORMAS, DERECHOS Y OBLIGACIONES

- Todo individuo... / Toda persona...

  tendrá que
  deberá
  tiene la obligación de ⎱ respetar la naturaleza.
  está obligado a
  ha de

  tiene derecho a vivir en libertad.

- Nadie ⎰ podrá ⎱ ⎰ maltratar
        ⎱ tiene derecho a ⎱ a los demás.

- En ningún caso se podrá
  Queda prohibido ⎱ fumar.
  Está prohibido

ENUMERACIONES, ADICIONES

Ni..., ni..., (ni tampoco...,) y ni siquiera...
Y..., y..., (y también...,) e incluso...

EL / LA / LOS / LAS DE

- La vida del hombre y la de la mujer.
- Los problemas de la gente y los del mundo.
- Las decisiones del gobierno y las de los sindicatos.

USO DEL PRONOMBRE NEUTRO LO

- Echarle la culpa a la industria parece una postura fácil, pero no lo es.
○ En mi opinión, sí que lo es.

Eso es una postura muy fácil.
No, no lo es.
A mí tampoco me lo parece.

CONSULTORIO GRAMATICAL
Páginas 140-145 ▶

---

7 ¿Lo es o no lo es?

A. Habla con un compañero y contrasta con él estas opiniones.

→ Pagar por películas en internet es inaceptable.
→ Los españoles son muy nacionalistas.
→ No poder votar en el país donde vives por ser extranjero es injusto.
→ El presidente de Estados Unidos es un buen político.
→ Las mujeres están todavía muy explotadas.
→ Las redes sociales son perjudiciales para las relaciones sociales.
→ Ofrecer comida es una forma de cortesía universal.

B. Ahora, formula tú tres afirmaciones con **ser** o **estar** como en las anteriores, y coméntalas con tu compañero para ver si está de acuerdo contigo.

● El trabajo es un valor fundamental para los hombres.
○ No, no lo es.
■ Pues yo creo que sí lo es.

8 Alumnos y profesores

A. En grupos de tres, completad estas listas con vuestras propias ideas. Podrían formar parte de vuestro reglamento del aula.

Ningún profesor podrá:
→ poner deberes para el fin de semana.
→ suspender a un alumno sin discutirlo antes con él en un restaurante de cinco tenedores
→ ...

Todo profesor tiene la obligación de:
→ escribir un informe detallado y razonado de los deberes para casa.
→ informar de las preguntas del examen con tres semanas de antelación.
→ ...

Ningún alumno podrá:
→ desconocer el nombre de sus compañeros.
→ traer su mascota a clase.
→ ...

Todo alumno tiene la obligación de:
→ hacer sus deberes con bolígrafo verde.
→ preguntar a sus compañeros antes que al profesor lo que no entiende.
→ ...

B. Ahora, escribidlas en forma de reglamento, añadiéndoles marcadores temporales; leedlas después al resto de la clase.

● A partir de ahora, ningún profesor podrá suspender a un alumno sin discutirlo antes con él en un restaurante de cinco tenedores.

sesenta y tres **63**

5 tareas

GENTE CON DERECHOS

9 **Derechos de los consumidores**

A. Fíjate en las fotografías. ¿Qué tipos de publicidad conoces?

> • Hay autobuses que llevan carteles publicitarios exteriores que los cubren casi al cien por cien.

B. ¿Qué opinas de la publicidad? Escucha a estas personas, ¿estás de acuerdo con alguna de ellas?

C. En un país imaginario, el nuevo Ministerio del Consumidor ha redactado una propuesta de ley. ¿Qué te parece? ¿defiende correctamente los derechos del consumidor?

ADDAP
Asociación para la
Defensa de los
Derechos
Ante la
Publicidad

1 Todo material publicitario recibido por el consumidor en su domicilio o en su correo electrónico debe ser consentido. Por lo tanto, las empresas deberán contar con una autorización previa para hacer llegar sus anuncios al destinatario.

2 Ciertos productos que atentan contra la salud pública, como el tabaco o el alcohol, no podrán ser objeto de publicidad en ningún tipo de soporte o canal (prensa, radio, televisión) ni a través de patrocinadores privados (competiciones deportivas).

3 Como consumidores, tenemos derecho a una información veraz y detallada de las características de los productos. Por ello, se evitarán las mensajes equívocos o las simulaciones que puedan dar lugar a interpretaciones erróneas.

4 A partir de ahora, los espacios públicos como bibliotecas, centros docentes, polideportivos, etc. se considerarán espacios libres de publicidad.

5 Las empresas deben evitar lanzar mensajes que resulten degradantes para sus competidores en el mercado.

6 De ahora en adelante, queda prohibido el uso de cualquier tipo de lenguaje ofensivo o vulgar (expresiones malsonantes, tacos, etc.) en los espacios publicitarios.

6 Las cadenas de televisión deberán disminuir el tiempo de emisión de los espacios publicitarios. Este, en ningún caso, deberá sobrepasar los diez minutos por hora de programación.

7 Todo espacio publicitario deberá ser supervisado y aprobado por un organismo regulador a fin de evitar que se emitan mensajes de índole sexista, racista, violenta o vejatoria para ningún tipo de colectivo.

8 En ningún caso se podrán incluir en los anuncios símbolos relacionados con grupos de ideología violenta ni mostrar en ellos ningún tipo de arma.

9 El consumidor debe ser advertido de que está recibiendo un mensaje publicitario. Por lo tanto, se evitará, en la medida de lo posible, el uso de la publicidad indirecta (incluida en series de televisión, cine, etc.)

> • Pues sí, a mí me preocupan, sobre todo, los niños, porque no distinguen muy bien lo que es publicidad y lo que no... y a veces pueden no entender algunos mensajes, ¿no?
> ○ Sí, debería haber un código muy estricto en la publicidad para niños...

D. ¿Cómo se regula la publicidad en tu país? Busca al respecto información en internet para discutirla en clase.

> • En mi país, por ejemplo, los anuncios en televisión deben emitirse en bloques. El mínimo por bloque son dos anuncios, no está permitido emitir un anuncio aislado.

tareas 5

GENTE CON DERECHOS

10 **Todos tienen derechos**

A. Ahora cada grupo va a elegir uno de los siguientes colectivos, u otro que os parezca interesante, y a escribir una posible declaración de sus derechos. Si es posible, organizaos de modo que haya grupos enfrentados.

Colectivo de...
- no fumadores/fumadores
- adolescentes/padres de los adolescentes
- amos/as de casa/miembros de la familia que trabajan fuera de casa
- telespectadores/gestores de las cadenas de televisión
- usuarios de aviones/compañías aéreas
- consumidores/comerciantes
- propietarios de pisos / gente que alquila
- partidarios y detractores de las cámaras de vigilancia en lugares públicos
- partidarios y detractores de la libre elección de escuela
- ...

B. Escucha este debate entre personas a favor o en contra de las descargas ilegales en internet. ¿Con quiénes estás tú de acuerdo?

C. Preparad vuestra declaración de derechos. Seguid estos pasos.

A HACED UNA LISTA DE LOS PROBLEMAS QUE TIENE EL COLECTIVO QUE HABÉIS ELEGIDO

B BUSCAD EN EL DICCIONARIO O CON AYUDA DEL PROFESOR EL VOCABULARIO QUE OS FALTE

C PONEOS DE ACUERDO SOBRE QUÉ DERECHOS TIENE VUESTRO GRUPO Y FORMULADLOS POR ESCRITO EN UNA DECLARACIÓN

11 **Debate y acuerdo**

A. Los grupos enfrentados presentan en clase sus respectivas declaraciones y responden a las preguntas del resto de compañeros, que buscarán los puntos débiles y las inconcreciones de cada propuesta.

B. Entre toda la clase, pactad una normativa que contente a todos los grupos enfrentados. Un secretario tomará notas y recogerá las resoluciones.

● En esto podríais ceder un poco, ¿no?
○ Vale, de acuerdo, aceptaremos lo de la subida de precios, pero siempre que vosotros aceptéis que todo el mundo tenga derecho a...

OS SERÁ ÚTIL...

Para plantear una opinión matizándola

Al principio
● Lo que yo digo / pienso es que...
● A mí, lo que me parece es que...

Al final
● (Bueno,) así lo veo yo.
● (Bueno, al menos) eso es lo que yo pienso.

Para expresar desacuerdo
● Yo no lo veo así.
● Eso es absurdo / injusto.
● Eso no puede ser.

Para intentar llegar a un acuerdo
● En este punto podrías...
   ...hacer alguna concesión.
   ...ceder un poco, ¿no?
● ¿No estáis exigiendo demasiado?

sesenta y cinco **65**

EL PUERCOESPÍN MIMOSO

—Esta mañana –dijo el profesor– haremos un ejercicio de zoomiótica. Ustedes ya conocen que en el lenguaje popular hay muchos dichos, frases hechas, lugares comunes, etcétera, que incluyen nombres de animales. Verbigracia: vista de lince, talle de avispa, y tantos otros. Bien, yo voy ahora a decirles datos, referencias, conductas humanas, y ustedes deberán encontrar la metáfora zoológica correspondiente. ¿Entendido?

—Sí, profesor.

—Veamos entonces. Señorita Silva. A un político, tan acaudalado como populista, se le quiebra la voz cuando se refiere a los pobres de la tierra.

—Lágrimas de cocodrilo.

—Exacto. Señor Rodríguez. ¿Qué siente cuando ve en la televisión ciertas matanzas de estudiantes?

—Se me pone la piel de gallina.

—Bien. Señor Méndez. El nuevo ministro de Economía examina la situación del país y se alarma ante la faena que le espera.

—Que no es moco de pavo.

—Entre otras cosas. A ver, señorita Ortega. Tengo entendido que a su hermanito no hay quien lo despierte por las mañanas.

—Es cierto. Duerme como un lirón.

—Esa era fácil ¿no? Señor Duarte. Todos saben que es un oscuro funcionario, uno del montón, y sin embargo se ha comprado un Mercedes Benz.

—Evidentemente, hay gato encerrado.

—No está mal. Ahora usted, señor Risso. En la frontera siempre hay buena gente que pasa ilegalmente pequeños artículos: radios, transistores, perfumes, relojes, cosas así.

—Contrabando hormiga.

—Correcto. Señorita Undurraga. A aquel diputado lo insultaban, le mentaban la madre, y él nunca perdía la calma.

—Sangre de pato, o también frío como un pescado.

—Doblemente adecuado. Señor Arosa. Auita, el fondista marroquí, acaba de establecer una nueva marca mundial.

—Corre como un gamo.

—Señor Sienra. Cuando aquel hombre se enteró de que su principal acreedor había muerto de un síncope, estalló en carcajadas.

—Risa de hiena, claro.

—Muy bien. Señorita López, ¿me disculparía si interrumpo sus palabras cruzadas?

—Oh, perdón, profesor.

—Digamos que un gángster, tras asaltar dos bancos en la misma jornada, regresa a su casa y se refugia en el amor y las caricias de su joven esposa.

—Este sí que es difícil, profesor. Pero veamos. ¡El puercoespín mimoso! ¿Puede ser?

—Le confieso que no lo tenía en mi nómina, señorita López, pero no está mal, no está nada mal. Es probable que algún día ingrese al lenguaje popular. Mañana mismo lo comunicaré a la Academia. Por las dudas, ¿sabe?

—Habrá querido decir por si las moscas, profesor.

—También, también. Prosiga con sus palabras cruzadas, por favor.

—Muchas gracias, profesor. Pero no vaya a pensar que esta es mi táctica del avestruz.

—Touché.

Mario Benedetti, *Despistes y franquezas* (1990)

mundos en contacto 5

12 Lee el texto de Benedetti. ¿Te parece una clase interesante? ¿Por qué? Mira las ilustraciones. ¿Reconoces las expresiones con animales?

● En español creo que se dice "estar como una cabra", ¿no?

13 Aquí tienes más expresiones con animales, sacadas del texto. ¿Qué significan? Relaciona.

a. derramar lágrimas de cocodrilo
b. tener vista de lince
c. ponérsele (a alguien) la piel de gallina
d. no ser moco de pavo
e. dormir como un lirón
f. haber gato encerrado
g. risa de hiena
h. por si las moscas
i. táctica de avestruz

☐ tratar de ignorar los problemas o peligros
☐ dormir mucho
☐ tener algo oculto, secreto
☐ por prudencia, por si acaso
☐ reír con crueldad
[a] fingir estar triste para despertar compasión, o para conseguir algo
☐ ver muy bien
☐ ponérsele (a alguien) los pelos de punta por un susto o sorpresa, emocionarse
☐ tener más importancia de lo pensado

14 Y en tu lengua, ¿son aburridas las ostras? ¿Qué otras expresiones relacionadas con animales hay en tu lengua? Cuéntaselo a tus compañeros.

-se aburrió como una ostra
-es astuto/a como un zorro

-es lento/a como una tortuga
-es ágil como una gacela

● En mi lengua las aburridas no son las ostras, sino las focas.
○ Pues en la mía son los gansos.

GENTE CON DERECHOS

sesenta y siete **67**

6

Vamos a analizar las relaciones dentro de un grupo de personas.

Para ello, aprenderemos:
- a describir caracteres, actitudes y sentimientos,
- a relatar y valorar situaciones y hechos pasados,
- usos de subjuntivo: hablar de emociones pasadas: **le sentó fatal que... / no soportaba que...**,
- a justificar y a criticar comportamientos,
- organizadores de la información: **según... / me he enterado de que...**.

LAS COSAS DEL QUERER

IVÁN MARTA

I.

ABRIL, MADRID

FELICIDADES, IVÁN.

GRACIAS, CARIÑO, NO ME LO ESPERABA...

UY, ¿NO TE HE DICHO QUE HABÍA INVITADO A SERGIO?

TU EX ES UN ENCANTO, ¿DÓNDE LO HABÍAS ESCONDIDO?

¡GLUPS!

¡YA ESTÁ BIEN, ESTOY HARTA DE VUESTRAS JUERGAS!

MEDIA HORA DESPUÉS...

gente con corazón

entrar en materia 6

GENTE CON CORAZÓN

1 Las cosas del querer

A. Lee el cómic y decide qué título corresponde a cada parte de la historia. Después coméntalo con tus compañeros y justifica tu respuesta.

1.
a. Una noche accidentada
b. El rey de la fiesta
c. Sorpresas agradables

2.
a. Vacaciones ideales
b. Exceso de equipaje
c. Un viaje para recordar

B. Entre todos, resumimos oralmente lo que sucedió en la fiesta y lo que pasó durante el viaje.

C. Relaciona cada frase con alguno o algunos de los personajes.

1. Es muy egocéntrico/a. Le encanta ser el centro de atención.
2. Se enamora con mucha facilidad.
3. No soporta que su novia sea amiga de sus exnovios.
4. A primera vista parece encantador, pero en realidad es muy desconsiderado.
5. Le gusta ser detallista con su pareja.
6. Le molesta que los vecinos hagan ruido.
7. Le parece mal que su pareja no colabore en las tareas de casa.

Iván
Sergio
Laura
Marta
Paco
la vecina

D. ¿Cómo crees que acaba el viaje? ¿Por qué? Coméntalo con tus compañeros.

● Yo creo que Sergio se vuelve a Madrid porque...
○ Pues, yo...

E. Iván y Marta están recordando las vacaciones del verano. Escucha lo que cuentan. ¿Coincide con vuestras ideas?

2 Relaciones complicadas

¿Has vivido o conoces alguna situación parecida a las del cómic? Cuéntaselas a tus compañeros. Entre todos vais a valorar este tipo de conflictos.

● Yo una vez tuve un viaje complicado. Íbamos ocho personas y...

SERGIO · LAURA · PACO

2.
UNOS MESES DESPUÉS, EN JULIO

CARI, ¡NO HAS LIMPIADO NADA! ¡Y NOS VAMOS EN UNA HORA!

TRES DÍAS DESPUÉS

A MADRID

sesenta y nueve **69**

en contexto

GENTE CON CORAZÓN

3 **Un hombre con estilo**
La revista STL ha dedicado unas páginas al actor Alejandro Cantero, con declaraciones de personas que le conocen bien.

Alejandro Cantero
«Vivir en el campo con mi esposa es genial»

HOMBRE CON ESTILO DEL AÑO STL

Alejandro Cantero vuelve a ser noticia, y esta vez no solo por haber sido nombrado "Hombre con Estilo del Año", distinción que recibirá por quinta vez en los últimos 20 años, sino por los insistentes rumores acerca de su inminente retirada del mundo del cine y de los escenarios. Como ya se rumoreaba desde su boda hace unos meses con la escritora mexicana Augusta Márquez, a quien conoce desde 2010, nuestro ídolo internacional podría abandonar la vida pública en breve. Al parecer, el actor desearía retirarse a su finca de Menorca, para dedicarse por entero a formar una familia con su esposa y a administrar las dos empresas que fundó hace ya unos años: una bodega de vinos y una empresa de perfumes. A la espera de que se produzca una declaración oficial al respecto, hemos recopilado algunas declaraciones de las personas que más y mejor han conocido a Cantero y que reflejan las luces y sombras de este personaje tan admirado como polémico.

Rosa Dans, actriz española
"Lo conocí justo al llegar él a Madrid, en 1985. Durante cinco años fuimos muy felices. En esa primera época, Ale era una persona maravillosa, un chico simpático, comunicativo, siempre estaba alegre. Tenía ganas de triunfar y éramos jóvenes. Desgraciadamente, la fama cambió su manera de ser. Nuestros últimos años juntos fueron muy difíciles, siempre quería ser el centro de atención y no soportaba que yo quisiera continuar con mi carrera de actriz."

Carlos Almendralejo, director de cine español
"Alejandro no era una persona corriente, era especial. Cuando nos conocimos, él ya llevaba dos años en Madrid y me introdujo en los círculos de artistas y gente del cine. Gracias a él hice mis primeras películas… Desde el principio nos entendimos muy bien tanto en lo profesional como en lo personal, pero un tiempo después él no aceptó que yo tomara las decisiones finales sobre nuestras películas. Con el tiempo se volvió muy ambicioso. Total, que al final nos distanciamos. Además, él se mudó a Francia a mediados de los 90, se casó, y yo decidí retirarme un tiempo a mi casa de la costa gallega. Así que entiendo su decisión actual. Ahora que vuelve a vivir en España nos vemos con más frecuencia."

Teresa Peñalver, diseñadora de moda española
"Nuestro matrimonio duró poco, desgraciadamente. Pero la verdad es que fueron unos meses inolvidables. Realmente era un hombre maravilloso. Yo nunca he conocido a nadie con un corazón tan grande, que fuera capaz de ayudar a los demás como él. Sin embargo, mi deseo era vivir en nuestra casa de la Costa Azul y alejarnos poco a poco del mundo del cine. Él, en cambio, deseaba continuar con ese tipo de vida. Y encima no le gustaba que yo me dedicara exclusivamente a mi profesión. Así que en 1999 nos separamos, y él se trasladó a Malibú para rodar su película con Lance.

70 setenta

Seguimos siendo amigos y me llama a menudo con el pretexto de pedirme consejo sobre cómo vestirse, pero charlamos también de los viejos tiempos. En el fondo, su elegancia se debe, en gran parte, a mí."

Lance Corrigan, actor estadounidense

"Recuerdo cuando me presentaron a Alejandro en una fiesta en Los Ángeles. Me impresionó su vitalidad y entusiasmo, así que lo recomendé a los productores para el papel de compañero latino de mi personaje en mi siguiente película. En los primeros años de colaboración nuestra relación era muy buena y nos veíamos con frecuencia dentro y fuera de los rodajes. Sin embargo, a Alejandro le molestó que me dieran un Óscar y a él no. Se volvió desconfiado, bastante envidioso y se cansó de quedarse encasillado como actor secundario, pero en el cine que se hacía entonces en Hollywood era normal que eso pasara. De todas maneras, los siete años que trabajamos los recuerdo con cariño."

Diane Bloom, modelo jamaicana

"Estuve con Alejandro en una época en la que él necesitaba descansar y que le cuidaran. Después de rodar su última película con Lance y de sufrir un ataque al corazón, decidió comprarse una casa en Menorca y tomarse las cosas con más calma. Empezó a interesarse menos por la fama y la vida social… Recuerdo que solo quería pasear, leer, tomar el sol, y que le mimaran. En aquella época yo viajaba mucho por trabajo, aunque a él no le gustaba demasiado que yo pasara muchos días fuera de casa. Recuerdo que una vez estuve casi un mes trabajando en Nueva York y fue entonces cuando conoció a Augusta. Ahí se acabó lo nuestro. Nunca se lo perdonaré."

Actividades

A ¿Qué tipo de revista es STL? ¿Existen publicaciones similares en tu país? ¿Las lees?

B Lee una de las declaraciones sobre Alejandro Cantero. Luego, entre todos, contestad estas preguntas: ¿cuáles de estas personas todavía tienen relación con Alejandro? ¿Con quién se lleva bien y con quién mal? ¿Por qué?

C ¿Cuándo ocurrieron los siguientes acontecimientos de la biografía de Alejandro?

Se casó con Teresa Peñalver.
Empezó su relación con Augusta Márquez.
Conoció a Diane Bloom.
Se separó de Teresa Peñalver.
Llegó a Madrid. *1985*
Se compró una casa en Menorca.
Rodó su primera película con Lance Corrigan.

Mantuvo una relación con Rosa Dans.
Se casó con Augusta Márquez.
Vivió en Malibú.
Terminó su relación con Rosa Dans.
Tuvo un infarto.
Empezó su amistad con Carlos Almendralejo.
Se fue a vivir a Francia.

D Ahora subraya todos los verbos en imperfecto y en indefinido. Intenta clasificar los diferentes usos de estos dos tiempos verbales.

E Busca en el texto las construcciones que aparecen después de los siguientes verbos. Verás que algunas contienen el pretérito imperfecto de subjuntivo. ¿Cuándo crees que se usa?

→ quería
→ no soportaba
→ deseaba
→ le molestó
→ necesitaba
→ no le gustaba

F La emisora de radio GENTE CON ESTILO entrevista a tres personas relacionadas con Alejandro Cantero. ¿Quiénes son? ¿Cómo definen su carácter? Toma notas y después contrasta con tus compañeros.

34-36

G Y tú, ¿cómo crees que es realmente Alejandro? ¿En qué basas tu opinión?

un machista
un hombre fantástico   porque…
una persona normal/difícil/especial
…

formas y recursos

4. Compañeros de piso

A. Estos dos amigos alquilaron un piso juntos durante unos meses. Durante esa época de convivencia hubo cosas buenas y cosas que no fueron bien. ¿Puedes imaginar qué no funcionó y por qué? Formula el máximo de frases posibles.

Pancho Gutiérrez	Óscar Planas
Era muy limpio y ordenado.	No colaboraba nunca en la limpieza.
Estaba preparando unos exámenes.	Se levantaba muy tarde.
Necesitaba mucha tranquilidad.	Odiaba los animales.
No tenía tiempo para hacer la compra.	Escuchaba música hasta muy tarde.
Tocaba la flauta.	Daba fiestas con amigos
Ensayaba por las mañanas.	Nunca pagaba el alquiler el día que tocaba.
Fumaba mucho.	Iba al supermercado y compraba para los dos.
Tenía un gato.	Era un amante de las plantas.
Era un poco tacaño.	Se compraba muchas cosas con el dinero común.
Tenía una colección de orquídeas.	No soportaba el tabaco.
	Siempre dejaba todas las luces encendidas.

• Pancho no soportaba que Óscar no colaborara en la limpieza.

B. Después de un tiempo, Óscar y Pancho buscaron un tercer compañero de piso. En grupos, inventad la identidad, los gustos y las costumbres de esa persona. Luego, pasad una ficha a otro grupo, que tendrá que imaginar qué tipo de relación tuvo el nuevo compañero de piso con Pancho y con Óscar.

Nombre:
Gustos:
Aficiones:
Manías:
Otros:

5. Relaciones difíciles

Piensa en alguna relación que hayas tenido con alguien (un compañero de trabajo, un familiar, etc.) y que ya no mantengas. También puedes inventarla. ¿Cómo fue la relación? ¿Qué aspectos de la relación funcionaron? ¿Cuáles no? Prepara varias frases para luego contárselo a otro estudiante, que deberá valorar los hechos.

• Yo tenía una amiga que dejó de hablarme porque su novio y yo nos hicimos buenos amigos. Era solo amistad, pero ella no lo entendía...
○ Hombre, a mí no me parece normal que tu amiga se enfadara tanto contigo. Era muy posesiva, ¿no?

ACTITUDES FRENTE A ACCIONES DE LOS DEMÁS

Referidas al presente

(Él) { no soporta / no quiere / le gusta } que ella se **relacione**...

... con su familia.

Referidas al pasado

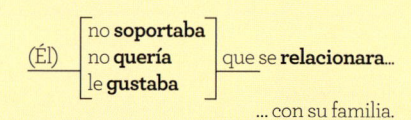

(Él) { no **soportaba** / no **quería** / le **gustaba** } que se **relacionara**...

... con su familia.

Le sentó fatal / No **le gustó** que Marta **dijera** eso.

Cuando hay un solo sujeto, se utiliza el infinitivo:

(Él) no { quiere / quería } **ordenar** la casa.

INFORMACIÓN

Citar la fuente

• **Según** Jaime / él / ella...

Garantizar la información

• ..., **te lo aseguro**,...
• ..., **te lo prometo**,...

No garantizar la información

Según dicen... Dicen que...
Según parece... Parece que...
He oído que... Me he enterado de que...

Relativizar informaciones anteriores

• Lo cierto es que...
• La verdad es que...
• De todas formas / maneras,...

Resaltar lo esencial

• En el fondo,...
• A fin de cuentas,...
• Hay que reconocer que...

Actitud frente a la información

Por suerte... Afortunadamente...
Por desgracia... Desgraciadamente...
Por fin...

formas y recursos 6

GENTE CON CORAZÓN

Presentar información negativa

Para colmo...
Encima...
Lo que faltaba...
Lo que es peor...
Lo malo es que...

> Sinceramente, cada día viste peor, ¿no crees?
> A mí, lo que más me molesta es su actitud, la verdad.

Resumir

- En resumen,...
- Total, que...

Introducir explicaciones

- Lo que pasa es que...

Pedir explicaciones

- Y entonces, ¿qué...? / ¿cómo...? / ¿cuándo...?
- ¿Cómo es que...?

VALORAR UN PERÍODO

- En **aquella época** yo **lo pasé** muy mal. Elena **lo pasó** fatal.
- Durante **aquel verano lo pasamos** genial.
- **Fue una época / etapa / temporada** interesante. / dura. / maravillosa.
- **Fueron unos años / unos meses / unos días** muy difíciles. / bastante duros. / maravillosos.

VALORAR ACCIONES DE OTROS

- **Es normal** que **estuviera** enfadado.
- **Es lógico** que **tuviera** celos.
- **Es una pena** que **no haya podido** venir.

CONSULTORIO GRAMATICAL
Páginas 143-146 ▶

---

6 ¿Por qué no funcionó?
37-38

Dos personas nos relatan su historia de amor. Escucha y trata de anotar los datos más importantes en relación con los siguientes puntos.

- el lugar y las circunstancias en que se conocieron
- los problemas que tuvieron
- las razones por las que no funcionó
- la valoración de la experiencia

7 El baúl de los recuerdos

Piensa en algunas épocas de tu vida y rellena una tabla como la siguiente. Puedes añadir otros momentos.

	Fecha	Algo que sucedió	¿Qué hacías en esa época? ¿Con quién vivías? ¿Dónde?...	Valoraciones
el mejor verano de tu vida				
el período más interesante de tu vida				
la época más difícil				
el año más divertido				
...				

8 Perdieron el tren
39-42

A. Escucha lo que les pasó a estas personas y relaciona cada historia con su final correspondiente.

a. **...y encima** se nos estropeó el coche en medio de la autopista.
b. **Afortunadamente**, sus compañeros avisaron al equipo de rescate a tiempo y todo acabó bien.
c. **De todas formas**, creo que ese tipo de comida no nos habría gustado, es demasiado exótica.
d. **...preguntamos** en el servicio de información turístico y, **por fin**, conseguimos llegar al hotel.

B. Con un compañero, imagina situaciones posibles en las que alguien podría decir las siguientes frases. Luego discutid entre todos que significarían en ese contexto.

...y, **según parece**, perdieron el tren.
Lo que pasó es que perdieron el tren.
...pero, **desgraciadamente**, perdieron el tren.
Y, encima, perdieron el tren.
De todas maneras, perdieron el tren.
Según Luis, perdieron el tren.
Total, que perdieron el tren.
¿Cómo es que perdieron el tren?
...y por fin perdieron el tren.
Por suerte, perdieron el tren.

- Con "Y encima, perdieron el tren", me imagino, por ejemplo, que habían tenido un día muy malo: no sonó el despertador, tuvieron que esperar media hora el autobús, se equivocaron de estación...

setenta y tres **73**

6 tareas

Ven a conocer la RUTA DE LA PLATA

Cruza cuatro comunidades autónomas y disfruta de sus maravillas

9 Un viaje accidentado

A. Durante los viajes en grupo es normal que se produzcan momentos de tensión y conflictos. En grupos, comentad qué tipos de problemas pueden surgir.

B. Aitor es un estudiante que trabaja en verano como guía turístico. El mes pasado organizó una ruta en bicicleta por España con un grupo un poco difícil. Estas son algunas de sus notas. Léelas y haz un esquema sobre las relaciones y los conflictos entre los miembros del grupo. Después ponlo en común con tus compañeros. ¿Estáis todos de acuerdo?

Notas de la Ruta de la Plata

Grupo
- Álvaro, 20. Estudiante de Ingeniería
- Lucas, 19. Estudiante de Ingeniería
- Bárbara, 24. Contable
- Ignacio, 25. Arquitecto
- Loles, 26. Profesora de inglés
- Silvia, 24. Dependienta
- Victoria, 26. Bibliotecaria
- Víctor, 32. Informático

Lunes, 2 de junio
Son ocho y parecen simpáticos. Hemos salido de Mérida sin problemas y hemos llegado a Aljucén a las 20h. Estábamos todos muy cansados. Les he comentado que teníamos que madrugar si queríamos respetar el programa. Los dos más jóvenes, Álvaro y Lucas, no estaban muy de acuerdo. Los demás parecían muy interesados en aprovechar al máximo la semana.

Jueves, 5 de junio
Los primeros días todo fue muy bien, pero hoy ha sido un día complicado. No es un grupo fácil. La pareja de Menorca, Bárbara e Ignacio han estado todo el día sin hablarse. Según dicen, él es muy celoso y no quiere que ella se relacione con los otros chicos. Dicen que Álvaro, el pijo, está todo el día coqueteando con ella... Luego está Loles. Tiene una actitud un poco extraña: casi nunca habla con nadie, siempre está muy seria... Y para colmo, está Lucas, que es el típico quejica... Según él, nada está bien organizado, los restaurantes son malos, la ruta no está bien planeada... Y claro, la culpa la tengo yo...

Viernes, 6 de junio
Por fin hemos llegado a Salamanca. Hemos recorrido 40 km y hemos visitado las Escuelas Menores y la Casa de las Conchas. No lo hemos pasado mal, hemos cantado y nos hemos reído, pero, de todos modos, es un grupo problemático. No hay buenas vibraciones entre ellos... Por la tarde ha venido a verme Silvia, la pareja de Víctor, y me ha dicho que no se encontraba a gusto, y que le molestaba muchísimo que, por las noches, Álvaro y Lucas pusieran música. Anoche, cuando a las once les pidió que se callaran y que apagaran la radio porque quería descansar, ellos le dijeron que les dejara en paz, que solo eran las once y que estaban de vacaciones... Uf, el ambiente está un poco tenso.

Sábado, 7 de junio
Hemos recorrido 79 km y hemos llegado a Zamora. Allí nos hemos dividido en grupos para hacer cosas diferentes. Yo he visitado el Museo de Semana Santa, que es muy interesante. Hemos quedado a las 14h en la plaza Mayor. Bárbara e Ignacio han llegado una hora tarde, como siempre. Teníamos planeado ir a comer a Casa Mariano, un restaurante típico muy bueno con un cordero buenísimo. Pero Victoria, que es vegetariana, ha dicho que ella no soportaba que todo el día estuviéramos comiendo carne y se ha largado. Para colmo, Silvia y Víctor, cuando han visto que el menú costaba 50 euros, han decidido irse a comer un bocadillo. O van muy mal de dinero o son unos tacaños... Nunca invitan a nada, ni a un café.

Domingo, 8 de junio
Afortunadamente, ya faltan solo tres días. Hay muy mal rollo. Loles me ha explicado lo que pasa. Resulta que hace unos años Loles y Víctor fueron novios. Estaban muy enamorados pero tuvieron que separarse por razones familiares o algo así. Ahora, por casualidad, han coincidido en este viaje, sin saberlo. Y claro, Silvia no se lo ha tomado nada bien. Sinceramente, es una situación incómoda para los tres.

Lunes, 9 de junio
Lo que faltaba: Ignacio y Víctor han tenido una discusión muy fuerte. Por la tarde, como casi todos estábamos muy cansados, varios querían quedarse a dormir en Ardoncino. Pero Víctor quería que siguiéramos unos 30 km más. Es un cabezota y siempre quiere que todo el mundo le obedezca. Ignacio le ha dicho que ya estaba harto de él y que el único jefe era yo. ¡Por Dios! Con lo poco que me gusta a mí mandar... Ha sido muy desagradable. En resumen: como la mayoría prefería descansar, hemos buscado un alojamiento en Ardoncino. Pero eran las fiestas del pueblo y no había ni una habitación. Total, que hemos tenido que seguir hasta León. La pobre Victoria estaba hecha polvo. No es mala chica, pero es un poco pelma. Yo diría que se siente muy sola y, lo que es peor: ¡creo que le gusto! La quiero ayudar pero sin que se haga ilusiones.

Martes, 10 de junio
Lo de anoche fue demasiado... Se han pasado. ¡Ya no les aguanto más! Menudo drama me montaron. En resumen, que me voy. Les he dado la documentación y que se las arreglen solos, que terminen el viaje por su cuenta. Y si me despiden, que me despidan. Me da igual.

74 setenta y cuatro

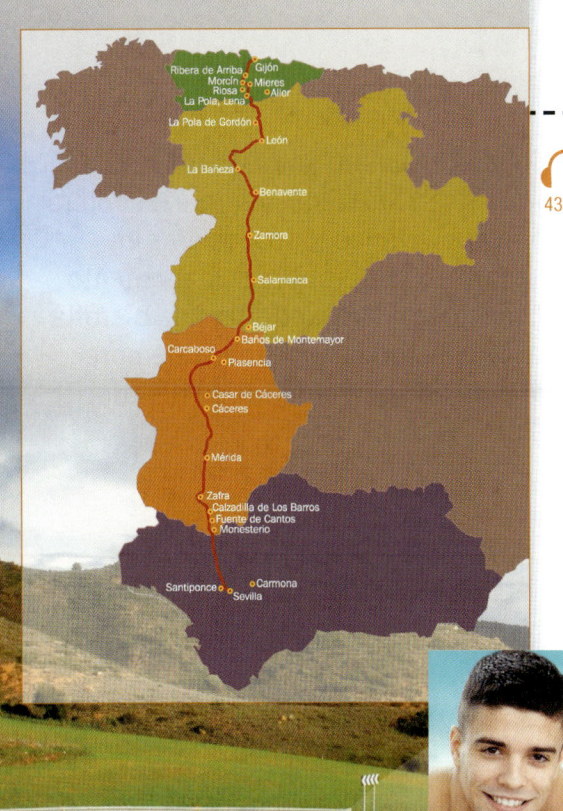

tareas 6

GENTE CON CORAZÓN

C. Ahora vais a escuchar el punto de vista de 7 personas de las que participaron en el viaje. Toma notas en tu cuaderno.

- ¿Quién es?
- ¿De quién habla?
- ¿Qué nueva información añade?

D. Con toda la información que habéis recopilado, completad una red con los datos sobre las diferentes personas y relaciones que se establecieron entre ellos.

ÁLVARO · SILVIA · AITOR · VICTORIA · VÍCTOR · LUCAS · BÁRBARA · IGNACIO · LOLES

10 Nuestros personajes

A. Cuando se va Aitor, los miembros del grupo se reúnen para comentar todo lo que pasó durante esos días. En vuestro grupo cada uno tiene que escoger el punto de vista de uno de los personajes y elaborar un guión con sus argumentos a partir de las informaciones que habéis recopilado. Después vais a escenificar la conversación.

B. Ahora, tenéis que decidir entre todos, cada uno desde el punto de vista de su personaje, si Aitor tenía motivos para irse y si hizo bien en dejar al grupo de esa manera. ¿Fue Aitor un buen o un mal mediador?

- Pues Aitor no actuó bien.
- Ya, pero tenía razones para dejarnos, ya no aguantaba más, cada día soportando tus quejas,...
- Tú llegabas tarde a todas partes...

C. Y tú, ¿has vivido alguna situación conflictiva durante un viaje? ¿Qué sucedió? ¿Cómo se solucionó? Comentad vuestras experiencias.

OS SERÁ ÚTIL...

Disculparse
- No lo hice ⎰ con mala intención.
  ⎱ adrede.

- Lo hice ⎰ sin querer.
  ⎱ sin darme cuenta.

Ejemplificar
- Un día, por ejemplo,...
- Una vez...
- Un ejemplo:...

Expresar sentimientos
- No me gustó nada
- Me sentó fatal   ...que dijeras eso.
- Me molestó mucho
- Me alegró

---

setenta y cinco **75**

CANCIONES DE AMOR

Desde el tango, "un pensamiento triste que se baila", pasando por el bolero, la copla, la canción trovadoresca cubana, la balada romántica... hasta la música *indie* actual, infinidad de autores, letristas e intérpretes españoles y latinoamericanos han dedicado sus composiciones a retratar el amor y el desamor en sus múltiples variantes: la felicidad, los celos, la separación, la añoranza, el rencor, la venganza, el desdén, el amor imposible... Y es que, ¿quién no se siente reflejado en alguna canción de desamor? ¿A quién no le trae buenos o malos recuerdos una determinada letra? ¿Quién no asocia una canción a una relación pasada? ¿Qué pareja no tiene "su canción"?

En la tradición latinoamericana, sin duda es el bolero el género rey a la hora de cantar al amor. Gabriel García Márquez, que fue cantante de boleros en París en los años 50, escribió: "Un bolero es algo que yo admiro muchísimo, expresa sentimientos y situaciones que me conmueven y que sé que a muchísima gente de mi generación conmovieron. Un bolero puede hacer que los enamorados se quieran más y a mí me basta para querer hacer un bolero." García Márquez habló también de la constante vigencia del género: "Ciertos boleros vuelven de una manera o de otra y es que las viejas voces y creaciones de otros tiempos regresan siempre al corazón de los pueblos."

En esa misma línea, Armando Manzanero, autor e intérprete de boleros, aporta su propia visión: "La poesía que existe en el bolero es fácil de entender. No hay que estar averiguando, ni hay que ser un intelectual para entenderla. La canción *Adoro* dice "adoro la calle en que nos vimos" y eso lo entiende desde el más erudito hasta el más tonto. Ese es el encanto de la música romántica. Esa música es necesaria, porque existe con el deseo de tomar de la mano a la persona que amamos para manifestarle nuestro amor. Entonces, la música romántica va a existir siempre. El bolero es la historia que vivimos todos los días en pareja, que tarde o temprano, en un momento de la vida, nos toca vivir. Puede ser una historia nostálgica, una historia alegre, pero siempre es la historia de dos personas, es su historia cotidiana".

LISTA DE REPRODUCCIÓN PARA ROMÁNTICOS

Corazón loco
Antonio Machín

No te puedo comprender
Corazón loco
No te puedo comprender
Ni ellas tampoco
Yo no me puedo explicar
Como las puedes amar
Tan tranquilamente
Y yo no puedo comprender
Como se pueden querer
Dos mujeres a la vez
Y no estar loco

El día que me quieras
Alfredo Le Pera

La noche que me quieras
Desde el azul del cielo,
Las estrellas celosas
Nos mirarán pasar.
Y un rayo misterioso
Hará nido en tu pelo,
Luciérnagas curiosas que verán
Que eres mi consuelo.

Tu nombre me sabe a hierba
Joan Manuel Serrat

Porque te quiero a ti,
Porque te quiero
Cerré mi puerta una mañana
Y eché a andar
Porque te quiero a ti,
Porque te quiero
Dejé los montes
Y me vine al mar

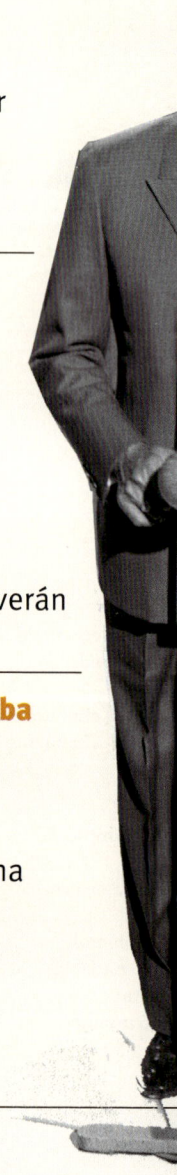

mundos en contacto **6**

Yolanda
Pablo Milanés

Esto no puede ser no más que una canción
Quisiera fuera una declaracion de amor
Romántica sin reparar en formas tales
Que ponga freno a lo que siento ahora a raudales
Te amo, te amo,
Eternamente te amo

Me cuesta tanto olvidarte
José María Cano

Y aunque fui yo quien decidió que ya no más
Y no me cansé de jurarte
Que no habrá segunda parte
Me cuesta tanto olvidarte.

Corazón *partío*
Alejandro Sanz

Para qué me curaste cuando estaba *herío*
Si hoy me dejas de nuevo con el corazón *partío*.
¿Quién me va a entregar sus emociones?
¿Quién me va a pedir que nunca le abandone?
¿Quién me tapará esta noche si hace frío?
¿Quién me va a curar el corazón *partío*?
¿Quién llenará de primaveras este enero,
Y bajará la luna para que juguemos?
Dime, si tú te vas, dime cariño mío,
¿Quién me va a curar el corazón *partío*?

Alto el fuego
Jorge Drexler

Mira,
Yo aquí me bajo,
Yo dejo el tren en esta estación.
Me asusta, tu guerra, menos
Que el alto el fuego en tu corazón.
Linda,
Cuando vos quieras,
Dejo este amor donde lo encontré.
En tren con destino errado
Se va más lento que andando a pie.

Limón y sal
Julieta Venegas

Tengo que confesar que a veces,
No me gusta tu forma de ser,
Luego te me desapareces
Y no entiendo muy bien por qué.
No dices nada romántico
Cuando llega el atardecer,
Te pones de un humor extraño
Con cada luna llena al mes.
Pero a todo lo demás le gana
Lo bueno que me das,
Solo tenerte cerca,
Siento que vuelvo a empezar.

11 **Canciones de amor**

A. ¿Te gustan las canciones de amor? ¿De alguna época en especial?

B. Lee el texto y señala algunas afirmaciones con la que estás de acuerdo, que no compartes o que no entiendes bien y coméntalo con tus compañeros.

C. Lee los fragmentos de canciones. ¿Qué situaciones o sentimientos relacionados con el amor trata cada uno? Comentadlo en parejas.

D. Escoge los que, para ti, son los mejores versos de estos fragmentos. Luego, justifica tus elecciones.

> A mí me parece especialmente bonito donde dice...

E. Busca en internet una de las canciones de la lista y prepara luego una presentación: busca un vídeo, la letra completa y otra información que consideres relevante.

setenta y siete **77**

7

Vamos a elaborar el programa de un nuevo grupo político y a celebrar elecciones en la clase.

Para ello, aprenderemos:

- a quejarnos de lo que no va bien y a expresar rechazo,
- a expresar deseos,
- a aludir a temas: **lo de que… / eso de que…**,
- a hacer promesas y argumentarlas,
- a expresar finalidad,
- verbos con preposición,
- uso del subjuntivo con expresiones de deseo, rechazo, influencia y logro,
- intensificadores de la información.

gente utópica

GENTE UTÓPICA

entrar en materia

1. Por un mundo mejor

A. Mira las fotografías. ¿Por qué o en contra de qué luchan en cada caso? Justifica tu respuesta.

Luchan por...   Protestan contra...

el racismo   la naturaleza   la especulación inmobiliaria   la tolerancia
el maltrato animal   la igualdad de derechos   la justicia social
el derecho a la vivienda   la educación gratuita   el abuso de los bancos
la sostenibilidad de la agricultura   la corrupción política

B. Completa las frases sobre las imágenes.

1. Piden que...
2. Pretenden evitar que...
3. Exigen que...
4. Reclaman que...
5. Se quejan de...

C. ¿Con qué causas te identificas más? ¿Cuáles son aquellas por las que tú has protestado o protestarías?

● Yo una vez fui a una manifestación contra los recortes en la educación.
○ Yo nunca he ido a ninguna, pero iría a alguna relacionada con la ecología...

2. Buenas noticias

A. Un periódico digital ha organizado un concurso de buenas noticias. Lee algunas de las seleccionadas y clasifícalas en las siguientes categorías.

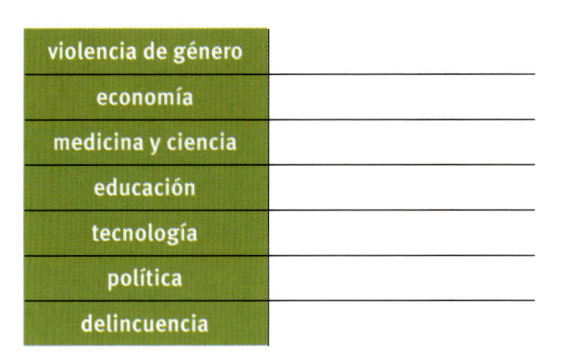

violencia de género	
economía	
medicina y ciencia	
educación	
tecnología	
política	
delincuencia	

El concurso "Un mundo utópico" ya tiene finalistas

Esta iniciativa, en la que miles de internautas han participado para proponer las noticias que les gustaría leer en el periódico, ya tiene ganadores. Los titulares de los premiados serán incluidos en una edición especial del periódico *Un Mundo utópico* que será distribuida entre millones de lectores. *Un mundo utópico* tendrá una tirada de 20 millones de ejemplares y también versiones digitales especiales para varios soportes. El dinero recaudado irá a parar a varios proyectos de desarrollo social.

Algunos de los titulares seleccionados:
1. **Diez universidades públicas están entre las diez mejores del mundo.** Claudia Henríquez
2. **El paro se reduce a límites históricos, casi el 97% de la gente tiene trabajo.** Francisco Aldana
3. **Ya hay cura para el cáncer.** Gloria Clavel Izquierdo
4. **Una nueva moneda solidaria se impone en los países más desarrollados y ayuda a pagar el desarrollo y a reducir la pobreza en los países más desfavorecidos.** Carlos Ortiz
5. **Los generadores de corriente y las baterías portátiles de hidrógeno permiten obtener energía de manera casi gratuita en todo el mundo. Adiós a la energía nuclear y a otras fuentes caras y no sostenibles.** Sergio Peretti.
6. **El final del terrorismo y de la intolerancia por motivos de creencias políticas y religiosas llega tras un gran pacto entre gobiernos.** Raquel Andújar
7. **Ningún muerto este año por el crimen organizado que depende del narcotráfico.** Belén Mendieta
8. **Desaparecen por completo los casos de violencia machista contra mujeres.** Mónica Linares

B. ¿Cuáles te parecen posibles y cuáles más utópicas? ¿Por qué? Ponlo en común con tus compañeros y argumenta tu posición.

● Lo de las monedas sociales es bastante utópico. Yo creo que es muy difícil que dejemos de usar las monedas tradicionales.
○ Pues a mí me parece completamente posible. Hay algunos lugares donde ya se usan, como por ejemplo en...

C. En parejas, escribid un titular para el concurso.

setenta y nueve **79**

en contexto

3 **Buzón de quejas**
Varias personas se quejan sobre ciertos temas en una revista.

BUZÓN DE QUEJAS

¿De qué te quejas? Aquí tienes un espacio para compartir públicamente qué cosas te hacen sentir más indignado.

Estoy harta de vivir rodeada de tantos coches, del ruido y del humo. De que el ser humano, con lo inteligente que es, no haya sabido encontrar una alternativa al petróleo y a los combustibles fósiles. Estoy harta de que en los bancos me cobren comisiones hasta por darme los buenos días. Ya está bien de que cada vez tengamos menos tiempo para tomar un café tranquilamente con los amigos. Y, en general, de la falta de poesía que hay en nuestras vidas.

Pilar Fernández.
Burgos

Estoy cansado de la falta de comunicación. De que la gente no sepa escuchar a los demás. De no saber qué decir a mi vecino cuando nos encontramos en el ascensor. De que los alquileres de los pisos estén por las nubes. De que cada vez sea más difícil comprar un tomate sin envoltorio de plástico. De que las fresas ya no tengan sabor ni olor. De ponerme nostálgico y de tener la sensación de haber nacido en un tiempo que no es el mío.

Alfonso Iraultza.
Bilbao

Estoy hasta las narices de no poder ver un buen programa en la televisión a pesar de tener más de cien canales. De la publicidad en general. De que nos intenten convencer de que si no eres guapo y no tienes un súper cuerpo ni un coche carísimo, no tienes ninguna oportunidad en la vida. Ya está bien de que los médicos nos atiborren de pastillas al mínimo resfriado. Y de que, en esta época, los sentimientos sean un valor a la baja.

Emilio Muñoz.
Palencia

Estoy harto de tener que vivir a tanta velocidad. De que mis hijos pasen horas en la escuela memorizando cosas inútiles. De tener sólo un mes de vacaciones y encima en agosto. De que los políticos presenten unos programas tan estupendos y que luego nunca cumplan sus promesas. De llenar cada día dos bolsas de basura con envases de plástico, cartón, metal, vidrio…

Carlos Olivella.
Tarragona

GENTE UTÓPICA

en contexto 7

Basta ya de tener que estar siempre muy mona y delgada por ser mujer. De que los semáforos estén más tiempo en rojo que en verde. Ya está bien que cada día haya más países en guerra y que los ricos sean cada vez más ricos y los pobres cada vez más pobres. Y me revienta que los políticos sean unos corruptos aquí o en cualquier parte.

Maite Boada.
Guadalajara

Me niego a aceptar que la gente ya no sea crítica. Que todo el mundo acepte como verdaderas muchas ideas solo porque estén publicadas en un periódico o en internet, sin preguntarse quién las dice o por qué razones se dicen. Estoy harta de que las personas parezcan más preocupadas por saber qué está de moda que por su barrio, sus vecinos o los que están a su alrededor. Pero, sobre todo, de que de la gente no se queje de las cosas realmente importantes.

Sofía Abellán.
Málaga

Actividades

A Marca en el cuadro los temas a los que se refieren las personas del buzón de quejas. ¿Cuáles preocupan a más gente? Compara tus resultados con un compañero.

	Pilar	Emilio	Alfonso	Carlos	Maite	Sofía
el medio ambiente						
los valores						
la educación						
el ritmo de vida						
los medios de comunicación						
la sanidad						
la política						
el consumo						
la justicia social						

• El medio ambiente preocupa a dos personas: a Pilar y a Alfonso.
○ A tres, ¿no? Carlos parece que también, se queja de los envases de plástico y...

B En el "Buzón de quejas" aparecen frases con infinitivo y con subjuntivo que dependen de las formas verbales destacadas en negrita. Busca algunos ejemplos y subráyalos: ¿recuerdas cuál es la regla en estos casos?

C Escucha el fragmento de una encuesta sobre los asuntos que preocupan a los españoles. ¿La encuestada añade algún tema a los de la lista anterior? ¿Cuáles?

D ¿Te identificas con alguna de las quejas que has leído y escuchado? ¿Con cuáles?

• A mí me pasa lo mismo que a Carlos, estoy harto de vivir a tanta velocidad...

E ¿Cuáles crees que son las cuestiones sociales que preocupan en tu país? ¿Son las mismas que preocupan a los españoles?

• En mi país lo que más preocupa a la gente es...

F Escribe un pequeño texto como los del buzón de quejas. Puedes colgarlo por las paredes de la clase o leer los de los demás. ¿Qué temas interesan a la mayoría de los compañeros?

Ya está bien de tener que pagar el doble por los productos ecológicos...

ochenta y uno 81

7 formas y recursos

GENTE UTÓPICA

4 **Lo que verdaderamente nos molesta...**
A. En parejas, intentad encontrar:

– tres temas que os preocupen a los dos,
– dos cosas que rechacéis los dos,
– algo que os gustaría cambiar a los dos.

- A mí, lo que de verdad me indigna son las actitudes racistas.
- A mí también. Es una de esas cosas que me resultan intolerables.

B. Exponedlo y comentadlo luego con el resto de la clase.

- A nosotros, algo que nos preocupa mucho es el consumismo.
- Sí, que nos inciten constantemente a comprar y comprar.

5 **Un mundo ideal**
A. Aquí tienes los deseos que varias personas han expresado en una encuesta sobre un mundo ideal. ¿Estás de acuerdo con cada deseo? Señálalo en la tabla y escribe por qué. Puedes añadir alguna nueva opinión.

Lo ideal sería que...	Sí	No	¿Por qué?
...pudiéramos trabajar todos desde casa.			
...hubiera una lengua universal.			
...los hijos, a partir de la adolescencia, educaran a los padres y no al revés.			
...las mujeres tuvieran más poder.			
...todos pudiéramos vivir en el campo o en una pequeña ciudad.			
...todo lo que comemos se produjera en nuestra propia región.			
...las armas estuvieran completamente prohibidas.			
...todos dedicáramos unas horas semanales a trabajos para la comunidad.			
...los matrimonios fueran contratos de tres años con posibilidad de renovación.			

B. En grupos, poned en común vuestras opiniones argumentando vuestras respuestas. Cada miembro del grupo tiene que intentar que al menos otro compañero cambie de opinión en algún punto.

- Estaría bien que pudiéramos trabajar desde casa.
- Sí, eso suena ideal, pero... ¿no perderíamos el contacto con los demás?

EXPRESAR RECHAZO

- No **soporto**...
- No **aguanto**...
- Estoy **harto/a de**.
- Me **fastidia**...
- Me **molesta**...
- Me **indigna**...

— la falsedad de las personas.
— tener que pagar impuestos.
— **que** los ríos **estén** tan sucios.

En plural:
- Me fastidia**n** / molesta**n** / indigna**n**...
  ...la**s** mentira**s** de los políticos.

Condicional / imperfecto de subjuntivo:
- Me **molestaría** que **ganara** la oposición.

Para intensificar

- Me fastidia [**muchísimo** / **enormemente** / **tremendamente**] el tráfico.

Lo que [**más** me molesta... / **de verdad** me fastidia... / **realmente** me desespera... / **verdaderamente** me indigna...]
— ...**son** las injusticias sociales.
— ...**es** el conformismo.
— ...**es oír** tonterías.
— ...**es que** nadie **haga** nada.

Lo que me resulta **totalmente** [intolerable... / inaceptable... / incomprensible... / injustificable...]
— ...**son** las ideas racistas
— ...**es** el racismo.
— ...**es tolerar** el racismo.
— ...**es que** los niños **trabajen**.

Para quejarse

Ya está bien / **Vale ya** / **Basta ya**
— **de** tanta hipocresía
— **de que** nos **traten** como a idiotas

INFLUIR Y CONSEGUIR

Hay una serie de verbos que precisan subjuntivo cuando la oración subordinada tiene un sujeto diferente al de la principal.

Verbos que hablan de influencia:
pedir, exigir, rogar, suplicar, insistir (en), aconsejar, recomendar, sugerir, permitir, impedir, evitar, prohibir, promover, proponer, mandar, hacer (que), facilitar, hacer posible, posibilitar, proyectar, planear...

Verbos que hablan de logro:
conseguir, lograr, asegurarse, revisar

formas y recursos **7**

EXPRESAR DESEOS

- Me gustaría mucho | colaborar con una ONG.
  que mejorara la educación.

- Lo que me gustaría es | vivir tranquila.
  que firmaran la paz.

- Lo ideal sería que cambiara la conciencia colectiva.

Estaría bien + infinitivo / que + imperfecto de subjuntivo
- Estaría bien contar con más ayudas sociales.
- Estaría bien que el gobierno diese más ayudas a la gente que lo necesita.

ALUDIR A TEMAS

- Lo de la contaminación ambiental es un grave problema.
- Lo de colaborar con una ONG me parece bien.

"Se multará a las empresas que contaminen los ríos", ha declarado la Ministra de Medio Ambiente.

Es que lo de la contaminación de los ríos es un problema muy serio.

Sí, y lo de multar a las empresas está muy bien.

EXPRESAR FINALIDAD

- Mejoraremos el transporte público...
  ...para | acabar con la contaminación.
  ...a fin de |

  ...para que | el tráfico disminuya.
  ...a fin de que |

CONSULTORIO GRAMATICAL
Páginas 166-169 ▶

6 Grupos políticos utópicos

A. ¿A cuál de estos partidos políticos o asociaciones crees que corresponde cada una de las promesas de abajo? Justifica por qué.

- Partido Ecológico Natural — **PEN**
- Partido Saludable Integral — **PSI**
- Frente Primitivista Total — **FPT**
- Coalición para el Desarrollo Tecnológico — **CDT**
- Alianza por la Igualdad Mundial — **AIM**
- Liga del Bienestar Animal — **LBA**

Prohibiremos que se publiquen más libros y periódicos en papel. Si ganamos las elecciones, **haremos** que la lectura en soporte digital sea accesible para todo el mundo. **Conseguiremos** proporcionar un ordenador y acceso a internet a cada habitante del planeta. ¡Salvemos los árboles! ¡Cultura para todos!

Facilitaremos que cada habitante del planeta pueda disfrutar de bienes tecnológicos básicos. **Conseguiremos** que la electricidad sea barata, la señal de internet y el suministro de agua potable lleguen a cada rincón del planeta. **Garantizaremos** que cada persona tenga una tableta con acceso a internet, una lavadora y un microondas.

Promoveremos el deporte en la escuelas y en los barrios. También **promoveremos** que la población adulta practique deporte en el tiempo libre. **Subvencionaremos** las instalaciones deportivas y **reduciremos** los impuestos de los que decidan moverse en bicicleta por la ciudad.

No **proponemos** que se recicle más, sino que se consuma menos. El aumento del desarrollo tecnológico y del consumo no es sostenible. **Impediremos** que se produzcan bienes superfluos.

Nuestro proyecto de futuro propone acabar con el uso de sustancias químicas en la alimentación: **prohibiremos** los aditivos, los colorantes, los conservantes... **Reformaremos** las leyes para posibilitar que se ilegalicen los cultivos transgénicos. **Daremos** subvenciones para promover la agricultura biológica y local. Si comemos nuestros productos locales, **reduciremos** el gasto de combustible en el transporte.

Estamos hartos de ver sufrir a los animales. Nuestro grupo **acabará** con la esclavitud. **Proponemos** liberar a todos los animales prisioneros. Los tigres de los zoos, los canarios de sus jaulas, los peces de sus peceras. ¡**Lucharemos** para que todos puedan vivir en libertad!

Lucharemos contra el cemento. **Acabaremos** con cada centímetro de carretera, de edificio, de puente... La solución es la vuelta a la naturaleza. El ser humano volverá a sus orígenes. Nuestro Plan de Formación en Vida Básica prevé la formación en técnicas como la construcción en madera y la caza de animales salvajes.

B. Observa las palabras destacadas y fíjate en cómo se usan (con nombres, con preposiciones, con infinitivos o verbos en subjuntivo). ¿Puedes deducir cómo funcionan? Úsalos para escribir promesas que podrían hacer los siguientes partidos o asociaciones.

- Partido de Jubilados en Lucha, PJL
- Ciudadanos contra el Uso Abusivo de Datos Personales en Internet, CUADPI
- Asociación para la Construcción de Ciudades Inteligentes, ACCI
- Partido de la Felicidad, PF

C. Comparte tus ejemplos con tus compañeros y con tu profesor y comentad el funcionamiento de las estructuras que habéis usado.

ochenta y tres **83**

GENTE UTÓPICA

7 Un programa político

A. Este es el borrador del programa electoral del partido político Movimiento Utópico Total. Sus miembros aún lo están debatiendo. ¿Qué te parecen sus propuestas? ¿Qué ventajas e inconvenientes le encuentras a cada una de ellas?

VOTA MUT — MOVIMIENTO UTÓPICO TOTAL

1. Promoveremos la participación ciudadana. Las cuestiones importantes que afectan a la vida de las personas se decidirán por referéndum.

2. Apoyaremos cualquier alternativa a la economía de mercado. Crearemos redes de trueque, intercambio de bienes y de servicios entre los vecinos de cada población.

3. Frenaremos el consumo para que la vida de las próximas generaciones sea viable. El planeta no puede resistir este ritmo de desarrollo.

4. Invertiremos gran parte del presupuesto en relanzar la cultura. Prohibiremos la televisión. Construiremos una gran red de bibliotecas y todo el mundo estará obligado a leer dos libros al mes.

5. La escuela presencial será voluntaria. Solo las personas que lo deseen tendrán que ir al centro escolar. Las demás podrán estudiar desde casa. Los contenidos serán optativos. Cada individuo podrá escoger las materias que más le interesen.

6. Promoveremos la vida en comunidad. Construiremos viviendas con capacidad para varias familias. Fomentaremos la natalidad. El cuidado de los niños se hará entre todos los miembros de la comunidad.

7. Reduciremos la jornada laboral a 20 horas semanales. Apostamos por la formación continua. Permitiremos que las personas que lo deseen puedan cambiar horas de trabajo por horas de cursos de formación de adultos.

8. Para acabar con el ruido y la contaminación en las ciudades, el único medio de transporte individual que se permitirá en los centros urbanos será la bicicleta o el patinete.

9. Suprimiremos los empleos más duros. Esos trabajos se repartirán entre todos. Todo ciudadano estará obligado a realizar seis horas semanales de tareas sociales.

10. Prohibiremos la comida rápida. Cerraremos todos los locales que se dediquen a ese tipo de comida. Volveremos a la cocina natural sin conservantes ni colorantes. Para que cada ciudadano pueda disfrutar de la comida casera, abriremos locales donde se sirva cocido madrileño, paella, fabada asturiana y gazpacho, abiertos las veinticuatro horas del día.

• Yo creo que votaría al MUT, porque lo de la vida en comunidad me parece bien.
○ Ya, si eso no suena mal del todo, pero yo no sé si me acostumbraría a compartir mi casa con otras familias...

B. Ahora vas a escuchar a varios miembros del partido debatir sobre algunos puntos de su programa. ¿Cuáles cambian? Reescribe los nuevos puntos con tus propias palabras. Después compara tus resultados con los de tus compañeros.

El punto 1 queda igual. El 2 no, proponen...

tareas 7
GENTE UTÓPICA

OS SERÁ ÚTIL...

Declarar intenciones

- **Bajaremos** los impuestos.
- **Nos comprometemos a** bajar los impuestos.
- **Prometemos que** los impuestos bajarán.

¡...Y colaboraremos con la gente, nos opondremos a las injusticias, lucharemos por la libertad!

8. Nuestro programa

A. En grupos, vamos a elaborar un programa para presentarnos a las próximas elecciones.

A UN INTERÉS EN COMÚN

Buscamos un interés en común (los animales, las bicicletas, el deporte, los niños, los impuestos...).
Elegimos un nombre.
Diseñamos un logotipo.

B DEBATE INTERNO

Debatimos las ideas para defender nuestros intereses o resolver los problemas que compartimos.

C NUESTRO PROGRAMA

Redactamos una lista con los puntos de nuestro programa (entre 6 y 10).
Hacemos copias de nuestro programa y distribuimos un ejemplar entre cada grupo de la clase.

B. Ahora vamos a dar un discurso político o mitin ante la clase para presentar y defender nuestro programa. Cada grupo tiene tres minutos y puede usar música, imágenes...

C. Vamos a organizar la votación. Cada persona de la clase escribe en un papel el nombre del partido que tiene su voto y lo deposita dentro de una urna. El profesor sacará los votos y conoceremos el resultado de la votación.

LA CANCIÓN PROTESTA AYER Y HOY

El término *protest song* se hizo popular a partir de los años 60, sobre todo a partir de la guerra de Vietnam, aunque es probable que existiera desde antes. Las canciones reivindicativas siempre habían estado presentes en la sociedad latinoamericana y en la española, pero en los años 60 y 70, muchos cantautores y grupos se identificaron con el término "canción protesta": Atahualpa Yupanqui, Violeta Parra, Mercedes Sosa, la Nueva Trova Cubana –liderada por Silvio Rodríguez y Pablo Milanés–, Víctor Jara, Daniel Viglietti, Quilapayún, Inti Illimani, etc., en Latinoamérica; Paco Ibáñez, Raimon, Joan Manuel Serrat, Luis Eduardo Aute y José Antonio Labordeta, en la España franquista. En sus canciones trataban temas como la discriminación racial, el antiimperialismo, la pobreza o la lucha contra las dictaduras y contra las clases dirigentes. Pero su compromiso era también con la belleza y la poesía. Incluso con la tradición de la música popular, sus instrumentos y sus géneros. A veces escribían sus propias letras y, otras, ponían música a versos de grandes poetas como Pablo Neruda, Nicolás Guillén, Miguel Hernández o Antonio Machado.

Desde aquellos años, ni los cantantes ni el público han vuelto a usar el término "canción protesta". Sin embargo, en muchas de las canciones escritas y compuestas desde los años 80 hasta la actualidad sigue viva la semilla de aquella música que reclamaba un mundo más justo y solidario. Eso sí, con un expresiones musicales muy diversas y siguiendo géneros y estilos nuevos, como el pop, el rock o el hip-hop.

LETRAS QUE PROTESTAN

Al centro de la injusticia
El minero produce buenos dineros
pero para el bolsillo del extranjero
exuberante industria donde laboran
por unos cuantos reales muchas señoras.

Violeta Parra, música de Isabel Parra (Chile, 1968)

Manifiesto
Yo no canto por cantar
ni por tener buena voz.
Canto porque la guitarra
tiene sentido y razón.
…
Que no es guitarra de ricos,
ni cosa que se parezca.
Mi canto es de los andamios.
Para alcanzar las estrellas.
Que el cante tiene sentido
cuando palpita en las venas
del que morirá cantando
las verdades verdaderas.

Víctor Jara (Chile, 1973)

mundos en contacto 7

GENTE UTÓPICA

Sur o no sur
Me voy porque acá no se puede,
me vuelvo porque allá tampoco
Me voy porque aquí se me debe,
me vuelvo porque allá están locos
Sur o no sur...

Me voy porque aquí no me alcanza,
me vuelvo porque no hay esperanza
Me voy porque aquí se aprovechan,
me vuelvo porque allá me echan
Sur o no sur...

Kevin Johansen (Argentina, 2002))

No tengo puntos
Nuevas normas, viejos retos
Europa legisla con mano de hierro
un nuevo carné rige nuestras vidas
para que no abraces conductas prohibidas
naces con diez puntos que marcan tu techo
como un ciudadano de pleno derecho
pero según vayas cometiendo errores
te irás alejando de tiempos mejores

Y punto por punto se irán reduciendo
tus expectativas según vas perdiendo los puntos
que juntos te dan una vida
pero que al perderlos también te la quitan

Y aunque tú te creas un tipo importante
sin puntos no gozas de avales ni *chances*
serás degradado de cualquier manera
y echado al mar en una patera

Def Con Dos (España, 2009)

Tal y como están los tiempos
(...) Eres un cifra en los hábitos de consumo
acostumbrado al veneno, al champagne, al humo
en la necesidad de individualidad
con tan poca originalidad en tu personalidad
que, en honor a la verdad,
eres la copia del clon
pobre peón, sin corazón
triste cara de una nación, llamada televisión
(...)
Dime, ¿de qué te quejas? ¡Sí!
Te dieron los barrotes para construir tus rejas
y accediste de forma gratuita, en aras del progreso,
progresar es igual a hablar con pantallas y teclados,
con teléfonos caros
el daño que te han causado (perdóname)
si crees que estoy equivocado (cuestióname)

*Séptima raza con Rapsusklei
(Venezuela/España, 2010)*

Adiós España
Muertos en vida en la UVI por el I+D+I y el IVA,
Sin trabajo sin vivienda sin expectativas.
Vivas como vivas es normal que desesperes
Si el deporte nacional ya no es la envidia,
sino hacer un ERE.
Solo interesa el fútbol, leer el Marca
Mientras cerdos cobran sobresueldos
y llenan sus arcas
Por eso haz caso a tu instinto levanta y anda,
Da igual Chile, Holanda o Nueva Zelanda.

Adiós España, no llores por mí
Sé que aquí ya no puedo vivir, me echasteis por fin.
Adiós España me largo de aquí,
Te has convertido en un desierto
es imposible vivir así.

Nach (España, 2015)

9 Canciones comprometidas

A. Escoged una canción protesta de ayer y otra de hoy, y escuchadlas en clase. ¿Qué os sugieren?

B. Lee los fragmentos de las canciones de ayer y de hoy. ¿Qué temas tienen en común? ¿Crees que han cambiado mucho los problemas que denuncian? ¿Hay diferencias en el estilo de denunciar?

C. ¿Conoces canciones de protesta en otras lenguas? Busca ejemplos. ¿Qué denuncian y reclaman? Puedes buscar una y presentar en español las ideas principales de la letra a tus compañeros.

ochenta y siete **87**

8

Vamos a preparar una breve presentación sobre un producto.

Para ello, aprenderemos:

- a describir sus características y sus cualidades,
- a estructurar la información en un registro formal,
- a contraponer informaciones,
- a relacionar causas y consecuencias: usos de **por**
- organizadores discursivos: **por tanto, por el contrario**, etc.,
- construcciones concesivas con **sin embargo, aunque, a pesar de**,
- adverbios en **-mente** con valor discursivo: **efectivamente, concretamente**, etc.

gente y productos

entrar en materia 8

GENTE Y PRODUCTOS

Errores que hay que evitar

- Ir mal preparado
- Dar la espalda al público
- No mirar al público
- Dar exceso de información
- Usar un tono monótono
- Llevar ropa incómoda o inadecuada

1 **Hablar en público**

A. ¿Te gusta hacer presentaciones para tu trabajo o tus estudios? ¿Te cuesta hablar en público? ¿Por qué?

- A mí no me gusta, me da mucha vergüenza.
- Pues a mí sí, si es un tema del que puedo hablar porque lo conozco bien.

B. ¿Recordáis alguna presentación, una conferencia o una clase muy interesante o muy aburrida? ¿Por qué lo fue?

- Yo recuerdo una conferencia de un escritor que me encantó, porque nos hizo reír a todos. Me encantan los conferenciantes con sentido del humor.

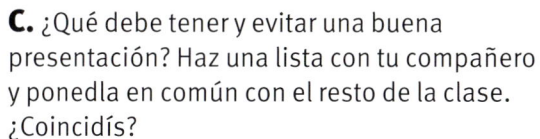

C. ¿Qué debe tener y evitar una buena presentación? Haz una lista con tu compañero y ponedla en común con el resto de la clase. ¿Coincidís?

- Para mí es importante que la persona conozca bien el tema del que está hablando.

D. Escucha algunos consejos de un experto en comunicación. ¿Coinciden con vuestra lista? ¿Alguno te parece especialmente útil?

52

ochenta y nueve **89**

8 en contexto

2. Aceite de oliva, naturalmente
Aquí tienes información sobre el aceite de oliva.

ACEITE DE OLIVA
EL ORO VERDE

El olivo más antiguo de la Península Ibérica tiene más de 1700 años y se encuentra en Ulldecona (Tarragona)

ORIGEN
El olivo es un árbol cultivado en la cuenca mediterránea desde tiempos inmemorables. Puede llegar a medir 15 metros de altura y el número de variedades es muy elevado. Solo en España son más de 250. El olivo más antiguo del mundo tiene 7.000 años y se encuentra en Jerusalén. Los colonos españoles lo llevaron a América en el S. XVI.

Principales regiones españolas productoras de aceite de oliva

PRODUCCIÓN
Con 300 millones de olivos repartidos por una superficie superior a 2,5 millones de hectáreas en 34 provincias, España es líder mundial en producción, comercialización y exportación de aceites de oliva. Anualmente comercializa una media de 1.200.000 toneladas, que representan más de la mitad de la producción de la UE y el 40% de la producción mundial. Produce más del doble que el segundo país productor, Italia, y casi cuatro veces más que el tercero: Grecia. Un 50% se consume en el mercado nacional y el resto se exporta, aunque en los últimos años se aprecia una tendencia al crecimiento de las exportaciones.

El prestigio del aceite de oliva, tanto gastronómico como nutricional, ha originado una creciente "cultura del aceite" (oleotecas, catas, concursos...)

TIPOS
- El aceite de oliva virgen extra es sinónimo de máxima calidad. Puro zumo de aceituna sin aditivos ni conservantes, con una acidez entre 0,3° y 0,8°, muy buen sabor y todas las propiedades para la salud.
- El aceite de oliva virgen es también un zumo sin aditivos ni conservantes aunque su sabor no es tan bueno como el primero y su acidez ha de ser menor de 2°. Ambos aceites

en contexto

vírgenes se obtienen por procesos mecánicos que no alteran sus propiedades.

- El aceite de oliva se obtiene mezclando aceite refinado (obtenido por procesos químicos) y aceite virgen. Su grado de acidez no debe ser superior al 1°. Su precio suele ser más económico, lo que lo convierte en el más demandado del mercado.

- El aceite de orujo de oliva es el aceite de consumo de menor calidad. Se obtiene con la grasa que queda adherida a los restos de la extracción del aceite de oliva virgen y refinado, y con los residuos de huesos y pieles de las aceitunas. Su acidez máxima es de 1,5°.

Asimismo, favorece la función digestiva, por lo que nos protege frente a posibles enfermedades gastrointestinales. Por su alto contenido en antioxidantes, es un excelente aliado contra el envejecimiento celular. Diversos estudios apuntan también a que su consumo reduce las posibilidades de padecer ciertos tipos de cáncer. En los últimos años, se han desarrollado diversos tratamientos cosméticos a base de aceite de oliva dadas sus propiedades reafirmantes y tonificantes sobre la piel.

El aceite de oliva es un elemento fundamental de la dieta mediterránea

Las propiedades beneficiosas para la piel del aceite de oliva han dado lugar a la aparición de muchos productos que lo contienen: jabones, cremas, etc.

SALUD
El consumo del aceite de oliva tiene muchas propiedades saludables. Por ejemplo, protege nuestro sistema cardiovascular, ya que disminuye el colesterol, lo que ayuda a prevenir infartos.

COCINA
El aceite de oliva se utiliza crudo como aliño de platos fríos y ensaladas. Es perfecto para freír porque resiste altas temperaturas (180°) sin degradarse, ayudando a que el alimento no absorba el aceite. También resulta especialmente indicado en platos al horno, a la parrilla o postres.

Actividades

A Antes de leer el texto, ¿qué sabéis del aceite de oliva? Tened en cuenta las siguientes cuestiones y anotad vuestras ideas en la pizarra en forma de tabla.

→ origen
→ cómo y dónde se produce
→ qué tipos hay
→ beneficios para la salud
→ uso en la cocina

• Yo he oído que es muy bueno para el corazón, ¿no?

B Leed el texto sobre el aceite de oliva y completad vuestra tabla.

C Escucha una conferencia sobre el aceite de oliva y toma notas de todos los temas que trata. Luego, en parejas, ponedlos en común en una lista. En una segunda audición, tratad de completar vuestra lista con la mayor cantidad de datos posible.

D Como habrás observado, en este tipo de textos (textos orales formales o académicos) las informaciones aparecen muy estructuradas y conectadas entre sí. En parejas, intentad conectar diferentes informaciones sobre el aceite de oliva (tanto del texto como de la conferencia) usando los siguientes conectores.

además
y, por consiguiente,
a pesar de ser
la razón por la que ha ocurrido es
tanto es así, que
por otra parte
sin embargo
esto quiere decir que
aunque

8 formas y recursos

GENTE Y PRODUCTOS

3 Maneras de decir las cosas

A. Lee este artículo sobre el oro y las notas que Alicia, una estudiante, ha tomado usando sus propias palabras.

El oro de Perú

El oro constituye más del 20% de la exportación de Perú, uno de los mayores productores mundiales de este mineral. Perú forma parte de los seis países que concentran el 53% de la producción mundial de oro. Se sitúa detrás de China, Australia, EE. UU. y Rusia, y delante de Sudáfrica.

La suavidad, densidad y maleabilidad caracterizan este blando metal de brillante color amarillo, ideal para la acuñación de monedas y para la joyería por su alta resistencia química al calor, a la humedad y a la mayoría de agentes corrosivos. Asimismo, es un excelente conductor eléctrico y térmico, incluso mejor que el cobre, aunque su alto coste impide un uso masivo.

Antiguamente, en culturas como la inca, el oro se utilizaba como decoración de objetos ceremoniales, adornos o vestimenta. Sin embargo, con el tiempo se estableció como reserva de valor y medio de cambio. Actualmente es un patrón internacional para la conversión de las monedas o incluso para la determinación de los precios de otros productos.

Por su maleabilidad y brillo los principales sectores demandantes de oro en la actualidad son la joyería y la orfebrería (48%).

Les sigue el sector de inversión (41%), precisamente por ser tan apreciado como depósito de valor y medio internacional de cambio. Asimismo, aunque a mayor distancia, se usa en la industria y en la electrónica (8%) o en el sector de la odontología (1%).

Los principales países consumidores de oro son India, China, EE. UU., Turquía, Emiratos Árabes Unidos y Arabia Saudita, que en conjunto representan el 65% del consumo mundial.

B. ¿Qué diferencias observas entre cómo dan los datos el artículo y Alicia? Subraya algunas expresiones y construcciones que te parezcan propias de un registro formal y coméntalas con la clase.

Notas de Alicia:

- Perú es el quinto de los seis países que producen más de la mitad del oro del mundo: China, Australia, EEUU, Rusia, Perú, Sudáfrica.
- El oro es amarillo, brillante, blando, suave, denso y maleable. Es ideal para hacer monedas porque resiste el calor, la humedad y la corrosión. Es mejor conductor eléctrico y térmico que el cobre, pero más caro, por eso no se puede usar masivamente en la electrónica.
- En la Antigüedad se usaba solo para decorar o adornar. Hoy en día se usa como moneda: sirve para atesorar riqueza, hacer intercambios, dar valor de cambio a las monedas y determinar precios.
- El oro se compra sobre todo para hacer joyas y orfebrería (48%), para invertir (41%), para usar en la industria y electrónica (8%) y para la odontología (1%).
- Siete países compran el 65% de la producción mundial; son India, China, EEUU, Turquía, Emiratos Árabes Unidos y Arabia Saudita.

SUSTANTIVOS DERIVADOS DE VERBOS

Terminaciones en -ción

La acción de		es la
obtener		obten**ción**
elaborar		elabora**ción**
fabricar		fabrica**ción**
realizar		realiza**ción**
manipular		manipula**ción**

Otras terminaciones

La acción de		es el
transportar		transport**e**
lanzar		lanza**miento**
envasar		envas**ado**

Más formal:
- para su elaboración
- por su larga conservación
- durante el almacenamiento

Más coloquial:
- para elaborarlo
- porque puede conservarse mucho tiempo
- mientras se almacena

CAUSAS: USO DE POR

- Tiene un gran éxito...
  - **por su sabor** (=porque sabe muy bien).
  - **por su colorido** (= porque tiene colores muy bonitos).
  - **por su precio** (= porque es muy barato/caro).
  - **por su diseño** (= porque está muy bien diseñado).
  - **por su tamaño** (= porque es grande / pequeño).
  - **por sus cualidades dietéticas** (= porque es bueno para la salud).

USO DE LAS CONJUNCIONES AUNQUE Y A PESAR DE

- **A pesar de**
  - su precio, se vende bien.
  - ser caro,

Información presentada como nueva

- **Aunque**
  - **es** caro, se vende bien.
  - **tiene** colesterol,

Información presentada como presupuesta

- **Aunque**
  - **sea** caro, se vende bien.
  - **tenga** colesterol,

ANTEPOSICIÓN DEL ADJETIVO

Es común en registros formales:

unas **excelentes** perspectivas
nuevos mercados
las **nuevas** tendencias
un **gran** producto ≠ un producto **grande**

formas y recursos 8

ADVERBIOS

únicamente
exclusivamente
esencialmente
fundamentalmente } aceite de oliva
generalmente
especialmente
concretamente

precisamente
efectivamente
naturalmente } es un producto
evidentemente   de gran calidad.
indudablemente
...

ORGANIZADORES DISCURSIVOS

Referirse a aspectos

- En cuanto a
- Con respecto } a la calidad
- En lo que se   del producto,...
  refiere a

- Desde el punto } gastronómico,...
  de vista   nutricional,...
                     ecológico,...

Aclarar, reformular

- Esto es,...
- Es decir,...

Sacar consecuencias

- Por tanto,...
- Por consiguiente,...
- Tanto es así que...
- Es por ello (por lo) que...
- Es por esta razón (por la) que...

- Esto quiere decir que...
- Esto significa que...

Contraponer datos

- Por el contrario,...
- Sin embargo,...
- A pesar de ello,...

Concretar, ejemplificar

- Por ejemplo,...
- En concreto,...
- En particular,...

CONSULTORIO GRAMATICAL
Páginas 169-174 ▶

4 Conectar frases

A. Observa estas informaciones. A veces son contradictorias, a veces unas son consecuencia de las otras. Únelas, utilizando organizadores discursivos y haciendo las transformaciones necesarias.

1. El aceite de oliva español es excelente. ⟷ Es más conocido internacionalmente el italiano.
2. El consumidor está cada día más preocupado por cuestiones relacionadas con la salud. ⟷ Ha aumentado de forma importante el consumo de productos biológicos.
3. Hay muchas personas que no consumen carne. ⟷ Se les sigue tratando en muchos países como una excepción.
4. La lucha antidroga es muy compleja. ⟷ Algunas mafias dedican su actividad a la producción de drogas.
5. Está demostrado que la comida rápida es perjudicial para los niños. ⟷ Muchos padres siguen ofreciéndosela. ⟷ Es más fácil y más cómodo.

• *El aceite de oliva español es excelente. Sin embargo, el italiano es más conocido internacionalmente.*

B. Escribe dos afirmaciones de este tipo sobre un producto que conozcas y léelas al resto de los compañeros. ¿Están todos de acuerdo?

5 El mate

A. ¿Sabes qué es el mate, cómo se prepara o dónde se bebe? Haced una lista con todo lo que sepáis sobre esta bebida.

B. ¿Cuál de estas afirmaciones sobre el mate te parecen verdaderas (V) y cuáles falsas (F)? Coméntalo con tu compañero.

	V	F
La yerba mate se cultiva solo en Uruguay y Argentina.		
Existen dos formas distintas de preparar el mate: cebado y cocido.		
El mate se toma caliente, frío pierde su sabor.		
Solo la beben adultos por su cafeína.		
Contiene varios minerales y vitaminas.		
Tiene efectos negativos por la cafeína, como perturbar el sueño.		
El consumo de mate mejora el ánimo, especialmente en casos de depresión.		

C. Escucha ahora a una especialista hablando de las propiedades del mate y comprueba si lo que dice coincide con tus respuestas.

D. Vuelve a escuchar a la especialista y toma nota de la información más relevante. Luego, con un compañero, escribe un texto formal con toda la información que tenéis. Tened en cuenta los organizadores discursivos.

GENTE Y PRODUCTOS

noventa y tres **93**

8 tareas

6 Dime qué producto exportas y te diré quién eres

A. Cada uno de estos cuadros indica qué porcentaje de la exportación total destinan seis países de Hispanoamérica a cada sector, según el Observatorio de Complejidad Económica. ¿Te imaginas de qué países se trata?

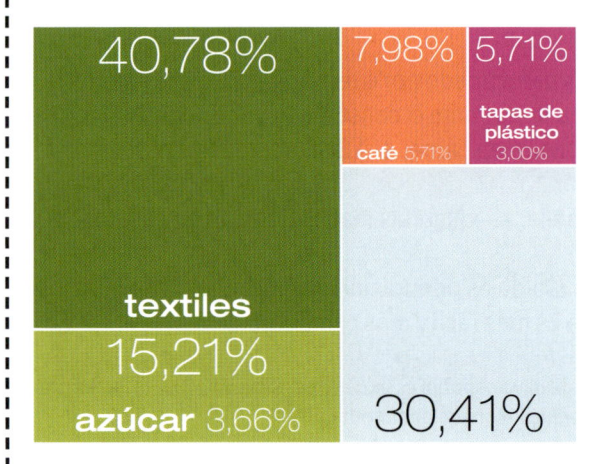

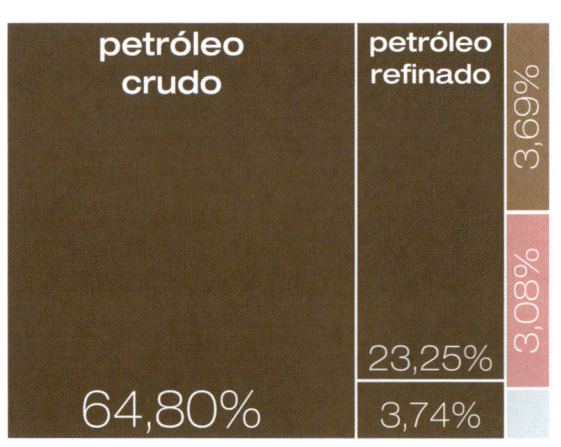

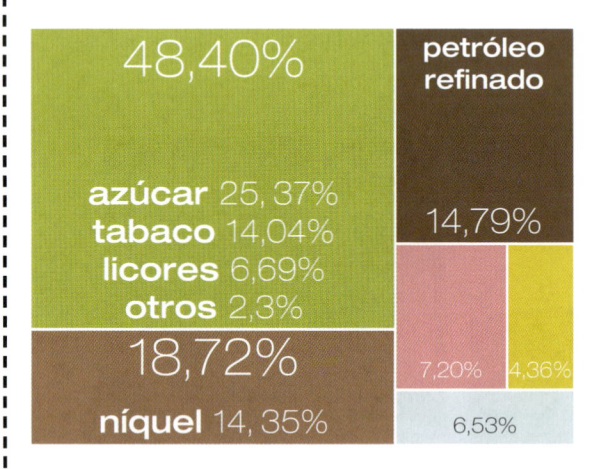

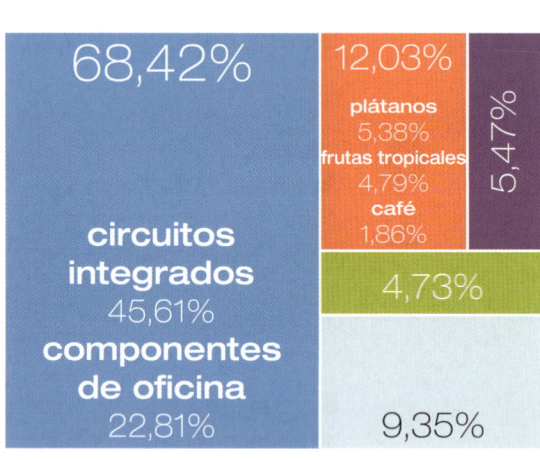

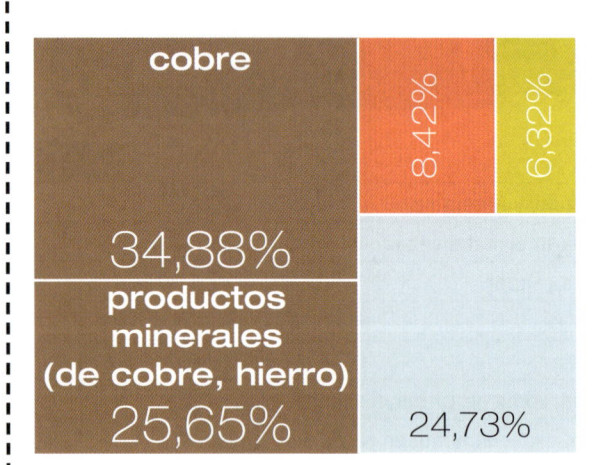

Cuadro 1:
- 40,78% **textiles**
- 7,98% café 5,71%
- 5,71% tapas de plástico 3,00%
- 15,21%
- azúcar 3,66%
- 30,41%

Cuadro 2:
- **petróleo crudo** 64,80%
- **petróleo refinado** 23,25%
- 3,69%
- 3,08%
- 3,74%

Cuadro 3:
- 48,40%
- azúcar 25,37%
- tabaco 14,04%
- licores 6,69%
- otros 2,3%
- 18,72%
- níquel 14,35%
- **petróleo refinado** 14,79%
- 7,20%
- 4,36%
- 6,53%

Cuadro 4:
- 68,42%
- **circuitos integrados** 45,61%
- **componentes de oficina** 22,81%
- 12,03%
- plátanos 5,38%
- frutas tropicales 4,79%
- café 1,86%
- 5,47%
- 4,73%
- 9,35%

Cuadro 5:
- **cobre** 34,88%
- **productos minerales (de cobre, hierro)** 25,65%
- 8,42%
- 6,32%
- 24,73%

Cuadro 6:
- soja 14,94%
- arroz 5,56%
- trigo 4,22%
- 28,87%
- bovino 13,72%
- leche concentrada 3,3%
- queso 2,61%
- 27,30%
- 8,02%
- 5,95%
- 4,75%
- 25,11%

Leyenda:
- textiles
- productos alimenticios
- productos del reino vegetal
- productos de origen animal
- plásticos
- productos minerales
- otros
- metales
- productos químicos
- máquinas
- instrumental médico
- productos de papel
- productos de madera

B. Escucha tres fragmentos de una conferencia sobre las exportaciones de América Latina. ¿A qué países de los cuadros anteriores se hace referencia?
55-57

C. En parejas, buscamos información en internet para descubrir a qué otros países corresponden los tres cuadros restantes.

tareas 8
GENTE Y PRODUCTOS

7 Vuestro producto

Vais a preparar, en grupos, pequeñas conferencias sobre productos que conozcáis y que consideréis interesantes. Imaginaremos que un grupo inversor extranjero debe decidir cuál de los productos presentados merece ser promocionado en los países de habla española y recibir inversiones.

A TODA LA CLASE

1. Cada uno elige un producto. Podéis proponer cualquiera que os interese: la pasta, un queso, una bebida de vuestra región...
2. Busca compañeros que quieran trabajar sobre el mismo producto que tú.

B LOS DISTINTOS GRUPOS

RECOPILAR INFORMACIÓN

▸ En una lluvia de ideas reuniréis toda la información que tiene el grupo sobre el tema.

▸ Si os falta información más concreta podéis buscarla en casa, en la biblioteca o en internet.

▸ Tenéis que confeccionar una lista de palabras clave sobre el tema.

PREPARAR LA CONFERENCIA

▸ Hay que preparar un guion de la conferencia: cómo introducir el tema, anunciar los subapartados, pensar en qué conclusiones queréis sacar...

Podéis hablar un poco de la historia del producto, de su proceso de elaboración y de sus cualidades e importancia.

C DE NUEVO, TODA LA CLASE

▸ Un representante de cada grupo expondrá la conferencia al resto de la clase. Adjuntará una lista del vocabulario clave (en la pizarra, en fotocopias o en una transparencia).

▸ Los demás deberán tomar notas para, luego, preguntar lo que no quede claro.

▸ Entre todos decidiremos cuál es el producto que ha sido mejor presentado.

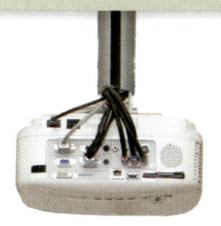

OS SERÁ ÚTIL...

- Vamos a tratar de explicarles...
- También haremos un breve repaso de...
- Muchos de Uds. seguramente sabrán...
- ¿Qué otras cosas podemos decir de...? Pues que...
- Para terminar / Por último, solo nos queda decir que...
- ¿Tienen alguna pregunta?
- Yo quería preguntar si... qué... cómo... ...

LOS QUESOS ITALIANOS

8 mundos en contacto

GENTE Y PRODUCTOS

LAS TAPAS: UN PRODUCTO EN VÍAS DE EXPORTACIÓN

Una de las imágenes más exportadas de la gastronomía española es, sin duda, el tapeo. ¿Pero qué es exactamente una tapa? "Ir de tapas" o "tapear" es una forma de comer —no un tipo de comida— que consiste en tomar pequeñas porciones de platos mientras se bebe algo, generalmente, una copa de vino o una caña (pequeño vaso de cerveza de barril). Por tanto, cualquier plato pequeño puede ser una tapa. Las tapas son, pues, un especie de cocina española en miniatura y varían mucho de una región a otra.

Aunque se consumen en toda España, las tapas tradicionales están muy relacionadas con los productos y la cocina de cada región. Esto quiere decir que son muy variadas, como lo es la cocina española. Sin embargo hay algunas tapas clásicas que podemos encontrar en todas partes: tortilla de patatas, calamares, aceitunas, jamón...

Últimamente las tapas están más de moda que nunca. Muchos prestigiosos cocineros se han lanzado a innovar y a proponer creaciones sofisticadas con nuevos productos o fusionando tendencias en estos "miniplatos" de cocina.

Hay concursos de tapas en muchas ciudades, se ha empezado a exportar el concepto de "bar de tapas" e incluso se han creado cadenas de bares dedicadas a las tapas.

Tapa de pulpo

Patatas bravas

Pincho de pimiento relleno

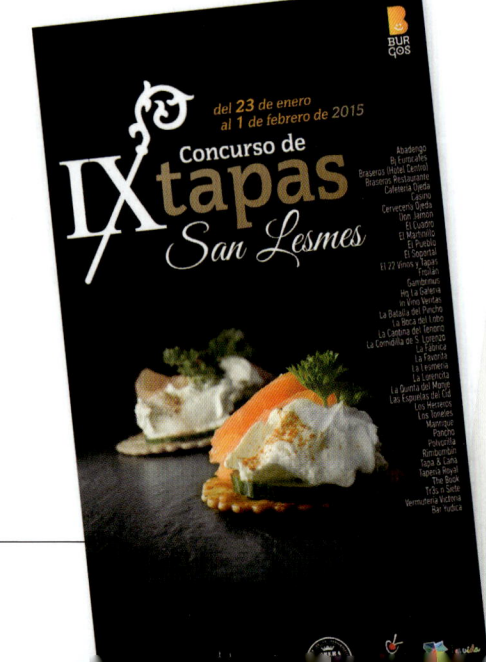

96 noventa y seis

mundos en contacto 8

GENTE Y PRODUCTOS

ALGUNOS TRUCOS PARA IR DE TAPAS

EL TAMAÑO DE LAS TAPAS
Respecto al tamaño de las tapas existen costumbres diferentes en cada región. Lo mejor para no equivocarse es mirar lo que sirven a los otros clientes antes de pedir, pero, en general, si pides una tapa, te servirán un pequeño plato; si pides una ración, la cantidad será mayor; y si eliges un pincho o un montadito, te podrán pequeñas porciones individuales.

Bar de tapas

LA HORA
Aunque tradicionalmente lo normal era tomar tapas antes de las comidas (de la comida o de la cena), se va extendiendo la costumbre de hacer una comida principal a base de tapas. Además, las tapas también son una buena solución para cuando tenemos poco tiempo: suelen estar ya cocinadas, por lo que pueden ser también una especie de "comida rápida".

CON QUIÉN
Ir de tapas no es una actividad solitaria. Se suele quedar para tapear con amigos o con los compañeros al salir del trabajo (mejor no en grandes grupos). Las tapas se comparten, así que normalmente se negocia entre todos qué pedir y se pincha con palillos y tenedores del mismo plato. Desde el punto de vista social, el tapeo es un rito importante en la vida cotidiana de los españoles.

DÓNDE
Si vamos de tapas con españoles, observaremos que casi nunca se toman más de dos rondas en un mismo bar. Todos los grupos se van desplazando por diferentes bares, muchas veces agrupados en una zona o incluso en una calle. Un truco fundamental: la mayoría de bares tienen tapas, pero, si queremos asegurarnos de que son buenas, basta con fijarnos en qué local se acumulan los españoles frente a la barra.

QUIÉN PAGA
Cada ronda (cada vez que pedimos una bebida y una serie de platos) la paga uno y es muy normal no dividir el importe. Y aunque no lo parece, todo el mundo sabe a quién le toca pagar las rondas. Si sales a tapear con españoles, ¡no te dejes invitar todo el tiempo a pesar de que insistan!

EL PRECIO
Depende de la región e incluso de la zona. En algunos lugares (en concreto, Andalucía o Madrid) no se suele cobrar la pequeña tapa que se sirve con cada bebida. Lo mejor es preguntar (¿Ponéis tapa?) por si acaso… En el norte, donde son típicos los pinchos, es bastante habitual que todos tengan el mismo precio. Hay que tener cuidado, eso sí, con las zonas turísticas, ya que a veces los precios pueden resultar excesivos. De nuevo, lo mejor es encontrar lugares adonde van los españoles: además de buscar las mejores tapas, también buscan los mejores precios.

Pinchos en una taberna vasca

LOS CLÁSICOS
De verduras: ensaladilla rusa, patatas bravas, tortilla de patatas, pimientos
De pescado y marisco: calamares, pescadito frito, pulpo a la gallega, mejillones
De embutidos: morcilla, lomo, jamón
Otros: croquetas, empanadillas, albóndigas

8 ¿Qué son las tapas?
A. Antes de leer los textos, en pequeños grupos, haced una lluvia de ideas con todo lo que sabéis.

B. Leed el texto y luego, oralmente, comentad la información nueva o sorprendente que habéis obtenido.

• Yo no sabía lo de las rondas.

C. ¿Hay alguna costumbre similar en tu cultura? ¿Se organiza el contacto social en torno a alguna costumbre relacionada con la comida o la bebida?

MENÚ TAPAS
Bravas
Croquetas
Tortilla Patatas
Chipirones

noventa y siete **97**

9

Vamos a escribir un correo electrónico a alguien que quiere visitar nuestro país.

Para ello, aprenderemos:

- a aproximarnos a diferentes costumbres y prácticas sociales para entenderlas mejor,
- a aconsejar y hacer recomendaciones,
- a expresar gustos y preferencias,
- a contrastar: **mientras que**, **en cambio**,
- a deshacer malentendidos,
- uso de los pronombres **se le...**,
- a expresar opinión con **creo que** / **no creo que**,
- expresiones de deseo,
- marcadores de oposición: **no es que... sino que...**,
- el verbo **soler**

gente y culturas

98 noventa y ocho

Fiestas de San Isidro (Madrid)

Las fallas (Valencia)

Fiestas de Gracia (Barcelona)

Romería del Rocío (Huelva)

entrar en materia 9

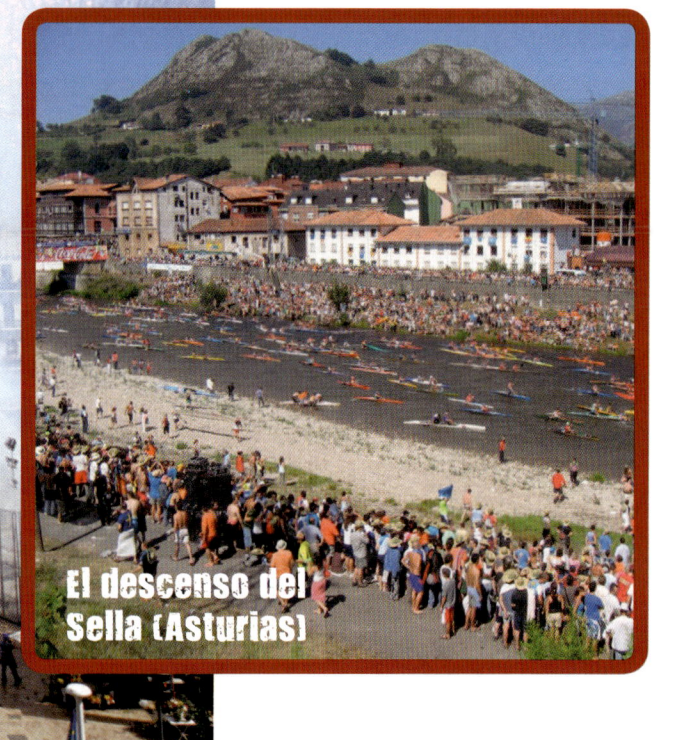

GENTE Y CULTURAS

Para muchos España es sinónimo de fiesta. Es un tópico pero, como todos los tópicos, algo de verdad tiene. En cada comunidad autónoma, en cada provincia y hasta en cada pequeño pueblo hay una o varias fiestas populares importantes al año. Algunas son muy parecidas a las de otros países, otras de marcado carácter religioso; algunas basadas en tradiciones antiquísimas, otras, nuevas creaciones de carácter claramente urbano. Y en todas ellas un factor importante: la participación ciudadana en su organización.

El descenso del Sella (Asturias)

1 Fiestas populares

A. Haz una lista de las fiestas o celebraciones populares en las que has participado en los últimos tres años e indica qué cosas se suelen hacer en ellas.

> Se celebran concursos / festivales, ...
> comen productos típicos
> adornan las calles
> hacen hogueras
>
> Se bebe cerveza / vino...
> decora la ciudad
> tira agua / harina...
>
> La gente se disfraza / baila / come...
> Hay fuegos artificiales / desfiles / competiciones deportivas...

B. ¿En cuál de ellas lo pasaste mejor? ¿Alguna no te gustó? ¿Por qué? Cuéntaselo a tus compañeros.

C. Dos personas hablan de dos fiestas de las imágenes. ¿De cuáles? ¿Cómo lo sabes?
58-59

D. Elige una de estas fiestas y busca información en internet. Haz una pequeña presentación a la clase. Puedes ayudarte de imágenes o vídeos.

- ¿Cuándo y dónde se celebra?
- ¿Cuál es su origen?
- ¿Qué actividades se realizan?
- Tu opinión personal.

noventa y nueve 99

9 en contexto

2 ¡Vivan los novios!
Aquí tienes información sobre las bodas en España.

CASARSE A LA ESPAÑOLA

Aunque cada vez hay menos parejas que deciden casarse, las bodas son todavía muy frecuentes y puede decirse sin ninguna duda que estas celebraciones siguen siendo una parte importante de la cultura de los españoles.

Para los novios, contraer matrimonio, ya sea por lo civil o por la iglesia, es un momento trascendental en sus vidas y por ello preparan esta ocasión durante meses, para que nada salga mal. La celebración de una boda supone organizar un sinfín de detalles, tales como la lista de invitados, las invitaciones, la vestimenta de los novios, el desarrollo de la ceremonia, el banquete y el baile, o el tradicional viaje de novios.

LA LISTA DE INVITADOS
Si una boda en España destaca por algo es precisamente por el gran número de invitados: no es nada raro que en una boda española haya más de 100 asistentes. Decidir la lista de invitados es algo que no hace solo la pareja, sino también sus padres; todos opinan sobre a quién hay que invitar y a quién no.

INVITACIONES Y REGALOS
Cuando uno recibe una invitación para un enlace en España sabe que aceptar conlleva algunas responsabilidades y también gastos. Entre ellos, el desplazamiento y el alojamiento si los novios viven lejos, decidir qué se va a llevar puesto -por lo general la gente se compra ropa nueva-, asistir a la despedida de soltero o decidir el regalo más apropiado. Aunque muchas parejas optan por crear una lista de regalos, lo más normal es regalar dinero en efectivo, normalmente una cantidad que cubra ampliamente el coste del cubierto del banquete.

LA DESPEDIDA DE SOLTERO
En las bodas más tradicionales, la fiesta de despedida de soltero y la de soltera, tenía lugar el día antes de la boda. Hoy en día, suele ser algunos días y hasta semanas antes. Eso sí, las chicas por un lado y los chicos por el otro. El objetivo es pasarlo bien, normalmente a costa de hacer todo tipo de bromas al novio y a la novia.

LA CEREMONIA
La novia llega vestida de blanco o de nácar, si puede ser en un coche lujoso alquilado para la ocasión. Durante la ceremonia no es tradición que haya discursos. Cuando termina, la costumbre es lanzarles arroz a los recién casados cuando salen del juzgado o de la iglesia.

EL BANQUETE
En una boda es imposible comer poco. Después del aperitivo, los invitados se sientan en las mesas, en las que suele haber una tarjeta con el nombre de cada persona. Para la comida se sirven varios platos, normalmente carnes, pescados y mariscos acompañados de varios tipos de vino.
Es tradición que los invitados griten a coro aquello de "que se besen, que se besen", hasta que los recién casados acceden a ponerse en pie y darse un apasionado beso. También es esperable que el padrino y la madrina repartan a cada invitado algún tipo de recuerdo o pequeño obsequio.
Después de comer, lo más normal es que bailen primero la novia y el padrino y que después siga el baile. En casi todas las bodas suele haber barra libre de bebidas y la celebración puede alargarse hasta bien entrada la madrugada.

EL VIAJE DE NOVIOS
En los últimos años se ha pasado de viajar a destinos nacionales (como Canarias o Baleares), a lugares más exóticos. Aunque los destinos para pasar una semana de vacaciones son tan variados como las parejas.

¿CUÁNTO SE GASTAN LOS ESPAÑOLES?

la novia	min.	máx.
vestido	525	1650
zapatos	75	150
complementos	95	180
ramo	55	140
maquillaje	65	130
peinado	60	100
TOTAL	875	2350
el novio		
traje	235	510
zapatos	65	120
complementos	75	150
TOTAL	375	780
detalles		
arras	65	170
alianzas	85	210
invitaciones	95	200
flores iglesia	200	460
alquiler coche	75	200
fotos/video	900	1500
música	200	400
TOTAL	1620	3140
banquete		
cubierto (100 comensales)	7500	10 000
música/barra libre	500	1200
TOTAL	8000	12 200
noche de bodas		
por pareja	69	165
viaje de novios		
por pareja	1300	3350
TOTAL	11 864	21 205
GASTO MEDIO		16 534

Fuente: Federación de Usuarios Consumidores Independientes

en contexto **9**

GENTE Y CULTURAS

Los españoles se casan menos, mucho más tarde y por lo civil

Las parejas españolas cada vez se casan menos y las que lo hacen son más mayores que hace años, además la mayoría opta por la ceremonia civil. Los datos del Instituto de la Mujer reflejan que la tasa de nupcialidad se ha reducido desde 1976 a la mitad y la media de edad para dejar la soltería es de 34,5 años.

Según esas cifras, la tasa de nupcialidad —número de personas casadas por cada mil habitantes— ha pasado de 14,36 en 1976 a poco más del 7 % en la actualidad. La forma de celebrar los matrimonios también ha cambiado: si hace quince años las parejas se casaban sobre todo por la iglesia católica, en los últimos años predomina la ceremonia civil.

En concreto, el 76,74 % de los matrimonios celebrados en España en 1996 se oficiaron por la Iglesia, mientras que el 23,07 % fueron uniones civiles. Estos porcentajes son actualmente del 40 y del 60 %, respectivamente.

En los últimos años, el número de matrimonios entre personas del mismo sexo se ha estabilizado y el porcentaje con respecto al número total de enlaces se sitúa alrededor del 2 %.

SUBE LA EDAD MEDIA
La edad media del matrimonio ha tenido una clara tendencia a incrementarse. En 1976 la media de edad era de 24,38 años en las mujeres y de 27,23 años en los varones; mientras que hoy es de 33 para ellas y 36 años para ellos.

Texto adaptado de: http://www.laregion.es/articulo/sociedad/espanoles-casan-menos-mucho-mas-tarde-y-civil/20130316074048239207.html

Actividades

A Lee la información sobre las bodas españolas, ¿entiendes todas las palabras? Señala cinco que te parezca importante saber y búscalas. Después, en grupos de tres, poned en común vuestras palabras.

• Yo tengo la palabra "banquete", creo que aquí significa "la comida de celebración de la boda".

B Vuelve a leer los textos, ¿qué te llama más la atención? ¿En qué se parecen y en qué se diferencian las costumbres en tu país?

• Pues en mi país las bodas suelen tener menos invitados.

C Vas a escuchar a dos personas hablando de una boda española a la que asistieron como invitados. Anota lo que le llamó la atención a cada uno.
60-61

D Piensa en una celebración familiar especial a la que hayas asistido (un cumpleaños, un bautizo...). Prepara un pequeño guion y después cuéntasela a tus compañeros.

ciento uno

9 formas y recursos

GENTE Y CULTURAS

❸ Tenemos invitados

A. Cuando reflexionas sobre tu cultura puedes entender mejor las otras. Imagina que unos amigos extranjeros van a pasar unos días contigo, ¿qué sueles hacer tú en tal ocasión? Contesta a estas preguntas y añade otras dos.

- ¿Los vas a recoger al aeropuerto / a la estación o no?
- ¿Los alojas en tu casa o van a un hotel?
- ¿Esperas que te traigan algún regalo o no?
- ¿Planeas actividades para ellos o decidís qué hacer cuando llegan?
- ¿Cocinas para ellos o los llevas a un restaurante?
- Si vais a un restaurante, ¿invitas o te invitan?
- ¿Pasas todo el tiempo con ellos o a ratos los dejas solos?
- ....
- ....

B. Compara tus respuestas con las de otros dos compañeros y hazles tus dos preguntas. ¿Coincidís? ¿Creéis que se pueden sacar reglas generales de comportamiento?

• Yo siempre voy a buscarlos al aeropuerto.
○ Pues depende. Si hay confianza...

C. ¿Alguna vez has pasado unos días en casa de unos amigos extranjeros? Toma nota de lo que recuerdes sobre las costumbres en ese país. Después se lo vas a contar a tus compañeros.

❹ ¿Qué te sorprende?
Escucha cinco conversaciones y trata de descubrir las costumbres y los valores que se reflejan en ellas en aspectos como la familia, el trabajo, la comida... Luego las comentaremos entre todos.

62-66

• A mí me choca que dos personas se tuteen en una situación de trabajo.

HÁBITOS Y COSTUMBRES

Personales

- Yo siempre **paso** las tardes / fiestas / vacaciones...
  - ... **con** mis amigos.
  - ... **en** casa de mi familia.
  - ... **saliendo** mucho por la noche.
  - ... **sin parar de** bailar.

- Normalmente salgo con mis amigos.

- Una cosa **que no me pierdo nunca**...
  - ... **es** la inaguración.
  - ... **son** los fuegos artificiales.

Generales

- Lo más normal es regalar dinero.
- La gente suele disfrazarse.
- Aquí se come/se sale mucho.
- En mi país solemos comer en familia.

MANIFESTAR SORPRESA

- Aquí **me llama mucho la atención** la manera de cantar.

- **A mí me parece** curios**o** / extrañ**o** el modo de cantar.
- **A mí me parece** curios**a** / extrañ**a** la manera de cantar.
- **A mí me parece** curios**o** / extrañ**o** que se cante de esa manera.

- **A mí me resulta** curioso / extraño el horario.
- **A mí me extraña** lo de tirarse agua.
- **A mí me choca que insistan** tanto en algunas cosas.

COMPARAR Y CONTRASTAR USOS Y COSTUMBRES

- **En España** se come a las dos, **mientras que allí** se come a las doce.
- **Aquí** se bebe té. **En cambio en Argentina** se bebe mate.

- Las bodas de aquí y las de mi país...
  - ... no se pueden comparar.
  - ... no tienen nada que ver.
  - ... no se parecen en nada.
  - ... tienen mucho en común.

DAR RECOMENDACIONES Y ADVERTENCIAS

- **Sobre todo nunca digas / hagas** eso, se considera una falta de educación.
- **No se te ocurra hacer / decir** eso, está muy mal visto.
- **Si haces** eso, **puedes quedar** muy mal.
- **Si dices** eso, **puedes parecer** un maleducado / grosero.

formas y recursos **9**

GUSTOS Y PREFERENCIAS

- **A mí,** esos espectáculos...
  - ...**me resultan** un poco aburridos.
  - ...**suelen resultarme** muy pesados.
  - ...**me parecen** demasiado extraños..

- **Yo, es que (no) soy** muy...
  - ...**aficionado a** ese tipo de espectáculos.
  - ...**partidario de** las bodas tradicionales.

DESHACER MALENTENDIDOS O PREVENIRLOS

- **No creas que...,**
- **No vayas a pensar que...,**
  - ... **lo que pasa es que...**

- **No es que** no **invite** nunca, **es que** hoy no llevaba dinero encima.
- **No es que sea** raro, **sino que** es especial.

EXPRESAR DESEOS

- Que te / os vaya bien.
- Que lo pases / paséis bien.
- Que te diviertas / os divirtáis.

¡Que tengáis buen viaje y que lo paséis muy bien!

FELICITAR

- ¡Felicidades!
- ¡Enhorabuena!
- ¡Feliz cumpleaños! / ¡Que cumplas muchos más!
- ¡Felices fiestas!

CONSULTORIO GRAMATICAL
Páginas 154-157 ▶

---

5 **El perfecto invitado**
En grupos, vamos a elaborar ocho recomendaciones para comportarse correctamente cuando un amigo nos invita a cenar en su casa. Tened en cuenta, al menos, los siguientes puntos.

▸ puntualidad de llegada
▸ qué llevamos
▸ agradecimientos
▸ hora de despedida
▸ cómo valorar un plato
▸ temas de conversación apropiados
▸ ...

● *Sobre todo, hay que ser puntual, pero....*

6 **Divertirse y aburrirse**
A. Individualmente, puntúa las siguientes actividades del 0 (nunca irías) al 3 (favorita). Puedes añadir una más.

☐ una cena de empresa o de fin de curso
☐ un espectáculo de circo
☐ un día en un parque temático (Disneyworld, Port Aventura...)
☐ una despedida de soltero/a
☐ la boda de tu mejor amigo/a
☐ una corrida de toros
☐ una fiesta de Carnaval
☐ ....

B. Exponed vuestras puntuaciones y justificadlas. Los compañeros podrán hacer comentarios.

● *Yo le he puesto un 2 a ir a una cena de empresa. A mí me resulta extraño estar con la gente del trabajo fuera de la oficina. Es mi tiempo libre...*
○ *Hombre, pero no lo haces cada semana...*

7 **¡Felicidades!**
A. Vas a escuchar a varias personas que felicitan a otras. Escucha y relaciona cada felicitación con uno de estos mensajes.

67-70

☐ 19:03 ✓✓ ¡Feliz cumpleaños!

☐ 8:03 ✓✓ ¡Feliz santo!

☐ 19:03 ✓✓ ¡Feliz año nuevo!

☐ 8:03 ✓✓ ¡Enhorabuena! Nos alegramos muchísimo.

B. Comenta con tus compañeros en qué ocasiones se felicita a alguien en tu cultura o en qué ocasiones felicitarías tú a alguien que conoces.

ciento tres **103**

9 tareas

GENTE Y CULTURAS

8. Sorpresas en Madrid

A. Violeta es una farmacéutica latinoamericana que está por primera vez en España para asistir a un congreso internacional en Madrid. Lee el correo electrónico que ha enviado a su país con sus primeras impresiones y di a quién crees que escribe y qué es lo que le sorprende más.

De:
Asunto:

Hola Leo:

Llevo dos días acá en Madrid. La ciudad es relinda, pero España es muy diferente en algunos aspectos. Es curioso: a veces me siento muy cercana, muy como en casa, y en otros momentos veo que estoy en una cultura diferente aunque hablemos el mismo idioma.

Lo primero que acá me llamó la atención fue que nadie se trata de 'usted'. Todo el mundo usa 'tú' para acá y 'tú' para allá. El director de los laboratorios me tuteó directamente desde el primer momento y, además, me saludó con un par de besos en la mejilla. Y parece que su señora esperaba que yo también la saludara igual a ella; afortunadamente, cuando extendí la mano para saludarla encontré la mano de ella en el camino.

Por la noche, con unos colegas, pedí una lección sobre saludos, pero me dijeron que no era tan sencillo como parece. Discutiendo, no se ponían muy de acuerdo para darme instrucciones, pero a la hora de la verdad nadie duda sobre cómo comportarse. Bueno... prestaré atención a su comportamiento, ya que sus palabras no me ayudan demasiado.

Hoy estoy muy cansada. La primera noche fui a dormir temprano, pero ayer había un grupo que salía a cenar y me invitaron. Acepté la invitación y pasaron a buscarme a las 8:30. Pensé: ¡qué bien!, hoy cenaré tempranito y enseguida a la cama; pero, para nada. Antes de ir al restaurante me llevaron a tomar tapas. Parados, junto a la barra, se comen unos canapés riquísimos y se toma una bebida (alcohólica, por supuesto: vino, o jerez seco, o cerveza). Para abrir el apetito, dicen que es. Pero es que abrimos el apetito durante más de una hora... De pie. Y yo estaba remuerta. Son gente agradable pero hablan todos a la vez. La cena no empezó antes de las diez y media. Yo a las doce me fui a dormir, pero el grupo parece que siguió después de la cena, hasta bastante más tarde. Y eso que hoy se inauguraba el Congreso...

B. ¿Qué cosas de las que menciona Violeta te sorprenden a ti? ¿Y cuáles te parecen normales?

C. Si has visitado en España o Hispanoamérica seguramente te hayan sorprendido otras costumbres. Cuéntaselas a tus compañeros.

tareas 9

9 **Más sorpresas**

A. Escucha ahora estas conversaciones. Tratan de experiencias parecidas a las de Violeta. ¿Dónde estuvieron? ¿Qué les sorprendió? Anótalo.

71-73

	Lugar	Experiencia
1		
2		
3		

B. Piensa en las costumbres de tu país que podrían sorprender a un extranjero. Después coméntaselo a tus compañeros.

10 **Nuestro correo electrónico**

Entre toda la clase completad el siguiente correo para unos amigos que van a visitar vuestro país o la ciudad donde os encontráis.

GENTE Y CULTURAS

De:
Asunto:

Estimados …:

¡Qué alegría saber que venís a … ! Como es la primera vez que vais a visitar nuestra ciudad, queremos poneros al corriente de algunas cosas que pueden resultaros interesantes:

…

Bueno, de momento nada más. No olvidéis decirnos el día y la hora exacta a la que llegáis para ir a recogeros al aeropuerto.

Un abrazo,

…

A DECIDIMOS UN TEMA

Decidimos entre todos los temas que vamos a tratar en el correo y lo que vamos a decir sobre cada uno de ellos: información útil sobre visitas, consejos y recomendaciones, precauciones, etc.

B REDACTAMOS UN PÁRRAFO

Nos dividimos en grupos. Cada grupo se encargará de uno de los temas y redactará un párrafo sobre los consejos y recomendaciones (mínimo 200 palabras).

C ESCRIBIMOS NUESTRO CORREO ELECTRÓNICO

Una vez redactados los fragmentos, cada grupo hace tres copias de su texto y las cuelga en las paredes de la clase. Al final, cada grupo selecciona dos o tres de los fragmentos producidos en clase y, relacionándolos adecuadamente, redacta su propio correo electrónico.

OS SERÁ ÚTIL…

Para introducir información
- Te interesará / conviene saber que…
- Ten en cuenta que…

Para pasar de un tema a otro
- Con respecto a…
- Otro aspecto importante es…

Para enlazar dos temas con un punto en común
- Eso vale también para…
- Igual sucede con…

Para introducir un nuevo tema en contraste con el anterior
- En cambio, si se trata de…

ciento cinco **105**

9 mundos en contacto

GENTE Y MENSAJES

IGUALES, PERO DIFERENTES

Afirma el filósofo español Fernando Savater que las personas tendemos a fijarnos más en lo que nos diferencia que en lo que compartimos. Así se origina lo que él llama "el narcisismo de las pequeñas diferencias", que consiste en resaltar aquellas particularidades propias que no tienen nuestros vecinos más próximos. Como consecuencia de ello, no es hacia personas lejanas y muy distintas de nosotros hacia quienes sentimos odio o rencor, sino hacia personas con las que compartimos muchas cosas: los vecinos de al lado, los habitantes del pueblo más próximo... Cuando se producen conflictos entre creyentes de dos religiones, suele suceder que estas tienen muchas cosas en común y solo algunas pequeñas diferencias. Las actitudes xenófobas hacia los inmigrantes parten muchas veces de grupos sociales que también llegaron como inmigrantes al mismo lugar cincuenta o cien años antes.

Opina Savater que, en realidad, ninguna diferencia entre humanos puede servir de base al establecimiento de jerarquías sociales, exclusiones, *apartheids*, etcétera. En efecto, por grandes que puedan parecer las diferencias (raciales, étnicas o de cualquier otro tipo) que se dan entre grupos humanos, siempre serán muchísimo mayores las semejanzas. Si nos fijamos más en aquellas diferencias, caemos en el "narcisismo de la pequeña diferencia" y correremos el riesgo de sufrir sus fatales consecuencias.

Podemos extender las ideas de Savater a la situación de aprendizaje de una nueva lengua: al entrar en contacto con la sociedad que la habla, al visitar un país que no es el nuestro, al conocer nuevos usos y costumbres sociales, el inevitable efecto sorpresa que experimentamos puede hacernos caer en ese mismo narcisismo. Una mirada atenta a la realidad nos hará descubrir cuánto es lo que compartimos y relativizar las diferencias. Las pequeñas diferencias.

mundos en contacto **9**

GENTE Y CULTURAS

11 **¿Estás de acuerdo con las opiniones de Fernando Savater?**
Piensa en qué valores crees que compartes con otras culturas.

12 **¿Así se habla el español?**
A. Lee el texto *¡Así se habla el español!* y, por escrito, resume el contenido con tus propias palabras. Luego compara tu resumen con el de dos compañeros. ¿Estás de acuerdo con todo lo que se dice?

B. ¿Has vivido situaciones parecidas? ¿En tu lengua o en otras que hables existen dialectos o variantes consideradas "mejores"?

¡Así se habla el español!

Después de haber vivido en varios países cuya lengua era diferente a mi lengua nativa, el español, imaginé, equivocadamente, que mi paso por Argentina no tendría grandes desafíos idiomáticos, más allá de que sabía que existían palabras y expresiones diferentes a las utilizadas en mi país. Al llegar a la Argentina, y durante las primeras semanas, me topé con la parte visible del iceberg. En lo que al idioma respecta, era muy divertido escuchar y descubrir nuevas palabras en "tu idioma" para referirte a cosas que generalmente llamas con otras palabras. Hubo situaciones chistosas, otras un tanto incómodas, y otras de alguna manera frustrantes, como cuando fui a la verdulería y pedí un aguacate, mientras lo veía exhibido con un desesperante antojo, y el verdulero respondió a secas, "no hay". Afortunadamente, este tipo de situaciones se solucionaban fácilmente. En este caso, sólo era cuestión de ayudarme con mi comunicación no verbal y decir "quiero uno de esos que están ahí". "Esto, es palta", me enseñó el verdulero.

Pero para mi sorpresa, eso no era todo. Estaba por enfrentar uno de los desafíos más significativos de mi vida profesional. Después de varios meses de trabajar con equipos argentinos, y al entrar en contacto con la parte profunda del iceberg, comprendí que simplemente hablamos idiomas distintos. No se trata sólo de palabras diferentes, sino de gramática diferente, interpretaciones diferentes, y valores culturales diferentes que se expresan a través del lenguaje verbal.

(...) he visto una gran cantidad de ecuatorianos, colombianos o venezolanos, expresar indignados que los argentinos o los chilenos "hablan mal", "conjugan mal los verbos", o "no respetan reglas gramaticales"(...) Nuestra falta de sensibilidad cultural hace que surjan estas reacciones etnocéntricas que limitan nuestra efectividad al relacionarnos y trabajar con locales.

Texto extraído de: http://bloginteligenciacultural.com/2014/04/12/asi-se-habla-el-espanol/

ciento siete **107**

10

Vamos a elaborar un cuestionario sobre la personalidad de los compañeros.

Para ello, aprenderemos:
- a plantear situaciones imaginarias y posibles reacciones,
- el pluscuamperfecto de subjuntivo,
- construcciones condicionales con condicional compuesto,
- el discurso referido,
- **como si fuera / hubiera sido...**,
- circunstancias temporales: **justo al / estar a punto de** + infinitivo.

Asertividad

gente y emociones

entrar en materia **10**

GENTE Y EMOCIONES

6

7

8

1 **Estados de ánimo**

A. ¿Cómo dirías que se sienten las personas de las imágenes? ¿Qué les pasa o ha pasado en cada una? Imagina situaciones posibles.

• En la imagen 1, la chica parece muy triste. Quizás porque le han dado una mala noticia.
○ O quizás porque se ha peleado con su novio.

B. ¿Qué podrían estar diciendo en cada caso?

2 **¿Enfadado o preocupado?**

Aquí tienes una lista de emociones, ¿las conoces? ¿Puedes describir cómo suele ser, estar o sentirse una persona que siente esas emociones? Busca los adjetivos correspondientes. Con un compañero elige cinco y completa la tabla.

amor aburrimiento alegría angustia culpa celos desesperación asco
enfado entusiasmo frustración impaciencia miedo optimismo estrés
preocupación pesimismo satisfacción esperanza ternura tristeza
vergüenza euforia hartazgo nerviosismo tranquilidad

• Alguien que tiene miedo está asustado o asustada...
○ ¿No es miedoso?
• No, creo que miedoso es algo más relacionado con el carácter: ser miedoso.

adjetivo	verbo	descripción	Una posible situación
EUFÓRICO	~~ser~~		
	estar	se ríe, grita de alegría y lo ve todo muy positivo	Ha conseguido un trabajo.
	sentirse		

3 **No te pongas nervioso**

Elige dos de estos verbos o expresiones y escribe frases sobre ti. Luego, compártelas con tus compañeros. Comentad si tenéis algo en común.

▸ aburrirse
▸ alegrarse
▸ angustiarse
▸ asustarse
▸ desesperarse

▸ emocionarse
▸ entusiasmarse
▸ enfadarse
▸ estresarse
▸ frustrarse

▸ hartarse
▸ impacientarse
▸ preocuparse
▸ resignarse
▸ tranquilizarse

▸ ponerse alegre/triste
         contento/a
         celoso/a
         nervioso/a
         histérico/a

▸ darle asco / miedo / pena / rabia / vergüenza

• Yo muchas veces me emociono si estoy viendo una película en la que se ve gente que sufre. A veces, hasta lloro.
○ Yo también, aunque sea una película muy mala...

ciento nueve **109**

10 en contexto

GENTE Y EMOCIONES

4 Las emociones más básicas
En este artículo se recoge el papel de las emociones en la conducta humana.

8 emociones que nos hacen humanos

Escrito por Diane Raymond | Traducido por Susana Inglese

Los seres humanos experimentan a diario una enorme variedad de emociones en grados diferentes de intensidad. Las emociones son el resultado de cómo cada individuo reacciona ante los acontecimientos de la vida cotidiana. Sin embargo, son experiencias completamente subjetivas y en cierta manera impredecibles porque aquello que provoca sentimientos fuertes en una persona puede tener poco efecto en otra. Lo que sí está claro es que las emociones influyen y "dan color" a la conducta de los seres humanos. Y es que la palabra **emoción** viene del latín *emovere*, donde *e* significa "hacia afuera" y *movere*, "mover".

¿Por qué sienten las personas?
Los psicólogos sostienen que las emociones son un mecanismo de la evolución humana que permite resolver problemas, protegerse a uno mismo y a los seres queridos, sobrevivir ante una situación límite y procrear. Uno de los muchos ejemplos de que las emociones constituyen un instinto básico de supervivencia es la reacción emocional de "pelear o huir" cuando hay un peligro inmediato.

Las emociones tienen un papel determinante en nuestra manera de aprender, de comunicarnos con los demás, de establecer objetivos personales e, incluso, de percibirnos como individuos. La psicología moderna trata de identificar el mayor número de emociones y de determinar cuáles son las más básicas que pueden reconocerse en cualquier individuo de cualquier cultura. En general se pueden destacar siete, que son la base de todas las restantes.

Actividades

A ¿Qué representan estos emoticonos? ¿Usas otros?

B Escoge tres diferentes emociones de las que habla el texto y reflexiona sobre qué aspectos positivos o qué peligros tienen. Luego, coméntalo con tus compañeros.

El miedo	
aspectos positivos	peligros
A veces el miedo hace que seamos más prudentes.	El miedo hace que a veces no podamos analizar bien una situación.

110 ciento diez

1 La alegría
La alegría es una emoción mágica y a menudo transformadora. Las emociones que se relacionan con la alegría son la felicidad, la euforia, la excitación, el placer y la satisfacción.

2 El enfado
Se puede sentir enfado en muchos niveles, desde la máxima irritación hasta la frustración. Se define como un sentimiento de rechazo y descontento ante una situación o la conducta de los demás. Las emociones relacionadas con el enfado son el resentimiento, la exasperación, la cólera y la furia.

3 La ansiedad
La ansiedad es un sentimiento subjetivo y difícil de describir. Por lo general, involucra sentimientos de nerviosismo y preocupación. El peligro inminente, la proximidad de un examen, hablar en público, una cita a ciegas e incluso el estrés cotidiano pueden generar sentimientos de ansiedad. Las emociones relacionadas con la ansiedad incluyen la angustia y el temor.

4 La sorpresa
El sentimiento de sorpresa puede ser placentero o no. Sin embargo, su rasgo más determinante es la aparición repentina. Las emociones que se relacionan con la sorpresa son el asombro, el desconcierto, la fascinación y la perplejidad.

5 La confianza
También llamada fortaleza o seguridad en sí mismo, la confianza permite que los seres humanos se fíen de sus instintos, transmitan seguridad y tengan esperanza. Las emociones que se relacionan con la confianza son la certeza, la fe y el sentimiento de seguridad.

6 La pena
El sufrimiento mental ante una pérdida o una experiencia dolorosa son los signos distintivos de esta emoción. Hay una amplia variedad de manifestación que va desde la decepción hasta la desesperación. Las emociones relacionadas son la angustia, la tristeza, la melancolía y la aflicción.

7 El miedo
Es una emoción relacionada con la adaptación. A menudo puede tener efectos colaterales, como en el caso de los crímenes violentos o las experiencias con riesgo de muerte, en que las víctimas experimentan estrés postraumático. Pero el miedo también puede tener un efecto protector porque permite activar la atención y buscar soluciones inmediatas, como en el caso de un padre que pierde de vista a su hijo en un parque: el miedo le hace explorar rápidamente el entorno con todos sus sentidos alerta. Las emociones que se relacionan con el miedo son el temor y el terror o pánico.

8 El amor
Los sentimientos de apego personal a los familiares o a los amigos están por lo general relacionados con el amor. El amor cubre un amplio espectro de sensaciones que van desde el afecto más vivo hasta el simple entusiasmo. Las emociones relacionadas con el amor incluyen el cariño, el romanticismo, la admiración o la pasión.

(fuente: http://www.ehowenespanol.com/7-emociones-humanas-lista_112405/)

5 Una capacidad fundamental
Aquí tienes una breve descripción de la inteligencia emocional.

La inteligencia emocional es, en la actualidad, una de las capacidades más valoradas en el campo personal y profesional. Las personas que la poseen consiguen coordinar eficazmente sus esfuerzos en el trabajo en equipo: son las mejores en lograr el consenso, son capaces de ver las cosas desde la perspectiva de los demás, son persuasivas y promueven la cooperación, al tiempo que evitan los conflictos. Además, toman iniciativas y tienen el autocontrol necesario para organizar su tiempo y su trabajo. En conclusión, la inteligencia emocional influye profundamente sobre todas nuestras otras capacidades.

Actividades

A ¿Sabes qué es la inteligencia emocional? Con dos compañeros, formula una definición. Luego leed el texto de arriba y comprobad si habéis acertado.

B De las capacidades mencionadas en el texto, ¿cuáles tienes tú? Coméntalo con un compañero. Poned ejemplos concretos.

C Escucha estas tres conversaciones y decide qué persona demuestra tener más inteligencia emocional. Explica tu decisión a tus compañeros. ¿Estáis de acuerdo?

74-76

10 formas y recursos

GENTE Y EMOCIONES

6. Una cena con imprevistos

A. Inserta, en cada una de estas preguntas, las circunstancias que consideres más adecuadas.

1. ¿Qué harías si los invitados llamaran a última hora para decir que prefieren venir otro día a cenar?
2. ¿Cómo reaccionarías si los invitados te dijeran que son alérgicos a los mejillones?
3. ¿Qué harías si te encontraras a los invitados esperando en la puerta de casa?
4. ¿Qué harías si te dieras cuenta de que te has equivocado de día de la cena?
5. ¿Cómo reaccionarías si los invitados te llamaran y te dijeran que van a venir a cenar con tres amigos más?
6. ¿Qué harías si te dieras cuenta de que la lata de tomates que has utilizado para cocinar está caducada?

Circunstancias

→ justo cuando vas a servir la paella de marisco
→ mientras estás preparando la cena
→ al llegar a casa con las bolsas de la compra del supermercado
→ justo cuando acabas de poner la mesa y abrir el vino
→ cuando están a punto de llegar los invitados
→ después de haberte pasado toda la tarde cocinando

B. Ya ves que, cuando tienes invitados a cenar, pueden pasar muchas cosas. ¿Qué harías tú? Pregúntale a tu compañero.

7. ¿Qué habrías hecho si...?

A. Últimamente, Lupe ha vivido muchas situaciones intensas. ¿Qué habrías hecho tú? Coméntalo con un compañero.

1. Al llegar al trabajo me encontré un enorme ramo de flores en mi mesa con una tarjeta firmada por un compañero con el que me llevo fatal. Las tiré a la basura y no le dije nada.
2. Mi jefa me pidió información sobre la vida privada de un compañero. Le dije que no sabía nada.
3. Mi pareja invitó a pasar todo el fin de semana a unos amigos que me caen fatal. Me quedé un día y luego me fui a casa de mis padres.
4. En mi último viaje en avión, un desconocido empezó a contarme su vida íntima y a llorar desconsoladamente. Lo escuché durante una hora seguida.
5. Fui a una cena a casa de un amigo y coincidí con un exnovio con el que había acabado fatal. Dije que me encontraba mal y me fui.

● ¿Qué habrías hecho tú si te hubieras encontrado el ramo de flores sobre la mesa?
○ Yo también lo habría tirado a la papelera, pero le habría preguntado por qué me lo había comprado.

B. ¿Y tú?, ¿te has encontrado alguna vez en una situación incómoda? ¿Cómo reaccionaste? Cuéntaselo a tu compañero. ¿Cómo habría reaccionado él?

PLUSCUAMPERFECTO DE SUBJUNTIVO

hubiera
hubieras
hubiera   + hablado
hubiéramos   conocido
hubierais   ido
hubieran   hecho

CONDICIONAL COMPUESTO

habría
habrías
habría   + aconsejado
habríamos   parecido
habríais   sido
habrían   visto

SITUACIONES HIPOTÉTICAS

● **Imagínate que vas** en un tren y un desconocido **te cuenta** su vida íntima, ¿**qué haces**?
● ¿Qué **harías si** un desconocido en un tren **te contara** su vida íntima?

En el pasado

● ¿Qué **habrías / hubieras hecho si** no te **hubiera llamado**?
○ Le **habría llamado** yo.

● **Si hubiera hablado** con él, seguramente no se **habría / hubiera ido**.

● ¿Qué **harías si** te **hubieran invitado**?
○ No **iría**.

¿Es que no me ha visto?
Si la hubiera visto, habría frenado.

JUICIOS SOBRE COMPORTAMIENTOS PASADOS

● **Tendría que haber hablado** con él.
● **Deberías habérselo dado / dicho /**...
● **Podrían haber ido** antes.
● **No deberíamos haberlo hecho** tan tarde.
● **Lo mejor habría sido** hablar con él.

formas y recursos **10**

GENTE Y EMOCIONES

PETICIONES, CONSEJOS

Estilo indirecto

- **Si** un amigo te **pidiera que fueras** a las cuatro de la madrugada a su casa porque está triste, ¿qué **harías**?
○ Le **diría** que sí / no.

- **Si** mi mejor amigo me **hubiera pedido** consejo antes de dejar a su novia, …
 … le **habría / hubiera aconsejado**…
 … que se **fueran** de vacaciones juntos.

HABLAR DE HABILIDADES

Habilidades propias

- Las paellas **se me dan muy bien**.
- El pastel de queso **me sale bastante bueno**.
- **Dicen que** dibujo bien.
- Juego al tenis, y **no lo hago mal del todo**.

- Soy un desastre / negado para la música.
- La música **se me da fatal**.

Habilidades ajenas

- Ana
  - **es un genio para** la informática.
  - **es muy buena en** matemáticas.
  - **tiene facilidad para** la mecánica.

- A Toni, los ordenadores **no se le dan muy bien**.

CIRCUNSTANCIAS TEMPORALES

- ¿Qué harías si, **al llegar** a casa, te encontraras todas las luces encendidas y la puerta forzada?

- ¿Qué harías si, **paseando** de noche por la calle, te encontraras de frente a un extraterrestre?

- ¿Qué harías si, **después de cerrar** la puerta de tu casa, te dieras cuenta de que te habías dejado las llaves dentro?

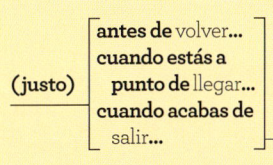

(justo)
- **antes de** volver…
- **cuando estás a punto de** llegar…
- **cuando acabas de** salir…

- **mientras estás** andando por…

(justo)
- **en el momento en el que** pasas…
- **después de** entrar…

CONSULTORIO GRAMATICAL
Páginas 158-161 ▶

8. Una decisión difícil
🎧 77

A. Escucha este caso que ocurrió en la empresa Gutiérrez y Asociados. ¿Cómo valoras la situación? ¿Quién crees que actuó bien? ¿Qué podrían haber hecho los diferentes protagonistas de este incidente?

> • Yo creo que Ana actuó mal. Debería haber pedido dinero a algún amigo o familiar.

B. Si fueras Pablo, ¿qué le habrías sugerido a Ana? Completa estas frases:

▸ Le hubiera pedido que…
▸ Le habría recomendado que…
▸ Le habría propuesto que…

9. Inteligencias múltiples
🎧 78

A. Vas a escuchar una entrevista a un psicólogo. Señala en qué orden menciona las siguientes inteligencias. Después pon en común con tus compañeros lo que has entendido acerca de cada una.

cinético-corporal   lógico-matemática
interpersonal   musical
lingüístico-verbal   naturalista
intrapersonal   visual-espacial

B. ¿Qué tipo de inteligencia tienen o les falta a estas personas? ¿Por qué?

1. **Paco**: No tiene oído, **es incapaz de** distinguir una música de otra. **Se le da muy bien** dibujar, sobre todo el dibujo lineal.
2. **Teresa**: **Es capaz de** recordar todos los teléfonos de sus amigos. En cuestiones de cálculo, **es una negada**.
3. **Fina**: **Tiene una facilidad increíble para** la filosofía. **Es un poco torpe en** todo lo manual.
4. **Jaime**: **Es muy bueno** inventando cuentos y juegos para los niños. Baila **muy bien**. **Tiene una habilidad especial para** el ritmo.

> • Paco tiene poca inteligencia musical, en cambio, parece que tiene facilidad para cosas relacionadas con el espacio y el dibujo, seguramente es visual-espacial.

C. ¿Y tú? ¿Qué inteligencias tienes más desarrolladas? Piensa en dos actividades que se te den bien y en otras dos que se te den mal. Coméntaselo a tus compañeros.

> • A mí se me da bien la cocina, sin embargo se me da fatal el baile.

ciento trece **113**

10 Soy amigo de mis amigos

A. Responde el siguiente cuestionario.

TEST

¿ERES UN/A BUEN/A AMIGO/A?

1. Cuando un amigo hace algo que te molesta mucho, ¿te enfadas y dejas de hablarle un tiempo?
a. Sí.
b. Depende de si es algo muy grave.
c. No, nunca.

2. Si un amigo criticara tu forma de ser, ¿cómo reaccionarías?
a. Me deprimiría y pensaría que me tiene manía.
b. Intentaría hacerle entender que nadie es perfecto y que él o ella también puede hacer cosas mal.
c. Le agradecería su sinceridad y tendría en cuenta sus palabras.

3. Si un/a amigo/a te llamara de madrugada para decirte que está muy triste, que no puede dormir y pedirte que fueras a su casa para hablar con él/ella, ¿qué harías?
a. Me vestiría e iría inmediatamente. Los amigos son lo primero.
b. Hablaría con él/ella por teléfono para tranquilizarlo/la, pero no iría. Quedaría con él/ella al día siguiente.
c. Pondría una excusa para colgar rápido y seguiría durmiendo.

4. Si un/a amigo/a te pidiera que lo/la acompañaras a una cita con su novio/a porque están enfadados, ¿qué harías?
a. Lo / la acompañaría y trataría de que se reconciliaran.
b. Hablaría con él/ella para ayudarlo/a a saber qué siente y le diría que debe ser él/ella mismo/a quien afronte sus problemas.
c. Me molestaría y le diría que no volviera a pedirme algo así.

5. ¿Serías capaz de decirle a un/a amigo/a que debería cambiar de manera de vestir?
a. Sí, claro. A un amigo tienes que decirle siempre lo que piensas.
b. No, me parece que no hay que meterse en esas cosas. Cada uno hace lo que quiere.
c. Buscaría una ocasión adecuada para decirle algo de manera muy diplomática.

6. Imagina que un/a amigo/a le cuenta a alguien un secreto que para ti era muy importante.
a. No volvería a confiar en él/ella.
b. Contaría algún secreto suyo.
c. Hablaría tranquilamente con él/ella y le pediría que no volviera a ocurrir.

B. En grupos de tres, leed nuevamente las opciones **a**, **b** y **c** de cada pregunta y decidid el grado de inteligencia emocional que refleja cada una.

C. Asignadle una puntuación a cada una de los tres grados, averiguad vuestro resultado en el cuestionario y ponedlo en común con el resto de la clase.

tareas **10**

GENTE Y EMOCIONES

OS SERÁ ÚTIL...

- ¿Qué temas se relacionan con un/a buen/a...?
- Habría que poner una pregunta sobre...
- También podríamos poner algo sobre...
- Habría que poner una reacción un poco más fuerte.
- Todas las respuestas se parecen un poco.
- ¿Cómo puntuamos cada respuesta?
- Esta respuesta tendría que valer más/menos que la otra.

11. Vuestro cuestionario

En grupos, vais a elaborar un cuestionario con la misma estructura que el de la actividad anterior.

A PENSAD EL OBJETIVO

Formad grupos y elegid un tema para vuestro cuestionario. Algunas ideas:

¿Eres un buen / una buena compañero/a de piso?
anfitrión/a?
amigo/a?
jefe/a?
compañero/a de viaje?
padre / madre?
hijo / hija?
pareja?
...

B ELABORAD EL CUESTIONARIO

Tomad como modelo el cuestionario de la actividad anterior y usad los recursos marcados en amarillo para formular las preguntas. Asignad una puntuación a cada respuesta.

C PASAOS LOS CUESTIONARIOS

Preparad copias de vuestro cuestionario y pasádselo a los miembros de otro grupo. Cada alumno responde y luego comenta los resultados.

- A mí me ha salido que soy un gran anfitrión porque...

ciento quince **115**

BESOS Y ABRAZOS

Los hispanohablantes somos una cultura de proximidad. Nos acercamos, nos tocamos, nos abrazamos, nos besamos. Y lo hacemos tanto en lugares públicos como privados, en situaciones formales o informales, con amigos o con desconocidos.

Los besos y abrazos son frecuentes en nuestras relaciones sociales: por un lado como una manifestación natural de cariño; por otro lado, y cada día en aumento, como una forma de relación social, de saludo y despedida. En la mayoría de ocasiones se mezclan las dos funciones: besamos o abrazamos más o menos efusivamente a amigos y familiares como una forma de saludarlos, de darles la bienvenida y, además, como una oportunidad de mostrarles el afecto que sentimos por ellos.

¿Pero qué ocurre con colegas del trabajo o cuando te presentan a desconocidos? En esos momentos las personas se pueden encontrar con la duda: ¿estrechar la mano o saludar con uno o dos besos? ¿Es lo mismo entre dos mujeres, hombre y mujer, o dos hombres? Las costumbres van cambiando y de ahí surge el problema, las dudas o incluso los malentendidos. Y es que, aunque existen ciertos patrones o usos comunes, no hay normas escritas en ningún manual, ningún protocolo estricto.

La costumbre de besar al saludarse se extiende, en parte, por el efecto de la globalización, por imitación de las escenas y los personajes que aparecen en las series populares. Y ante este fenómeno, se dan dos tendencias opuestas y las dos se reivindican. Hay quienes prefieren no mezclar los besos en las relaciones profesionales, no les gusta una forma de intimidad que no es real. No quieren besos. En algunas culturas se sienten invadidos o amenazados con tanta cercanía.

Lo que está claro es que en la cultura hispana los besos y abrazos tienen un fuerte carácter socializador, son una forma de romper el hielo y de darle calidez a las situaciones. Actuar ante una cuestión tan flexible y dinámica, que cambia de unos grupos sociales a otros, no es fácil. Y más para una persona que viene de otra cultura con otras costumbres. La mejor opción en este caso es observar, descifrar, tantear y tratar de imitar. No siempre se acertará, pero no importa, con la práctica las cosas tienden a mejorar.

mundos en contacto **10**

GENTE Y EMOCIONES

12 **Diversos modos de relación**
¿Se dan en tu cultura valores parecidos para los besos y abrazos? Compara costumbres de tu país, del país en el que vives o de alguno que conozcas con los que se mencionan en el texto y ponlas en común en el grupo.

• En mi país los hombres también se dan besos cuando se saludan. Se dan un beso en cada mejilla.

13 **No siempre es fácil**
A. Escucha a estas personas que hablan sobre el lío de cómo actuar en ocasiones sociales. ¿Qué dificultades tienen? ¿Qué ideas o estrategias plantean para las situaciones sociales? Con tu compañero elabora una lista de estrategias.

79

• Una estrategia que uso es la de esperar a ver qué hacen los demás.
○ Bueno, "observar" es la estrategia más importante...

B. Formad dos grupos, uno partidario de los besos y abrazos como modo de saludo y otro partidario de suprimirlos. Explicad vuestras razones. ¿Qué ventajas e inconvenientes le veis a cada opción?

ciento diecisiete **117**

11

Vamos a preparar y a llevar a cabo un juicio popular

Para ello, aprenderemos:

- a expresar juicios morales,
- a criticar y a defender acciones y comportamientos,
- a hacer reproches,
- usos del condicional: el futuro en el pasado,
- condicionales con **de**: **de haber sabido que...**,
- a identificar a alguien ya mencionado: **el / la / los / las + de**.

gente justa

entrar en materia 11

EL TEMA DEL DÍA

¿JUSTO O INJUSTO?

En cada lugar y en cada país hay ciertas costumbres y ciertas normas que pueden resultar arbitrarias cuando se ven desde el punto de vista del extranjero, o incluso del que vive en ese mismo lugar. Hemos recogido algunos testimonios de personas que nos hablan de las consecuencias negativas de no conocer o no aceptar las normas. Y tú, ¿cuál es tu opinión al respecto?

Me pusieron una multa por ir sin casco en la bici. Donde yo vivo no llevar casco no se considera una conducta irresponsable.

Iñaki, Bilbao

En una empresa en la que trabajé me obligaban a llevar falda. Además me dijeron que no debía llevar ningún tatuaje a la vista. Eso es ser muy intolerante, ¿no?

Manuela, Sevilla

Me llamaron la atención por ir sin camiseta. Que yo sepa, no es ilegal y además no tiene nada de malo.

Raúl, Barcelona

A un amigo mío y a mí nos pusieron una multa por tomarnos una cerveza sentados en el banco de un parque. No creo que sea un acto incívico.

Brais, Santiago de Compostela

Yo trabajaba en un restaurante y cada día se tiraba mucha comida. Yo la daba a gente que lo necesitaba; un día me pillaron y me echaron. Pero es que tirar tanta comida me parece inmoral…

Elena, Madrid

1 **¿Todo es relativo?**

A. ¿Estás de acuerdo con lo que dicen estas personas? ¿En tu ciudad o en tu país es igual? Después comparte tus opiniones en pequeños grupos.

• A mí me parece normal que te multen por no llevar casco en la bici. Si te caes, te harás más daño… Aquí también es obligatorio.
○ En mi país, no. De hecho, yo creo que llevar casco debería ser una decisión personal…

B. Subraya en el texto los adjetivos negativos formados con un prefijo. Después escribe los contrarios de los siguientes adjetivos con el prefijo o los prefijos adecuados. Puedes usar diccionarios o internet.

justo	profesional	leal	normal
responsable	voluntario	sincero	habitual
moral	social	raro	posible
legal	necesario	frecuente	deportivo

C. ¿Alguna vez has tenido algún conflicto por no conocer algunas de las normas de otro país? Toma notas y prepara el vocabulario de tu anécdota. Tus compañeros van a darte su opinión.

ciento diecinueve 119

11 en contexto

GENTE JUSTA

2 Radio Gente
Esta es la web de una emisora de radio con la programación de hoy y con las noticias del día.

www.radiogente.dif

RADIO GENTE

SIGUE NUESTRA PROGRAMACIÓN EN DIRECTO

PROGRAMACIÓN   EMISORAS   NOTICIAS   DEPORTES   OPINIÓN   PODCASTS Y VIDEOS

¡BRAVO!

-A la Asociación pro Derechos del Niño, que ha conseguido reunir 500 000 firmas para que el Parlamento discuta una ley que prohíba los deberes en la escuela.

-A una ciudadana anónima que denunció a otro ciudadano por encontrarse 1 200 euros en un cajero automático y querer quedárselos sin comunicarlo en la entidad bancaria.

-Al equipo de investigadores que dirige el Dr. López-Cuenca, por ensayar con éxito la implantación de un chip bajo la piel de las personas que almacenará información con el historial médico y con información sobre alergias.

-Al concejal de Movilidad y Transporte del ayuntamiento, por aumentar la inversión en creación de carriles bici en un 200 % y por poner una tasa por circular con vehículos privados por la ciudad.

¡TIRÓN DE OREJAS!

-A todos los conductores que pasaron por un tramo de autovía en el que había un puente con peligro de desprendimiento y ninguno de ellos dio aviso. El puente finalmente cayó y provocó un accidente.

-Al Departamento de Cultura del gobierno, que ha suprimido todas las subvenciones que otorgaba a los grupos de teatro experimental.

-A los espectadores del partido de fútbol del domingo que insultaron y amenazaron con agredir al árbitro después de que este enseñara la tarjeta amarilla al jugador estrella del equipo local.

-Al ministro de Trabajo por no presentar en el Parlamento la propuesta ciudadana de jornada laboral universal de 30 horas semanales.

-A la ministra de Educación, por los resultados de la última encuesta publicada sobre rendimiento escolar: los jóvenes que llegan hoy a la universidad dan unos resultados en el dominio de la lengua y de las matemáticas inferiores en un 15 % a los de hace 10 años.

en contexto **11**

GENTE JUSTA

Actividades

A Lee la sección de opinión de la web y comenta con tus compañeros si estás de acuerdo con la valoración que se hace de las noticias.

- Me parece bastante injusto que se acuse a la ministra de Educación por los malos resultados de los estudiantes. Al fin y al cabo, los padres de los chicos son los responsables...
○ Pues a mí no me parece mal que se acuse a la ministra. El sistema de educación debería garantizar buenos resultados en lengua y matemáticas.
■ Bueno, eso es bastante discutible...

B Radio Gente otorga anualmente el premio 'Gente naranja' a personalidades públicas dignas de elogio, y el premio 'Gente limón' a las que merecen su crítica. Los oyentes llaman para opinar. Escucha la edición de hoy y discute con tus compañeros lo acertadas que os parecen sus opiniones.

80

- A mí no me parece criticable hacer lo que hizo Pachi. Participar gratis en una campaña estará muy bien, pero nadie está obligado a ello.
○ Pues a mí me parece fatal.

C Ahora, en grupos, poneos de acuerdo para dar un "Bravo" y un "Tirón de orejas" a otros personajes. Podéis pensar en cosas que han pasado en los últimos meses en vuestra ciudad o país o en el lugar donde estéis estudiando español.

- El "Tirón de orejas" debería ser para el alcalde, él tiene la culpa de los problemas de tráfico.

ciento veintiuno **121**

11 formas y recursos

GENTE JUSTA

3. ¿Culpables o inocentes?

A. En grupos de cuatro, leed estas noticias publicadas en la prensa y valorad el comportamiento de cada una de las personas implicadas.

El timo del boleto premiado

Lucas Río declara no jugar habitualmente a la lotería, hecho que no le impidió comprar un boleto a Diego Lara. El pasado domingo el presunto estafador se situó junto al escaparate de una administración de Lotería Nacional donde aparecían los números ganadores del último sorteo. Una vez allí logró convencer a Lucas Río, que pasaba por allí, de que tenía un vuelo inaplazable a Santiago de Chile esa misma tarde y de que no podría cobrar los 12 000 € del décimo 45 667, número que efectivamente aparecía entre los premiados. Parece ser que el comprador pagó la suma de 3 000 € por un boleto hábilmente falsificado.

Invasión de la privacidad

Al detectar un cambio de comportamiento en su hijo de 14 años, su madre Ana Ortiz decidió investigar en el teléfono y en el ordenador del menor de edad. En los mensajes que este intercambiaba con sus amigos, Ana creyó encontrar indicios de un posible caso de acoso escolar. Después de asistir varios meses a terapia psicológica por obligación de su madre, Luis decidió denunciar a su madre por violar su intimidad. El juez acaba de condenar a Ana a pagar 10 000 € de multa.

¿Un atropello inevitable?

José Martos circulaba en su coche a 70 Km/h por una avenida de su ciudad. En el mismo momento, Inma Sedano paseaba con su perro por la acera de la misma vía. Cuando el perro se escapó e invadió la calzada, José Martos lo atropelló. El conductor admite que no frenó ni intentó desviarse: prefirió atropellar al animal antes que chocar contra una farola o realizar cualquier maniobra peligrosa para la integridad de su madre, una anciana de ochenta años que iba sentada en el asiento delantero. Inma Sedano está desolada y ha denunciado al conductor del vehículo.

Expulsado por solidario

Rubén Pérez, un estudiante brillante y de conducta ejemplar, fue expulsado de su escuela por ayudar a su amigo y compañero de curso Ricardo Ferreras. Como Ricardo Ferreras sentía auténtico terror a suspender el curso, debido a la severidad de su padre, consiguió que su amigo Ricardo le ayudase a copiar en los exámenes y redactara por él los trabajos que luego él entregaba con su nombre. Al descubrirse los hechos, la dirección del colegio los ha expulsado a los dos. Los padres de Rubén alegan que el comportamiento de su hijo es un ejemplo de solidaridad, sacrificio y altruismo.

- actuó de buena/mala fe
- iba con buenas/malas intenciones
- fue leal/desleal con alguien
- se aprovechó de la situación
- fue muy altruista/egoísta/ingenuo
- fue un irresponsable
- (no) tuvo la culpa
- no tuvo escrúpulos

> ● A mí me parece que Lucas Río no tuvo la culpa de lo que pasó.
> ○ Yo creo que sí es culpable, al menos en parte, porque fue excesivamente ingenuo...
> ■ Yo también lo creo.
> □ Pues, yo no estoy de acuerdo. Toda la culpa fue de Diego Lara...

B. ¿Qué les diríais a los protagonistas de las noticias? Escoge dos personas y un reproche para cada una. Tus compañeros tienen que adivinar a quién te refieres.

– Yo le diría que hubiera debido pensar que era muy raro todo...

JUICIOS MORALES

- Eso...
- Mentir...
- Que alguien mienta / haya mentido a un amigo...

  ... no está bien.
  ... está bien / mal.
  ... me parece bien / mal.

  ... me parece
  - extraordinario.
  - fantástico.
  - comprensible.
  - justificable.
  - inadmisible.
  - vergonzoso.

- No me parece mal / criticable mentir a un amigo.

> A mí, que alguien robe a los bancos me parece fatal.
> Pues a mí, no me parece mal, la verdad.

CRITICAR Y DEFENDER

- Al comportarse así...
  ... actuó de mala fe.
  ... fue leal / desleal con sus amigos.
  ... se aprovechó de la situación / su confianza.
  ... fue muy desinteresado / altruista /...
  ... fue un inconsciente / irresponsable /...

- Su comportamiento es
  - comprensible.
  - inadmisible.
  - lógico.

- Lo hizo
  - con la mejor intención.
  - de buena / mala fe.

- No tiene la culpa de
  - lo que pasó.
  - que le mintieran.

- No es culpa suya
  - si todo salió mal.
  - que todo saliera mal.

formas y recursos 11

REFERIRSE A ALGUIEN CONOCIDO

- **El de la** farola...
  del boleto premiado...

- **La del** perro...
  de la denuncia...

¡Mira, los de la tele!
Sí, vamos a acercarnos...

REPROCHAR

- (No) tenías que haberle ayudado.
- (No) deberías haberle ayudado.
- Creo que hiciste mal ayudándole.

LAS ACCIONES: SUS PREVISIONES Y SUS CONSECUENCIAS

- **Él contaba con** que su amigo lo **entendería**.
- **Ella confiaba en** que su amigo se lo **agradecería**.

- Nunca imaginó que
- Él no creía que
  } eso **fuera a pasar**.

- **De haberlo sabido** / **Si lo hubiera sabido**, hubiera / habría dicho la verdad.

- Resultó perjudicado / beneficiado.
- Salió ganando / perdiendo.

ARGUMENTAR

- Es cierto que..., pero también es verdad que...

- No es cierto que mintiera, lo que pasó fue que...

- Es verdad, pero lo que no está claro / no está probado / no se puede decir es que...

CONSULTORIO GRAMATICAL
Páginas 186-189 ▶

4 Sucesos

A. Vas a escuchar tres noticias emitidas en el informativo de Radio Gente. Escucha y decide a quién se refieren las siguientes frases.

1. Contaba con que podría evitar el juicio, pero ahora parece probable que se vaya a celebrar.

2. Pensaba que su acción no se descubriría, pero ahora ha quedado gravemente comprometido.

3. Nunca imaginaron que estaban cometiendo un delito. Solo querían ayudar de corazón.

B. Vuelve a escuchar las noticias y completa una tabla como la siguiente. Después compara tu tabla con las de tus compañeros. ¿Tenéis todos la misma información?

	Titular	¿Qué cuenta?
Noticia 1		
Noticia 2		
Noticia 3		

C. En parejas, imaginad que sois los abogados defensores de una de las personas de las noticias. Escribid justificaciones para su conducta y argumentos en su defensa.

- Él confiaba en que le devolverían el dinero.
- Solo pensaba en que estaba ayudando a alguien que tenía un problema grave.
- Es cierto que usó indebidamente el dinero de la ONG, pero no se puede decir que robara.

5 Otros casos

¿Conoces algún caso parecido a los anteriores? Cuéntaselo a tus compañeros, entre todos vais a juzgar a las personas implicadas.

ciento veintitrés **123**

11 tareas

6 **Un juicio**
Vais a juzgar un caso sobre presunto fraude en un concurso de televisión de gran audiencia. Seguid los pasos propuestos en la página siguiente.

SOCIEDAD / HOY

Escándalo en la tele

- Fraude en el concurso de mayor audiencia
- Jaime Rueda y Gloria Jimeno se han convertido en los protagonistas de un posible caso de fraude televisivo al declarar ayer, en una rueda de prensa convocada por ellos mismos, que el premio en el famoso concurso "Parejas sabias" estaba amañado de antemano.

MADRID. REDACCIÓN.

Gloria Jimeno y Jaime Rueda en una imagen de archivo.

✉ Enviar
♡ Imprimir
⬇ Guardar

El escándalo estalló anoche en el salón Picasso del Hotel Ritz. La rueda de prensa convocada por la pareja más de moda de las últimas semanas, Jaime Rueda y Gloria Jimeno, había levantado gran expectación, y el salón estaba a rebosar, especialmente de periodistas del corazón. Pero el bombazo informativo sorprendió a todos. Los concursantes, que llevaban siete semanas en el programa y que hasta ahora habían conseguido el mayor premio de "Parejas sabias", admirados y envidiados por media España, declararon haber hecho juego sucio. Según afirman, el programa estaba amañado y ellos sabían de antemano las preguntas que les iban a hacer.

En un comunicado leído a medias informaron escuetamente de los hechos, se reconocieron avergonzados por lo sucedido y declararon haber depositado en un banco el importe íntegro de su premio (200 000 €) con la intención de dedicarlo a causas benéficas. Primero habló Jaime, con voz temblorosa: "Lo que voy a decir sorprenderá a muchos, pero Gloria y yo hemos decidido sacar a la luz la verdad de los hechos". En cuanto empezó a relatar el desarrollo de lo sucedido, todas las miradas buscaron en la sala a los representantes de Canal 10, la cadena que emite el programa "Parejas sabias". Casualmente, no había ninguno. A la declaración de Jaime siguieron las palabras de Gloria, más serena pero igualmente seria: "Queremos darle un buen fin a un dinero obtenido de manera poco elegante", afirmó.

Tras su breve declaración, Jaime y Gloria se negaron a responder preguntas y se retiraron rápidamente. "Hoy solamente hemos querido dejar las cosas claras: la trampa del concurso, en nuestro caso; lo que haya podido pasar con otros concursantes no lo sabemos, y nuestra decisión sobre el destino del dinero. De todo ello hay levantada acta notarial. Más adelante, cuando tengamos toda la información, facilitaremos más detalles. Buenas noches.", fueron las últimas palabras de Jaime ante la insistencia de los periodistas.

Lo que han dicho los otros implicados

Sara Correas, de la Organización de Usuarios de Radio, Prensa y Televisión.
La OURPT no puede pronunciarse por el momento. No nos extrañaría que las acusaciones fueran ciertas, porque tenemos sospechas fundadas de que hay juego sucio en muchos programas. Nuestro gabinete de documentación ya se ha puesto a trabajar en este asunto. Por supuesto, nos personaremos como acusación particular si encontramos indicios de culpabilidad. Ya decidiremos si nos querellamos contra la productora del programa, contra los concursantes o contra ambas partes.

Nacho Higueras, presentador de "Parejas sabias".
Cuando me lo han contado no me lo podía creer. Es la primera vez que me pasa algo así. Ya sé que habrá gente que pensará que yo no puedo estar al margen, pero ahí están mis quince años de profesión y todos los programas en los que he participado anteriormente para dar crédito a mi honradez. Ni sabía ni sé nada al respecto. Y me cuesta muchísimo creer la versión de Gloria y Jaime, a quienes por otra parte consideraba mis amigos. No permitiré que mi nombre se asocie a una acusación de fraude y tomaré acciones legales si es necesario.

Carmen Matas, periodista especializada en televisión.
El código de conducta de los profesionales de la televisión les prohíbe realizar ese tipo de prácticas. Es verdad que se trata simplemente de una mentira en el marco de un programa de entretenimiento. Pero no deja de ser una mentira, y mentir es la falta más grave que puede cometer un medio de comunicación. A no ser que sus directivos entiendan que más que un servicio público son una empresa que debe obtener beneficios a toda costa. Yo creo que aquí los jueces van a tener mucho que decir sobre el comportamiento de mucha gente (los responsables de Canal 10, la dirección del programa, sus guionistas y su presentador), y también sobre los concursantes que se hayan prestado a ese juego.

Ofelia Gonzalvo, Directora de Producción de "Parejas Sabias".
Las declaraciones de Jaime y Gloria son absolutamente falsas. Puedo garantizar que en el programa se ha jugado limpio en todo momento. La opinión pública, lógicamente, no debería dar crédito a declaraciones de este tipo. Ahora nosotros estamos bajo sospecha, pero los concursantes tendrán que probar sus acusaciones. Vamos a iniciar acciones legales para defender la honorabilidad del programa y en defensa de nuestra credibilidad. Gracias a "Parejas sabias" se ha incrementado el interés por la cultura entre los más jóvenes y una gran parte de nuestras ganancias se dedican a la creación de bibliotecas y programas de becas de estudio para hijos de familias con problemas económicos. No vamos a tolerar que unos mentirosos nos desacrediten de esta manera y perder la confianza de la cadena y de nuestros patrocinadores.

---

tareas 11 — GENTE JUSTA

A. LEED LA NOTICIA Y ELABORAD TRES DOCUMENTOS
- Uno, con el resumen de los datos caso (en tres líneas).
- Otro, con la posición de cada uno de los implicados frente al presunto fraude (concursantes, presentador y productora).
- Y otro, con los posibles intereses de cada una de las tres partes.

B. FORMAD TRES GRANDES GRUPOS
- el de los fiscales (o acusación pública)
- el de los abogados (la defensa) de los concursantes, los del presentador y los de la productora
- el del jurado popular

C. ELABORAD LISTAS DE IDEAS
- Los abogados con argumentos para defender a su representado y con argumentos para atacar a los otros implicados.
- Los fiscales con sus hipótesis sobre las posibles motivaciones de cada parte acusada.
- El jurado con ideas provisionales de lo que ha pasado (aunque tendrán que ir cambiándolas a medida que haya nueva información durante el juicio).

D. CELEBRAD EL JUICIO
- Juzgaremos por separado a cada implicado.
- Podrán intervenir todos los abogados y todos los fiscales.
- Tras las intervenciones de la acusación y las defensas, el jurado deliberará y dará su veredicto.

OS SERÁ ÚTIL...

Resumir
- No pudo **haber hecho** eso.

Hacer hipótesis
- Es posible que **quisiera** engañar a...

Argumentar la culpabilidad/inocencia
- **Consideramos** al acusado **culpable** / **inocente** porque...

Dar un veredicto judicial
- **Declaramos** al acusado **culpable** / **inocente** de...

11 en contexto

GENTE JUSTA

HUMOR QUE HACE PENSAR

Las viñetas de humor en la prensa diaria de muchos países de habla española, como en muchos países del mundo, son un medio enormemente creativo para hablar de la actualidad de los acontecimientos políticos y sociales, y también para reflexionar sobre la condición humana. Este tipo de humor gráfico tiene la particularidad de conseguir expresar mucho con una gran economía de medios: tan solo unos pocos dibujos y un poco de texto.

La libertad de expresión y la conciencia crítica encuentran en este formato, a medio camino entre el periodismo, la sátira humorística y las artes creativas, una herramienta privilegiada para provocar la sonrisa de miles de lectores al tiempo que les hace pensar.

En España hay una gran tradición de humoristas que publican, o han publicado, en los periódicos más importantes. Estos son algunos de los nombres más importantes: El Roto, Peridis, Forges, Máximo, Chumy Chúmez, Carlos Romeu Müller, Manel Fontdevila, Santi Orúe, Vergara, Mauro Entrialgo, Juanjo Sáez, Mingote, Ventura & Coromina, Krahn, Kap, Labanda, Gallego & Rey, Idígoras & Pachi.

También hay revistas especializadas que cuentan con un gran seguimiento del público, como es el caso del semanario *El jueves*. Algunos de los dibujantes más destacados que han colaborado en esta publicación son Óscar, J.L. Martín, Kim, Fer, Vizcarra, Ivà, Manel Fontdevila o Azagra.

Algunos de los dibujantes más importantes en Latinoamérica son Pedro León Zapata, Roberto Fontanarrosa, Mordillo, Quino, Crist, Tabaré, Nik, Gaturro, Caloi, Maitena o Liniers.

Liniers

Zapata

mundos en contacto **11**

GENTE JUSTA

7 **Más que dibujos**
   A. ¿Qué es para ti el humor gráfico? ¿Dónde lo encuentras: en publicaciones de entretenimiento o informativas?

   B. Lee el texto y di si estás de acuerdo con las ideas que expresa.

8 **Más que texto e imágenes**
   A. Observa las ilustraciones. ¿De qué temas tratan? ¿Te hacen gracia? ¿Estás de acuerdo o desacuerdo con lo que expresan?

   B. Busca ilustraciones de algunos de los humoristas gráficos mencionados en el texto. Preséntalas ante tus compañeros y coméntadlas entre todos.

9 **Humor sin fronteras**
   Presenta a tus compañeros alguna obra de un ilustrador gráfico de tu cultura. ¿Entienden tus compañeros el "humor" de estas imágenes?

El Roto

Maitena

Forges

Tabaré

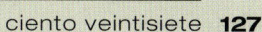

ciento veintisiete **127**

consultorio gramatical

ÍNDICE

1 gente y palabras
págs. 130-134

- Frases relativas con preposición: preposición + **el** / **la** / **lo** / **los** / **las que**; **quien** / **quienes**, y **donde** / **adonde**.
- Formación de palabras (I): derivación por prefijos.
- Formación de palabras (II): los sufijos **-ito**, **-ico**, **-illo**...
- Colocaciones: nombre + verbo, nombre + adjetivo y nombre contable + **de** + nombre no contable.
- Expresiones fijas y locuciones.
- Nombres individuales y colectivos: **animales - fauna**, **estrellas - constelación**, etc.
- Definir: **es una cosa** / **sustancia que**...
- Distinción de registro: normal - elevado / culto / técnico...

2 gente de cine
págs. 135-140

- Hablar del tiempo: **hace** / **hay** / **está** / **es un día**...
- El modo de hacer algo: verbo + adjetivo calificativo / adverbio / gerundio / **sin** + infinitivo.
- Usos de **estar**: posturas.
- Verbos pronominales.
- Usos de **poner**.
- Usos de **quedarse**.
- Describir el aspecto físico: **ser**, **tener** y **llevar**.
- Marcadores temporales: **de repente**, **entonces**, **al entrar**, etc.
- Partículas espaciales: **encima de**, **al lado de**, **sobre**, etc.
- Transmitir órdenes: verbo + **que** + subjuntivo.

3 gente genial
págs. 141-146

- Años y siglos.
- Referirse a momentos y a épocas ya mencionados.
- Relacionar momentos del pasado: **al cabo de**, **tras**, etc.
- Etapas de la vida: **de niño** / **joven** / **mayor**, etc.
- Duración: **durante un tiempo** / **muchos años**, etc.
- Perífrasis verbales (I): **dejar** / **terminar**... **de** + infinitivo, etc.
- Expresar transformaciones: **cambiar de**, **quedarse**, etc.
- Datos biográficos: pretérito indefinido.
- Imperfecto e indefinido.
- Rebatir una valoración intensificada: **no es tan... como**...
- Relatos en registro formal.

4 gente y aventura
págs. 147-152

- Usos del artículo **lo**.
- Expresar diferentes grados de certeza: **con toda seguridad** / **posiblemente**, **puede que**, etc.
- Formas del imperfecto de subjuntivo.
- Construcciones condicionales (I): **si**, **siempre y cuando**, **en el caso de que**, **a no ser que**.
- **Depende de**..., **según**...
- Circunstancias eventuales: **por si acaso**, **por si** + indicativo, **no vaya a ser que** / **no sea que** + subjuntivo.
- La finalidad (I): **para** / **para que**.
- Expresar resignación: **si no hay más remedio**, **me temo que**, **habrá que**, etc.
- Relaciones temporales en el futuro: **cuando** + subjuntivo, + futuro; **en cuanto** / **tan pronto como**... + subjuntivo, + futuro, etc.
- Geografía y clima: **es una zona desértica** / **montañosa**...; **el clima es lluvioso** / **seco**..., etc.
- Verbos con preposición (I).

5 gente con derechos
págs. 153-158

- Argumentar: **es verdad que... pero también...**; **en realidad**; **ahora bien**; **quizá no... pero sí...**, etc.
- Enumeraciones, adiciones: **no..., ni... y ni siquiera...**; **y además**, etc.
- Hacer propuestas y sugerencias: con sujeto personal y de forma impersonal.
- Subordinadas sustantivas (I): indicativo / subjuntivo.
- Construcciones condicionales (II): **siempre que**, **siempre y cuando**, **con tal de que**, **a no ser que**.
- Derechos, obligaciones y prohibiciones.
- Opinar y debatir: **lo que yo digo**; **(bueno)**, **así lo veo yo**; **es verdad**, **tienes razón**; **eso...**, etc.
- Uso del pronombre neutro **lo**.
- Omisión del nombre: **el** / **la** / **los** / **las** + **de** y **uno** / **una** / **unos** / **unas** + **de** / **con** / **sin**.
- Marcadores temporales de inicio: **a partir del próximo**..., **de ahora en adelante**, etc.
- Verbos con preposición (II).

consultorio gramatical

ÍNDICE

6 gente con corazón
págs. 159-164
- Valorar a una persona: **es un / una**...; adjetivo calificativo, etc.
- Sustantivación del adjetivo: usos de **lo**.
- Valorar un periodo: **en aquella época**, **fue una época / fueron unos años**..., etc.
- Usos del verbo **pasar**.
- Subordinadas sustantivas (II): indicativo / subjuntivo.
- Organizadores y conectores: **en el fondo**, **por suerte**, **lo cierto es que**, etc.

7 gente utópica
págs. 165-168
- Expresar rechazo: **no soporto**, **me molesta**, etc.
- Para intensificar o resaltar un sentimiento: **muchísimo**, **enormemente**; **lo que más**...; **lo que me resulta**, etc.
- Expresar deseos: **me gustaría**, **lo ideal sería**, etc.
- Aludir a temas: **Lo de (que) / Eso de (que)**.
- Garantizar: **en serio**, **ya lo verás**, **de verdad / veras**.
- Estar **a favor** o **en contra**.
- La finalidad (II): **para (que)**, **a fin de / con vistas a (que)**.
- Ventajas e inconvenientes: **la ventaja / lo bueno / lo malo**... **es que**...
- Quejarse, protestar: **¡Ya está bien!**, **es hora de**..., etc.
- Verbos con preposición (III).

8 gente y productos
págs. 169-174
- Formación de palabras (III): sustantivos derivados de verbos.
- Posición del adjetivo calificativo.
- Expresar causa: **por**, **debido a**, **gracias a**, etc.
- Relaciones de causa-efecto: **como**, **dado que**, **puesto que**.
- Contraponer información: construcciones concesivas.
- Adverbios acabados en **-mente**.
- Organizadores discursivos: **en cuanto a**, **esto es**, **por tanto**, etc.
- Aludir a un tema ya mencionado.
- Verbos con preposición (IV).

9 gente y culturas
págs. 175-180
- **Se**, **le**: verbos con o sin estos pronombres.
- Verbos del tipo **gustar**: expresan afecto, sentimiento...
- Acciones habituales: **soler**; **generalmente / normalmente**...
- Impersonalidad: **se** impersonal, **la gente / todo el mundo** y 2ª persona con valor impersonal.
- Subordinadas sustantivas (III): indicativo / subjuntivo.
- **Es que**... / **no es que**...
- Comparar: **parecerse a**, **ser parecido a**, etc.
- Expresar deseos en despedidas: **que** + subjuntivo.
- Felicitar: **¡Feliz cumpleaños!**, **¡Enhorabuena!**, etc.
- Conectores discursivos: **en cuanto a**, **mientras que**, etc.
- Verbos con preposición (V).

10 gente y emociones
págs. 181-185
- Formación de palabras (IV): sustantivos derivados de adjetivos.
- Pluscuamperfecto de subjuntivo.
- Condicional compuesto.
- Construcciones condicionales (III): situaciones hipotéticas.
- **Como si**.
- **Ponerse / ponerle**.
- Hablar de habilidades: **se** + **me / te / le / nos / os / les** + **dar**, **salirle (bien / mal**...), **ser un**... **para... / en**..., etc.
- Perífrasis verbales (II).
- Circunstancias temporales: sin precisar y precisando.
- Verbos y expresiones con preposición (VI).

11 gente justa
págs. 186-189
- Formación de palabras (V): adjetivos.
- **El / la / los / las + de**: identificar a alguien ya mencionado.
- Subordinadas sustantivas (IV): indicativo / subjuntivo.
- Juicios morales: **está bien / mal**, **no está bien**, etc.
- Usos del condicional: el futuro en el pasado.
- Construcciones condicionales: condicionales con **de**.
- Las acciones y sus consecuencias.
- Argumentar.
- El gerundio en forma negativa.
- Verbos y expresiones con preposición (VII).

ciento veintinueve **129**

consultorio gramatical

FRASES RELATIVAS CON PREPOSICIÓN

En las frases relativas con preposición suelen aparecer los artículos **el / la / los / las / lo** antes del pronombre **que**. Este artículo concuerda en género y en número con la palabra a la que se refiere.

- Es **un mueble en el que** guardas la ropa.
- Es **una cosa con la que** puedes preparar zumos.
- Son **los amigos de los que** te hablé.
- Son **esas cosas sin las que** no vas nunca a la playa.

> Usamos el artículo **lo** cuando el antecedente es neutro: **algo**, **esto**, **eso**, **aquello**, **nada**.
>
> - Es **algo contra lo que** hemos luchado siempre.
> - **Nada de lo que** te dije tiene importancia ahora.

> Cuando el antecedente es un lugar, podemos sustituir **en** + **el / la / los / las que** por **donde** y **a** + **el / la / los / las** por **adonde**.
>
> | | |
> |---|---|
> | el pueblo **en el que / donde** veranea | el pueblo **al que / adonde** viajamos |
> | la ciudad **en la que / donde** estuvimos | la ciudad **a la que / adonde** llegamos |
> | los pueblos **en los que / donde** estuve | los pueblos **a los que / adonde** voy |
> | las ciudades **en las que / donde** estoy | las ciudades **a las que / adonde** vamos |

> Cuando el antecedente es una persona, podemos sustituir **el / la / los / las** + **que** por **quien / quienes**.
>
> - El hombre **del que / de quien** te hablé ayer ha salido en las noticias de la tele.
> - Las chicas **con las que / con quienes** salimos ayer acaban de llamar.
> - Los jugadores **de los que / de quienes** se rumorea que han recibido sobornos han sido detenidos.

FORMACIÓN DE PALABRAS (I): DERIVACIÓN POR PREFIJOS

En la derivación, a una palabra simple se le añade una partícula. Si esta va delante de la palabra, es un prefijo, si va detrás, le llamamos sufijo y si va en el interior, infijo.
La derivación tiene frecuentemente un origen antiguo:

impulso, **extraer**, **colaborar**

Pero también se forman continuamente nuevas palabras por ese procedimiento.

la globalización → las manifestaciones **anti**globalización
el proyecto de ley → el **ante**proyecto

> Algunos de los prefijos más frecuentes del español son:
>
> **A- (AN-)**
> **a**baratar, **a**lejar, **a**cercar, **a**gramatical, **an**algésico, **an**ovulación, **a**simetría
>
> **ANTE-**
> **ante**anoche, **ante**ayer, **ante**poner, **ante**pasado
>
> **ANTI-**
> **anti**ciclón, **anti**héroe, **anti**apartheid, **anti**aéreo, **anti**gripal, **anti**arrugas, **anti**sistema
>
> **BIEN-**
> **bien**hechor, **bien**venido, **bien**intencionado
>
> **COM- (CON- / CO-)**
> **com**penetrarse, **con**vivir, **co**existir, **co**operar, **co**autor, **co**guionista, **co**rresponsable, **co**lateral
>
> **CONTRA-**
> **contra**ofensiva, **contra**orden, **contra**atacar, **contra**decir, **contra**producente, **contra**indicado

consultorio gramatical 1

GENTE Y PALABRAS

DES / DIS-
desatar, **dis**culpar, **des**orden, **des**confianza,
descortés, **des**honesto

EN- (EM-)
encarcelar, **em**barcar, **em**paquetar

ENTRE / INTER -
entreacto, **entre**vías, **inter**dental,
intercambiar, **inter**relacionar, **inter**acción,
intercomunicador, **inter**nacional, **inter**urbano

EX- (1)
exministro, **ex**marido, **ex**república

EX- (2)
extraer, **ex**cepción, **ex**celente

IN- (IM- / I-)
incapaz, **in**útil, **im**posible, **i**lógico,
incomunicación, **in**experiencia

MAL-
malacostumbrar, **mal**vivir, **mal**tratar,
maleducado, **mal**hablado, **mal**pensado

POS(T)-
posguerra, **pos**franquismo,
posmoderno, **post**operatorio

PRE-
precocinar, **pre**juzgar, **pre**campaña,
preinscripción,
predemocrático, **pre**autonómico

PRO- (1)
pronombre, **pro**poner, **pro**creador

PRO- (2)
pro amnistía, **pro** enseñanza pública,
pro abolición de la pena de muerte

En estos casos no se trata de un prefijo sino de la preposición **pro** (a favor de).

RE- (1)
releer, **re**considerar

RE- (2)
rebarato, **re**peinado, **requete**bién

SOBRE-
sobrecargar, **sobre**valorar

SUB-
subgrupo, **sub**comisión, **sub**cultura,
subdesarrollo, **sub**estimar

SUPER-
superhombre, **super**mercado,
superpoblar, **super**gigante

TRANS- (TRAS-) (1)
transformar, **tráns**fuga, **tras**plantar,
traspaso, **trans**exual,
transalpino, **trans**oceánico,

TRAS- (2)
trastienda, **tras**fondo

ULTRA-
ultraderecha, **ultra**mar, **ultra**congelado,
ultravioleta

FORMACIÓN DE PALABRAS (II): DERIVACIÓN POR SUFIJOS

Los sufijos apreciativos son los aumentativos, diminutivos y despectivos. Más que un cambio en el tamaño, señalan la actitud del hablante respecto a lo que dice, generalmente tienen un valor afectivo.

- Tengo una cas**ita**. (No quiere decir que sea pequeña, sino que se presenta modestamente.)
- Escribió un libr**ito**. (Puede ser un libro muy grande, pero el hablante le resta valor.)

Los diminutivos más frecuentes son **-ito/a, -ico/a, -illo/a**, que generalmente se aplican a nombres y a adjetivos.

libr**ito**, gord**ita**, chiqu**illo**
la man**ita** (en España)   la man**ito** (en Latinoamérica)

En Latinoamérica es frecuente aplicarlas también a otras categorías: adverbios, verbos...

ahor**ita**, mism**ico**, corriend**ico**, cerqu**ita**, pront**ito**,
rapid**ito** (Se dicen también en España.)

Mira, os he traído un detallito para el niño.

No tenías que haberte molestado, hombre.

ciento treinta y uno **131**

consultorio gramatical

Otras formas, como **-uelo**, **-ucho**, **-ón**, **-ote**, **-ete**, no tienen la misma libertad de derivación y cada una de ellas suele aplicarse solo a determinados nombres o adjetivos. En este caso, no funcionan propiamente como diminutivos o aumentativos, únicamente tienen un valor expresivo.

grandull**ón** → grandull**ona**
grand**ote** → grand**ota**
amigu**ete** → amigu**eta**, regord**ete** → regord**eta**

Para crear los diminutivos de palabras monosílabas y algunas bisílabas suele intercalarse algún otro infijo entre la raíz y el sufijo.

pez → pec**ec**ito, pec**ec**illo
pie → piec**ec**ito, piec**ec**illo
pan → pan**ec**illo
viejo → viej**ec**ito
coche → coch**ec**ito
calle → call**ec**ita
canción → cancion**c**ita, cancion**c**illa

Muchas palabras que terminan en **-illo** y **-ón** no tienen valor apreciativo porque son formas ya lexicalizadas que designan a otros objetos.

bocad**illo** (no es una forma de referirse a un bocado)
bomb**illa** (no es una forma de referirse a una bomba)

banqu**illo**, barb**illa**, cuch**illo**, cabec**illa**, col**illa**, pas**illo**, pal**illo**, sombr**illa**, ventan**illa**...
caj**ón**, camis**ón**, cart**ón**, sal**ón**, sill**ón**, tap**ón**...

EXPRESIONES FIJAS Y LOCUCIONES

Existen combinaciones de palabras que en su conjunto equivalen a un nombre, a un verbo, a un adjetivo o a un adverbio.

Adverbios
a duras penas (= difícilmente)
cada dos por tres (= frecuentemente)

Verbos
dar la lata (= molestar)
salirse con la suya (= conseguir alguien sus propósitos)
echar a perder (= estropear)

Nombres
cabello de ángel (= un tipo de relleno en los pasteles)
mesa redonda (= una tertulia de expertos)

Adjetivos
chapado a la antigua (= de ideas y de formas de comportamiento anticuado)
hecho y derecho (= una persona madura)

consultorio gramatical

COLOCACIONES

Son asociaciones entre dos tipos de palabras que se establecen con preferencia a otras opciones.

Nombre	+	Verbo
las amistades:	→	se hacen, se pierden, se entablan
un accidente:	→	se produce, tiene lugar
una decisión:	→	se toma, se adopta
un instrumento:	→	se toca

Nombre	+	Adjetivo
amigo:	→	gran, inseparable
ruido:	→	ensordecedor, infernal

Nombre contable + *de*	+	Nombre no contable
una copa de	→	vino, cava, etc.
un pastilla de	→	jabón
una loncha / un taco de	→	jamón
un chorro / una cucharada de	→	aceite

NOMBRES INDIVIDUALES Y COLECTIVOS

Nombre individual		Nombre colectivo
animales	→	fauna
ovejas, cabras	→	rebaño
lobos, elefantes, etc.	→	manada
pájaros	→	bandada
estrellas	→	constelación
islas	→	archipiélago
barcos, aviones, etc.	→	flota
músicos	→	banda, grupo
abejas	→	enjambre
plantas	→	flora
uvas	→	racimo

DEFINIR

En español tenemos diversos recursos para definir.

- **Es una cosa**
  - **que es como** un disco **pero** más pequeño. (= CD)
  - **que se parece a**l limón **pero** es más verde. (= lima)
  - **que suele ser de color** verde por fuera. (= pera)
  - **que la utilizas si / cuando** fríes carne. (= sartén)
  - **con la que haces** deporte. (= bicicleta)
  - **que sirve para** lavar la ropa. (= detergente)
  - **que está en** el cuarto de baño. (= ducha)
  - **que es una especie de** verdura rizada. (= escarola)

consultorio gramatical

Además, utilizamos una serie de palabras generales que sirven para definir cosas muy distintas.

Es	una persona	un animal	una planta
	un material	un lugar / sitio	un producto
	una sustancia	una parte de	una cosa
	un objeto	un aparato	un utensilio
	una herramienta	un recipiente	un instrumento

En los diccionarios y en otros textos técnicos las definiciones adoptan un estilo propio.

Limpieza. **Calidad** de limpio. **Acción** de limpiar.
Soluble. **Apto** para disolver.
Perro. **Mamífero** doméstico de la familia de los cánidos.
Hermosura. **Cualidad** de hermoso.
Odio. **Sentimiento** violento de repulsión hacia alguien.
Heroico, -a. **Se dice de** quien se comporta heroicamente.
Marfil. **Materia** de los colmillos de los elefantes.

DISTINCIÓN DE REGISTRO

Aprender vocabulario comporta saber en qué situación es apropiado elegir una u otra entre varias palabras que significan lo mismo. Es lo que se llama cambio de registro. He aquí algunos ejemplos de cambio de registro:

Normal → *elevado (literario):* **el mundo** → **el orbe**
Normal → *culto:* **la muerte** → **el fallecimiento / la defunción**
Normal → *técnico:* **un medicamento** → **un fármaco**
Normal → *coloquial:* **ser muy tozudo** → **ser muy cabezón**
Normal → *vulgar:* **orinar** → **mear**

Existe un tipo de palabra, las palabrotas (coloquialmente llamadas tacos) que consisten generalmente en nombres o verbos vulgares referidos a los órganos y a las funciones sexuales (y, más generalmente, fisiológicos).
En muchos lugares de España este tipo de palabras son cada vez más aceptadas socialmente. En círculos de amigos es muy frecuente su uso en forma de interjecciones para expresar sorpresa, irritación u otros sentimientos. Pueden llegar a leerse en entrevistas y columnas de prensa.

coño, joder, estar jodido, ser un coñazo, ser cojonudo, mierda, cagarla...

Otro ámbito de los tacos es el de términos de la religión, aunque estos cada vez son menos habituales. Los más frecuentes son:

hostia, hostiazo...

Algunas expresiones con términos religiosos no tienen carácter de taco.

Jesús, Virgen Santa, Dios mío...

consultorio gramatical

GENTE DE CINE

HABLAR DEL TIEMPO

- **Hace**
  - (mucho) **sol** / **viento** / **calor** / **frío**.
  - **fresco**.
  - (muy) **buen** / **mal tiempo**.
  - (muy) **bueno**.
  - **un tiempo** horrible / buenísimo / agradable...
  - **un calor** / **frío** horrible / inaguantable / tremendo...

- **Hay** niebla.
- **Está** lloviendo / nevando / granizando / helando...
- **Está** nublado / despejado...
- **Es un día** lluvioso / gris / muy frío...

(Viñeta: —¿Qué tiempo hace por ahí? —Pues hace bueno, pero no mucho calor.)

EL MODO DE HACER ALGO

Las formas más frecuentes de referirnos al modo de realizarse una acción son:

verbo + adjetivo calificativo
- Juana **llegó** del viaje **contenta**.

verbo + adverbio
- Mis hijas **bailan muy bien**.

verbo + gerundio
- Las niñas llegaron a la casa **temblando**.

verbo + sin + infinitivo
- María lo **miró sin decirle** nada y se fue.

> Algunos adjetivos funcionan como adverbios.
>
> Sigue **recto** / **directo**.   Habla **bajo** / **alto** / **fuerte**.   Lo explica **claro**.
> Conduce **rápido** / **lento**.   Hizo las pruebas **regular**.   Me mira **raro**.
>
> Como se refieren al verbo, no concuerdan con el sujeto: son invariables.
> Ana habla muy **alto**.   Iván habla muy **alto**.   Los niños hablan muy **alto**.

> Los adverbios en **-mente** se forman a partir de los adjetivos calificativos. Algunos adjetivos pueden derivar en adverbios.
>
> *Forma femenina del adjetivo + -mente*
> rápid**a** → **rápidamente**   silencios**a** → **silenciosamente**
> tranquil**a** → **tranquilamente**   amabl**e** → **amablemente**
>
> Cuando el adjetivo lleva acento, el adverbio lo mantiene en la escritura. En la pronunciación hay dos sílabas tónicas.
>
> enérgico → en**é**rgica**me**nte   estúpido → est**ú**pida**me**nte

Algunos adverbios no significan lo mismo que el adjetivo del que proceden.

seguramente ≠ de forma segura   **efectivamente** ≠ de forma efectiva

Suelen utilizarse para matizar o para caracterizar la propia opinión de quien habla (A) y no como complementos circunstanciales del verbo (B). Es muy frecuente que sean la primera palabra de la frase.

(A)
- **Sinceramente**, no veo por qué tienes que ir tú. (= te lo digo sinceramente)
- **Realmente** es difícil saber qué se propone. (= lo pienso realmente)
- **Ciertamente**, estaba lejos. (= admito que es cierto)

(B)
- En aquella ocasión lo dijo **sinceramente**.

ciento treinta y cinco **135**

consultorio gramatical

El gerundio permite presentar dos acciones que se producen simultáneamente.

- **Salió** de clase **gritando**. (= salir + gritar)

Los pronombres, en estas construcciones, van siempre detrás del gerundio.

- Al principio de la obra, el actor sale medio desnudo, poniéndo**se** un albornoz.
- Se relajó dándo**se** un baño caliente.
- ¿Que cómo metí las cajas en el ascensor? Pues empujándo**las**.

Las construcciones con gerundio también pueden adoptar otros valores o significados, como causa o condición.

- **Estudiando** tan poco, es normal que le hayan suspendido.
  le van a suspender.

La construcción **sin** + infinitivo presenta la negación de una acción.

- Estaba tumbado en la cama **sin moverse**. (= no se movía)
- Estuvo **sin hablarle** una semana. (= no le habló)

Los pronombres en esta construcción van siempre tras el infinitivo.

- Salió de la oficina sin **me** dirigir la palabra.
- Salió de la oficina sin dirigir**me** la palabra.

Esta construcción puede tener también otros valores: condicional, causal, concesivo, etc.

- **Sin saber** inglés es difícil encontrar trabajo en la hostelería.
- **Sin saber** inglés lo admitieron como guía turístico.

USOS DE ESTAR: POSTURAS

Cuando nos referimos a una postura, como sucede cuando situamos algo en el espacio, usamos el verbo **estar**.

- Manolo **estaba de pie** junto a la puerta pero no me dijo nada.
- **Estuve sentada** en el parque una horita y luego me fui a dar una vuelta.
- Ahora **está tumbado** en su habitación. Estaba muy cansado.
- Cuando **estoy agachado**, me duele la espalda.

consultorio gramatical 2

VERBOS PRONOMINALES

Muchos verbos pueden funcionar con la serie de pronombres **me / te / se / nos / os / se** o sin ella.

Con me / te / se / nos / os / se La acción no recae sobre otra cosa o persona	*Sin pronombres* La acción recae sobre otra cosa o persona
SENTARSE **Me senté** a tomar un café en un bar.	**SENTAR** **Sienta** al niño en su sillita, por favor.
VESTIRSE ¿**Te has vestido** ya?	**VESTIR** ¿**Has vestido** ya al niño?
DESNUDARSE Miguelito, no **te desnudes**, que hace frío.	**DESNUDAR** Voy a **desnudar** a Miguelito, que tiene que bañarse.
PARARSE No **se paró** en el semáforo.	**PARAR** La policía **ha parado** a varios coches en ese cruce.
ACERCARSE **Acércate** al fuego, anda.	**ACERCAR** **Acerca** la olla al fuego. así se calienta la sopa.
ALEJARSE Entonces el tipo **se alejó** y, por fin, nos dejó en paz.	**ALEJAR** **Aleja** un poco esa chaqueta del fuego, que se puede quemar.
MOVERSE No **os mováis** de aquí hasta que yo os lo diga.	**MOVER** Este tipo de negocio **mueve** mucho dinero.

> Con otros verbos que funcionan con la serie **me / te / se / nos / os / se** la acción puede recaer sobre algo y, al mismo tiempo, sobre el propio sujeto. Son de este tipo aquellos verbos que expresan acciones sobre una parte del cuerpo o de la indumentaria.

LAVARSE la cara	• **Lávate** la cara antes de salir.
MANCHARSE las manos	• ¡**Se ha manchado** las manos de tinta!
PONERSE la ropa	• **Póngase** la ropa.
QUITARSE la camiseta	• ¿Por qué te **has quitado** la camiseta?
CEPILLARSE el pelo	• **Cepíllate** el pelo antes de acostarte.

Un caso especial es el verbo **ir**.

con los pronombres **me / te / se / nos / os / se**	*sin pronombres*
Se resalta la idea de que se deja un lugar. • **Me voy**, hasta luego. • **Se fue** a vivir a Canadá.	*Solo se informa del destino de un movimiento.* • **Voy** al mercado. • **Fue** unos días al Canadá de vacaciones.

Funcionan de forma semejante **venir / venirse**, **subir / subirse**, **bajar / bajarse**.

consultorio gramatical

USOS DE PONER Y PONERSE

El verbo **poner** tiene significados y usos diferentes.

Colocar	**PONER** • **Pon** la maleta encima de la cama, por favor.
Iniciar una acción	**PONERSE A** + INFINITIVO • me puse a estudiar italiano el año pasado.
Con ropa, zapatos, etc.	**PONERSE** (CON ME / TE / SE / NOS / OS / SE) • No **te pongas** ese sombrero, es horrible.
*Con movimientos que hace el propio sujeto (**de pie / de rodillas / boca arriba...**)*	**PONERSE** (CON ME / TE / SE / NOS / OS / SE) • **Ponte** de pie un momento, por favor.
*Para expresar cambios de estados o de sentimientos (**nervioso / triste / contento...**)*	**PONERSE** (CON ME / TE / SE / NOS / OS / SE) • Los dos se **pusieron** muy nerviosos cuando nos vieron. • Te has puesto muy guapa. ¿Adónde vas?

Cuando existe el verbo correspondiente, no se puede usar esta construcción.

~~ponerse enfadado~~	enfadarse
~~ponerse preocupado~~	preocuparse
~~ponerse asustado~~	asustarse
~~ponerse asombrado~~	asombrarse
~~ponerse desconcertado~~	desconcertarse

USOS DE QUEDARSE

QUEDARSE + *gerundio / adjetivo / participio*

Estas construcciones permiten presentar un estado o una acción como resultado de un acontecimiento anterior.

• **Se quedó mirándome** como si viera a un fantasma.
• **Me he quedado triste** con lo que me has contado de Inés.
• **Se quedó** muy **sorprendido** cuando le dije que te habías casado.

También se combina con muchas expresiones.

QUEDARSE | **hecho/a polvo.**
helado/a.
de piedra.
boquiabierto/a.
muerto/a.

Otro uso de quedar, con la serie de pronombres **me / te / le / nos / os / les**, permite valorar el resultado final de lo que ha realizado alguien.

• Ha hecho su primera página web y **le ha quedado** muy bien.

consultorio gramatical 2

GENTE DE CINE

DESCRIBIR EL ASPECTO DE LAS PERSONAS

- **Es** rubio / morena / pelirrojo / canosa...
  alto / baja / de mediana estatura...
  gordo / delgada / flaco...

- **Es más bien** alta / gordito...

- **No es ni** alto **ni** bajo / **ni** gordo **ni** flaco.

> Usamos **estar** cuando lo que se describe se percibe como algo pasajero o como el resultado de una evolución.
>
> ¡Qué moreno / alto / delgado **está**!
> ¡Qué bajita es!   ¡Qué ~~bajita~~ **está**!

- **Tiene** los ojos azules / grandes / muy bonitos...
  la boca grande / la nariz respingona...
  el pelo rubio / blanco / rizado...

- **Lleva** bigote / barba / perilla...
  el pelo largo / corto / teñido...
  ropa muy bonita / un traje gris...

MARCADORES TEMPORALES

Una acción que empieza brusca o inesperadamente

De repente / De pronto / De golpe
- Estaba él tranquilamente en el sofá y **de repente** se fue la luz.

Acciones sucesivas

Entonces
- Salí de casa y **entonces** lo vi esperándome en la esquina.

Inmediatamente
- Teresa llegó muy seria. **Inmediatamente** pensé que pasaba algo grave.

Acciones que se desarrollan paralelamente

Y, mientras,
- Yo preparo la cena **y, mientras**, tú vas a comprar vino, ¿vale?

Y, al mismo tiempo...
- Justina trabaja en el aeropuerto **y, al mismo tiempo**, hace de contable en otra empresa.

Entonces (= el periodo de tiempo mencionado)
- Estuve dos años en Nueva York. **Entonces**, los niños eran pequeños y nosotros muy jóvenes.

Acciones puntuales que suceden en el mismo momento

Al + infinitivo
Al entrar en casa, me di cuenta de que había pasado algo raro.

A veces **al** + infinitivo se usa para expresar la causa.
- **Al estar** enfermo, no pude ir a la reunión del jueves.

ciento treinta y nueve **139**

2 consultorio gramatical

MARCADORES ESPACIALES

- Pon la caja **encima de** la mesa, por favor.
- Mi casa está **cerca de** una parada de metro.
- El cuadro quedaría bien **al lado de** la lámpara.
- Verás un estanco **frente a** la farmacia.
- Está **enfrente del** mar.
- Deja los abrigos **sobre** el sofá.
- Se sentó **junto a** su novio.
- El cine está **detrás del** ayuntamiento.

TRANSMITIR ÓRDENES

Pedirle a alguien que transmita una orden.

Verbo declarativo + **que** + *presente de subjuntivo*

Dile / **Dígale**	que	venga. / se vaya.
¿**Puedes decirle** / ¿**Le dirás**		
∅	¡**Que**	**se vaya**!
∅	¡**Que**	no **venga**!

Transmitir o referir una orden o una petición.

Verbo declarativo + **que** + *presente de subjuntivo*

Me ha dicho	que	**me quede** un rato con ella.
Le he pedido		no **vuelva** nunca por allí.
Quiere		**salga** pronto de trabajar.
Dice		lo **llames**.

En muchas ocasiones, en un estilo coloquial transmitimos las palabras sin transformar nada, como si escenificáramos lo que se dijo o se va a decir, lo que nos permite introducir muchos matices con la entonación. No solo queremos transmitir el contenido, sino que además queremos aludir a la forma en la que se hace.

- Va ella y le dice a su jefe: "Lo dejo. No pienso trabajar más aquí".

consultorio gramatical 3

GENTE GENIAL

AÑOS Y SIGLOS

En español, nos referimos a los siglos con números cardinales.

el siglo X (se pronuncia: **el siglo diez**)   el siglo décimo

En la lengua escrita, los siglos se escriben en cifras romanas.

- Es una iglesia **del siglo XIII**. Se terminó de construir en el año 1267.
- Clarín es un novelista español muy importante **del siglo XIX**.
- Solucionar el problema del agua es un desafío esencial para **el siglo XXI**.

Para situar un hecho en un año.

- **En** 1936 terminó la Guerra Civil española.   *sin artículo*
- **En el** 36 terminó la Guerra Civil española.   *con artículo*
- **El 12 de** octubre **de** 1492 Colón llegó a América.

Las abreviaturas a. C. y d. C. significan, respectivamente, "antes de Cristo" y "después de Cristo". Esto último se señala únicamente si la fecha puede ser objeto de confusión por la proximidad al inicio de la era cristiana.

- Nació en **el año 45 d. C.**

Para referirnos a las décadas de un determinado siglo.

- A finales de **los sesenta** se desarrolló el movimiento hippie.
- Me encanta la música de **los 80**.

Las décadas van siempre en singular.

los cuarent**a**   los sesenta**s**, los noventa**s**...

Para referirnos a un periodo de forma aproximada.

A principios / mediados / finales de los noventa / los años veinte / el siglo XX...

REFERIRSE A MOMENTOS Y A ÉPOCAS YA MENCIONADOS

En los relatos, cuando queremos hablar de momentos o de épocas que ya se han mencionado, utilizamos una serie de conectores.

En esa época
En aquella época   (= en la época mencionada)

En esos momentos / meses / años ...
En aquellos momentos / meses / años ...   (= en los momentos, meses o años mencionados)

En ese momento
En aquel momento   (= en el momento mencionado)
Entonces

Aquel día / verano / año ...
Esa primavera / semana ...

En el momento
- **del** nacimiento de su hijo, se puso muy nervioso.
- **de** decidir su futuro, vio claro que debía marcharse a París.
- **en el que** lo vio, se dio cuenta de que lo quería mucho.

ciento cuarenta y uno **141**

Cuando queremos insistir en que dos acciones se sitúan en el mismo periodo o momento.

- **En esa misma época**
- **Ese mismo año**   empezaron las huelgas de trabajadores.
- **Ese mismo día**

RELACIONAR MOMENTOS DEL PASADO

A veces, en un relato, nos interesa hacer hincapié en el tiempo que separa dos acciones.

- Se casaron en 1980 y
  - **al cabo de** tres años emigraron a Brasil.
  - dos años más tarde tuvieron su primer hijo.
  - **poco después** ella cambió de trabajo.
  - **a las** dos semanas se divorciaron.

- **A las dos** semanas **de** casarse, se divorciaron.
- **Después de** casarse, se fue a Francia.

Usamos **tras** en registros cultos.

- **Tras** ser nombrada embajadora y destinada a la India, empezó a escribir.

A veces, en el relato, hacemos un *flashback*, una vuelta cronológica hacia el pasado. Recuerda que entonces solemos usar el pretérito pluscuamperfecto.

- **Antes de** casarse con Luisa ya **había estado** casado dos veces.

ETAPAS DE LA VIDA

- **En su juventud** fue aviador.

- **De niño**
- **De joven**   tuvo que irse de su país.
- **De mayor**

- **A los** 25 **años** decidió abandonar su carrera de músico. (= cuando tenía 25 años)

DURACIÓN

- **Durante**
  - muchos años / unos meses / unos días ...
  - un tiempo / mucho tiempo ...   tuvo problemas económicos.
  - una temporada

- (Durante) **toda su vida** tuvo problemas económicos.

PERÍFRASIS VERBALES (I)

Interrupción de una acción	***Dejar de*** + *infinitivo* • Tuvo que **dejar de** pint**ar** a causa de una enfermedad.
Final de un proceso que se ha cumplido	***Terminar de*** + *infinitivo* • **Terminó de** trabaj**ar** a las seis.

consultorio gramatical

Inicio de una acción	***Empezar a / Comenzar a*** + *infinitivo* ● **Empezó a** trabaj**ar** muy joven. ● El abuelo **comienza** a ten**er** problemas de salud.
	Ponerse a + *infinitivo* ● **Se puso a** recog**er** la ropa cuando vio que llovía.
Repetición de una acción	***Volver a*** + *infinitivo* ● Un año después del divorcio, **se volvió a** cas**ar**.
Continuación de una acción	***Seguir*** + *gerundio* ● **Siguió** escrib**iendo** hasta el día de su muerte.
	Continuar + *gerundio* ● ¿**Has continuado** y**endo** al gimnasio o lo has dejado?
	(En negativo) ***Seguir*** + ***sin*** + *infinitivo* ● Siguió sin habl**ar**nos durante todo el verano.
Prolongación de una acción	***Llevar*** + *gerundio* ● **Lleva** tres años escrib**iendo** una novela.
	Llevar + *participio* ● **Llevaban** cas**ados** tres años cuando nació su hijo.
	(En negativo) ***Llevar*** + ***sin*** + *infinitivo* ● **Lleva** todo el día **sin** tom**ar** nada.
Resultado negativo de un proceso	***Acabar / Terminar*** + *gerundio* ● Su novia **terminó** / **acabó** dej**ándo**lo.
Mejora en la profesión o en el estatus	***Llegar a (ser)*** + *sustantivo* ● Era de origen humilde pero **llegó a ser** ministro.
Acción que se presenta como un proceso gradual	***Ir*** + *gerundio* ● **Fue** descubr**iendo** con tiempo que aquel trabajo no le interesaba.
Futuro inminente o que no llega a cumplirse	***Estar a punto de*** + *infinitivo* ● Cuando nací yo, **estaba a punto de** estall**ar** la guerra. ● **Estuvimos a punto de** mor**ir** en un accidente de tren.

Aunque de joven no le interesaba la política, llegó a ser presidente de nuestra comunidad.

Cuando estas construcciones se combinan con pronombres, estos van delante del verbo conjugado o detrás de la forma no conjugada (infinitivo o gerundio), pero nunca en otra posición y siempre juntos. En la lengua oral, es más frecuente colocarlos detrás del verbo.

Estuvieron a punto de dar**le** el Premio Planeta.
● ¿El Premio Planeta?
○ **Se lo** estuvieron a punto de dar. / Estuvieron a punto de dár**selo**.

● Fue dándo**se** cuenta poco a poco de que la música no era lo suyo.
● **Se** fue dando cuenta poco a poco de que la música no era lo suyo.

consultorio gramatical

EXPRESAR TRANSFORMACIONES

CAMBIAR DE	• **Cambió de** trabajo / pareja / casa / actitud / manera de pensar / planes ...
CONVERTIRSE EN	• **Se convirtió en** un mito / un héroe / una persona muy especial ...
HACERSE	• **Se hizo** rico / millonario / famoso / muy conocido ... • **Se hizo** budista / anarquista / del Partido Liberal ... • **Se ha hecho** mayor / viejo ...
PONERSE	• **Se puso** muy guapo / muy gordo / enfermo ... • **Se ha puesto** furioso / enfadadísimo / nervioso / colorado ...
QUEDARSE	• **Se quedó** ciego / sordo / inválido ...
VOLVERSE	• **Se volvió** muy introvertido / un poco raro / más amable ...

DATOS BIOGRÁFICOS

Identificar a una persona en la Historia.

• Julio Cortázar **fue** un escritor muy importante para la literatura del siglo XX.
• Juan Sebastián Elcano **es** el primer navegante que da la vuelta al mundo.

Aportar otros datos: origen, residencia, profesión, estado civil, fallecimiento, etc.

• Pablo Picasso **nació en** Málaga **en** 1881.
• **Estudió** Bellas Artes **en** Barcelona.
• **A los** veinte años **se fue a** París.
• **Trabajó** incansablemente **hasta** su muerte, a los 92 años.
• **Estuvo casado** con varias mujeres.
• **Se casó** varias veces.
• **Se separó de** Françoise Gilot en 1935.
• **Tuvo** cuatro hijos.
• **En** 1948 **se instaló en** el sur de Francia.
• **Murió en** Francia **en** 1973.

IMPERFECTO E INDEFINIDO

Recuerda que en un relato nos referimos a acciones y a momentos o periodos en los que estos ocurren. A lo largo del relato, vamos eligiendo nuestro punto de vista. Es decir, la elección entre imperfecto o indefinido no depende de cómo fue la realidad sino de cómo el hablante la quiere presentar.

El imperfecto permite (en español, como en las otras lenguas románicas: francés, italiano, rumano, etc.) presentar una acción en su desarrollo.

Permite describir lo que sucede en una etapa o en un momento mencionado, como si viéramos la escena congelada, sin considerar sus límites.

En algunos casos el pretérito pluscuamperfecto desempeña una función parecida.

consultorio gramatical 3

GENTE GENIAL

Usamos, pues, el imperfecto para:

Referirnos a cualidades de algo o de alguien en un periodo ya fijado	• De niña, **era** rubia y **llevaba** el pelo hasta la cintura.
Referirnos a acciones que sitúan otra acción, que presentan el "escenario" de la acción que nos interesa realmente contar	• **Eran** tiempos difíciles, Europa **estaba** en guerra y él decidió emigrar a Argentina. • **Eran** tiempos difíciles, el país **había sufrido** una guerra y en ella **había muerto** casi toda su familia; se **encontraba** solo...
Describir las acciones que se producen repetidamente, habitualmente en un periodo ya establecido	• Yo pasé mi época de estudiante en Madrid. En aquella época **hacía** mucho deporte y **estudiaba** como un loco, pero **salía** todas las noches. • De niños, **habíamos jugado** mucho con nuestros vecinos.

Cuando lo que nos interesa es informar de la cantidad de tiempo que dura una acción, o señalar su límite, o hablar del número de veces que ha ocurrido, no se usa el imperfecto. Es decir, con expresiones temporales que delimitan un período se utiliza siempre el indefinido o el perfecto.

- **Se casó** cinco veces.
- **Pintó** incansablemente hasta su muerte.
- **Estuvo** diez años en EEUU.
- **Ha trabajado** mucho toda su vida.
- **Ha vivido** siempre en México.

- ~~**Se casaba** cinco veces.~~
- ~~**Pintaba** incansablemente hasta su muerte.~~
- ~~**Estaba** diez años en EEUU.~~
- ~~**Trabajaba** toda su vida.~~
- ~~**Vivía** siempre en México.~~

Con logros o transformaciones se suele usar el indefinido.

REBATIR UNA VALORACIÓN INTENSIFICADA

No es / son tan + *adjetivo* + *como* + *verbo*

- La obra de González **no es tan original como se ha dicho**.

No + *verbo* + *tanto / tanta / tantos / tantas* + *sustantivo* + *como* + *verbo*

- **No hizo tantas cosas como** tú **dices**.

No + *verbo* + *tanto como* + *verbo*

- **No trabajó tanto como** tú **crees**.

Más + *adjetivo* + *de lo que* + *verbo*

- Es **más interesante de lo que parece**.
- La experiencia fue **más provechosa de lo que pensaba**.

• Es **muy** bueno. ○ ¡No tanto!	• Pintó **mucho**. ○ ¡No tanto!	• Escribió **muchos** libros. ○ ¡No tantos!	• Tiene **muchas** amigas. ○ ¡No tantas!

ciento cuarenta y cinco **145**

consultorio gramatical

RELATOS EN REGISTRO FORMAL

En textos de tipo científico, a menudo, se relatan los hechos históricos en presente de indicativo (presente histórico).

- Entre 1804 y 1828 **proclaman** su independencia una docena de estados americanos. El primero en hacerlo **es** Haití, tras una sangrienta insurrección de esclavos que **pone** fin al dominio francés...

Construcciones pasivas

En este tipo de textos, son frecuentes las construcciones pasivas, que en español se usan exclusivamente en los registros formales (prensa, texto científico, etc.).

*verbo **ser** + participio que concuerda con el sujeto*
- El detenido **ha sido** acusad**o** de tráfico de estupefacientes **por** el fiscal.
- La nueva ley **fue** aprobad**a** por amplia mayoría.
- Los detenidos **serán** juzgad**os** esta semana.

Construcciones absolutas

En un registro culto, como el de los textos históricos (enciclopedias, artículos, manuales, etc.), es habitual elidir los verbos **ser** o **estar** y, con ellos, las partículas que explican la relación con la oración principal.

- **Acusada de conspirar**, es condenada a varios años de cárcel.
 (= porque estaba acusada)
- **Descubierto por sus vigilantes**, es conducido de nuevo a la cárcel.
 (= al ser descubierto)
- **Hijo de campesinos**, fue consciente siempre de la injusticia que reinaba en su país.
 (= como era hijo de campesinos)
- **Convencido de que tenía que comprometerse**, se hizo del Partido Liberal.
 (= como estaba convencido)

consultorio gramatical 4

USOS DEL ARTÍCULO LO

Para hacer valoraciones, dar consejos o establecer prioridades.

Lo + adjetivo
- **Lo interesante**

Lo + superlativo **es** tener buenos amigos.
- **Lo mejor**

Lo + que + verbo
- **Lo que me gusta**

El adjetivo siempre va en masculino singular.

Lo admirable / malo / extraño es que no te guste la televisión.

Lo + superlativo + (de)
- **Lo más urgente** es reservar los billetes de avión.
  (= la cosa, el aspecto más urgente)
- **Lo menos** importante es dónde dormimos.
  (= la cosa, el aspecto menos importante)
- **Lo mejor de**l viaje fue el paisaje.
  (= la cosa, el aspecto mejor)
- **Lo peor de** esa región es el clima. Hace un calor horrible.
  (= la cosa, el aspecto peor)

Lo + adjetivo + (de)
- **Lo primero** es ir a recoger los niños a la escuela.
- **Lo bonito de** esta historia es que termina bien.
- **Lo difícil** es acertar a la primera.

EXPRESAR DIFERENTES GRADOS DE CERTEZA

- Con toda seguridad
- Seguro que
- Seguramente
- Probablemente   *indicativo*
- Posiblemente   **estaré**   en Madrid hasta el día 19.
- A lo mejor
- Igual
- Quizá(s)
- Tal vez

- Lo más probable es que
- Quizá(s)
- Tal vez
- Puede que   *subjuntivo*
- No creo que   **esté**   en Madrid hasta el día 19.
- Posiblemente
- Es probable
- Es posible

ciento cuarenta y siete **147**

4 consultorio gramatical

Para cosas que creemos que van a suceder pero que no deseamos que sucedan.

indicativo
- **Me temo que tendré que ir** a Madrid el día 19.

Igual, muy frecuente en la lengua oral, permite presentar algo señalando que es poco probable, pero que es una posibilidad que se debe considerar.

- ¡Qué raro! Son las diez y no han llamado. **Igual** les ha pasado algo.

A lo mejor tiene un valor similar, pero solo se aplica a probabilidades positivas.
- Se ha comprado un coche nuevo. **A lo mejor** le ha tocado la lotería.

Para expresar hipótesis sobre el momento actual, usamos también el futuro.

- A esta hora **está** en casa.
  (= lo sé, lo afirmo)
- A esta hora **estará** en casa.
  (= hago una hipótesis)

- ¿Dónde **está** Daniel?
  (= pienso que mi interlocutor tiene la información)
- ¿Dónde **estará** Daniel?
  (= presupongo que mi interlocutor no tiene información segura y le invito a hacer una hipótesis)

Cuando la hipótesis es sobre una acción ya cumplida (lo que correspondería a un pretérito perfecto), se usa el futuro imperfecto de indicativo.

- **Habrá ido** a ver a sus padres.   (= probablemente ha ido a ver a sus padres)
- **¿Habrá perdido** el avión?   (= ¿crees que ha perdido el avión?)

En muchas ocasiones se combinan varios de estos recursos.

- **Seguramente habrá ido** a ver a sus padres.
- Sí, **probablemente**.

IMPERFECTO DE SUBJUNTIVO

Existen dos formas para el imperfecto de subjuntivo. Ambas se forman a partir del pretérito indefinido de indicativo.

*3ª persona del plural del indefinido, sin **-ron** + terminaciones*

hicieron	-ra	-se
estuvieron	-ras	-ses
tuvieron	-ra	-se
	-ramos	-semos
	-rais	-seis
	-ran	-sen

ESTAR

estuviera	estuviese
estuvieras	estuvieses
estuviera	estuviese
estuviéramos	estuviésemos
estuvierais	estuvieseis
estuvieran	estuviesen

SER / IR

fuera	fuese
fueras	fueses
fuera	fuese
fuéramos	fuésemos
fuerais	fueseis
fueran	fuesen

consultorio gramatical 4

GENTE Y AVENTURA

indefinidos irregulares de uso muy frecuente a partir de los cuales se forma este tiempo.

dije**ron**	→	dijera / dijese
pidie**ron**	→	pidiera / pidiese
quisie**ron**	→	quisiera / quisiese
hicie**ron**	→	hiciera / hiciese
vinie**ron**	→	viniera / viniese
pudie**ron**	→	pudiera / pudiese
supie**ron**	→	supiera / supiese
tuvie**ron**	→	tuviera / tuviese

Las dos formas (en **-ra** y en **-se**) se usan indistintamente, aunque en muchos países de habla hispana la forma en **-ra** es más común. Existen algunas excepciones; por ejemplo, no se usa la forma en **-se** de **querer** cuando este tiempo sirve para peticiones de cortesía o para expresar deseo.

- **Quisiera** unos calcetines de caballero negros.
- ~~**Quisiese**~~

- ¡Quién **pudiera** estar ahora tomando el sol en el Caribe!
  ~~**pudiese**~~

CONSTRUCCIONES CONDICIONALES (I)

indicativo *indicativo*
- **Iremos** en barco **si** el precio **es** razonable. (= creo que puede ser razonable)

condicional *subjuntivo*
- **Iríamos** en barco **si** el precio **fuera** razonable.
(= creo que no será razonable)
(= no es razonable y no iremos en barco)

La partícula condicional **si** nunca se combina ni con futuro ni con condicional.

Si ~~será~~... **Si** ~~habrá sido~~... **Si** ~~sería~~... **Si** ~~habría sido~~...

Existen numerosas partículas y construcciones condicionales. Todas (excepto **si**) se construyen con subjuntivo.

presente de subjuntivo
- **Iremos**   **siempre y cuando** el precio   **sea** razonable.
- **Vamos a ir** en barco **en el caso de que**   **haya** billetes.
                a no ser que   **haya** huelga.

- Vamos a ir en barco ~~si haya~~ billetes.

Si queremos presentar la condicional como imposible o poco probable:

condicional   *imperfecto de subjuntivo*
                siempre y cuando el precio   **fuera** razonable.
- **Iríamos** en barco **en el caso de que**   **hubiera** billetes.
                a no ser que   **hubiera** huelga.

ciento cuarenta y nueve **149**

4 consultorio gramatical

DEPENDE DE..., SEGÚN...

- ¿Adónde vais de vacaciones?
- **Depende de / Según** *sustantivo*
  el tiempo / el trabajo ...
  Pamela / las niñas ...

- Pues yo todavía no lo sé,

  depende de / según *presente de subjuntivo*
  el tiempo que **haga**.
  los días que **tenga** libres.
  lo que **diga** Pamela.

  depende de
  cuándo me las **den**.
  cómo **vaya** la operación de mi hija.
  dónde **vayan** mis amigos.

CIRCUNSTANCIAS EVENTUALES

Llevaremos la tienda de campaña

presente de indicativo
por si acaso.
por si no **encontramos** hotel.

presente de subjuntivo
no vaya a ser que los hoteles **estén** completos.
no sea que no **encontremos** habitación.

LA FINALIDAD (I): PARA / PARA QUE

El segundo sujeto es el mismo. ⟶ *infinitivo*

- **Iremos** en el 4x4 **para** poder **pasar** por todo tipo de caminos.
  (nosotros) = (nosotros)

El segundo sujeto **no** es el mismo o **no** está claro por contexto. ⟶ *subjuntivo*

- **Enciende** los faros **para que** te **vean**.
  (tú) ≠ (los demás)

Para expresar finalidad en el pasado. ⟶ *pretérito imperfecto de subjuntivo*
- Llevábamos ropa reflectante **para que pudieran** vernos de noche.

EXPRESAR RESIGNACIÓN

- Si no hay más remedio,
- Me temo que
- No veo otra salida,
- ¡Qué le vamos a hacer!

nos quedaremos aquí.

- Habrá que
- No habrá más remedio que
- Tendremos que

cambiar la ruta.

Yo me llevaré las botas de montaña por si hace frío. ¡Ah!, y tú lleva las esterillas, no vaya a ser que nos toque dormir en el suelo.

consultorio gramatical 4

RELACIONES TEMPORALES EN EL FUTURO

Acciones sucesivas

- **Cuando termine** de trabajar,
- **Cuando haya sacado** la tarjeta de embarque, te llamaré.
- **Cuando llegue** a casa,

Sucesión inmediata

- **En cuanto**
- **Tan pronto como** llegue, te llamaré.

- **Cuando llegues**, verás el puente nuevo.

Límite en el tiempo

- Estaremos allí **hasta** las diez / enero / el día 12 ...
                  hasta cansarnos.

  (nosotros)   *(nosotros)*   *(el sujeto es el mismo)*

- Estaremos allí **hasta que vengan** Laura y Fede.
  (nosotros)   *(ellos)*   *(sujetos diferentes)*

GEOGRAFÍA Y CLIMA

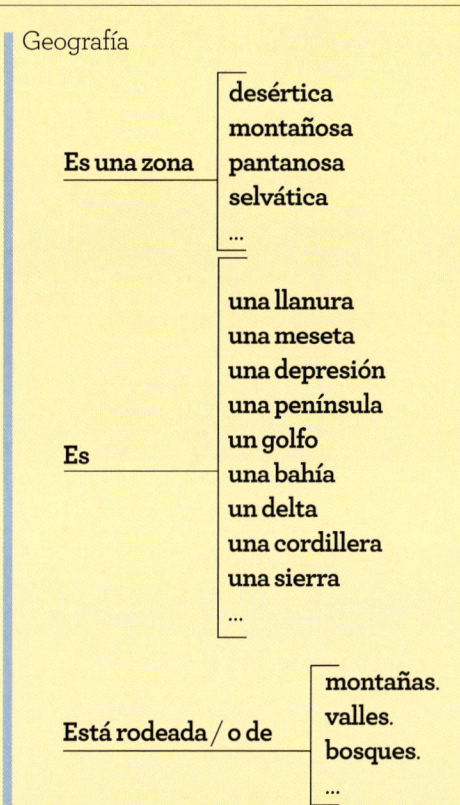

Geografía

Es una zona
- desértica
- montañosa
- pantanosa
- selvática
- ...

Es
- una llanura
- una meseta
- una depresión
- una península
- un golfo
- una bahía
- un delta
- una cordillera
- una sierra
- ...

Está rodeada / o de
- montañas.
- valles.
- bosques.
- ...

GENTE Y AVENTURA

ciento cincuenta y uno **151**

4 consultorio gramatical

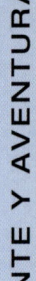

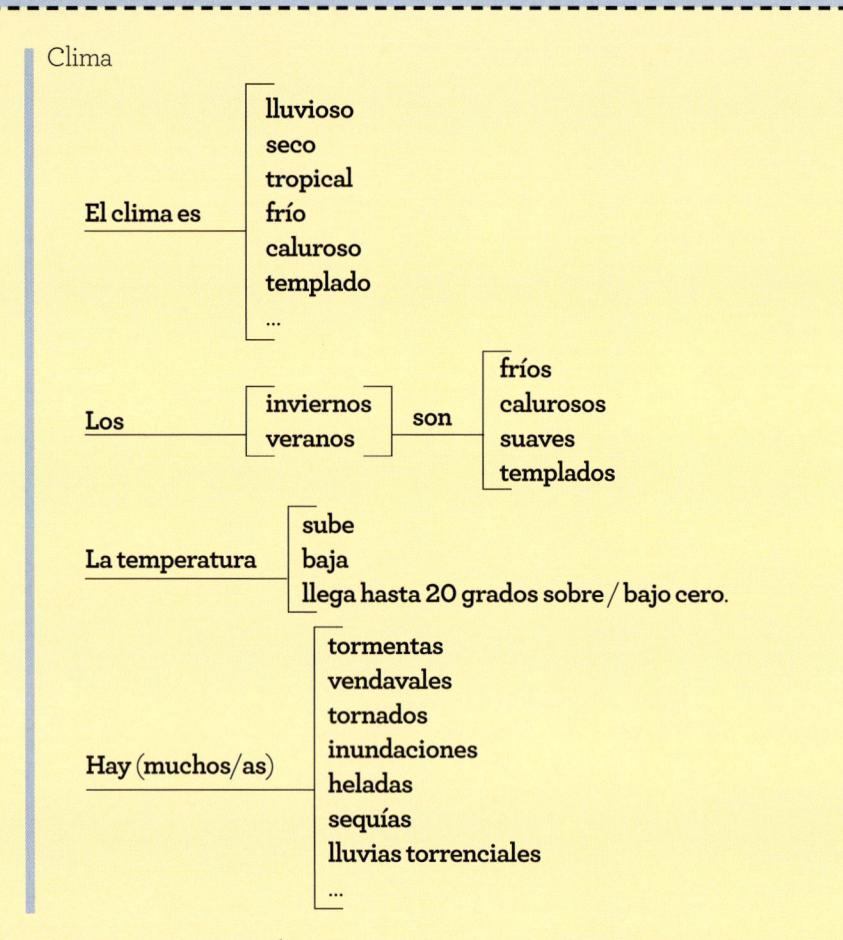

Clima

| El clima es | lluvioso / seco / tropical / frío / caluroso / templado / ... |

| Los | inviernos / veranos | son | fríos / calurosos / suaves / templados |

| La temperatura | sube / baja / llega hasta 20 grados sobre / bajo cero. |

| Hay (muchos/as) | tormentas / vendavales / tornados / inundaciones / heladas / sequías / lluvias torrenciales / ... |

Los próximos días las temperaturas suben al menos 8 °C. Señores, sin duda, este será un verano muy caluroso. Buenas noches.

VERBOS CON PREPOSICIÓN (I)

Muchos verbos en español exigen una preposición. Con algunos, pueden alternar diferentes preposiciones y el uso de una u otra preposición implica significados diferentes.
Como existen muchos verbos en español con estas características, conviene aprenderlos con el uso.

APLICARSE EN	• Por las noches, **me aplico en** la cara una crema antiarrugas.
ASCENDER A	• Alberto **ha ascendido a**l Everest en dos ocasiones.
CUBRIR CON / DE	• Para no quemarte, debes **cubrirte** la cara **con** crema protectora.
DISPONER DE	• No **dispongo de** tarjeta de crédito.
ENCONTRARSE CON	• Puedes **encontrarte con** muchas dificultades por la lluvia.
ENFRENTARSE A	• En el viaje a Brasil **nos enfrentamos a** muchas dificultades.
EXPONER(SE) A	• Las plantas interiores no las **expongas** nunca **al** sol.
LLEGAR A	• Cada verano **llegan a** nuestra ciudad turistas de todos los países.
IR A	• Esta tarde **iré a**l cine, aunque esté lloviendo.
PROTEGERSE DE	• Recuerda que debes **protegerte de**l sol también cuando vayas a esquiar.
TARDAR EN	• Los niños **tardan** demasiado **en** salir, ¿no crees?
TRASLADARSE A	• Creo que **nos trasladaremos a** las islas en barco.
VOLVER A	• No **volveremos a** Bilbao hasta el próximo verano.

consultorio gramatical 5

ARGUMENTAR

Para argumentar solemos recurrir a razonamientos en los que se establece una relación entre una serie de frases. Los mecanismos para señalar esta relación son muy diversos. Pero suelen respetar un esquema general.

Presentación de un dato, una opinión o un punto de vista que se considera como aceptado + consecuencia que el hablante extrae de ese dato.

- La naturaleza es la **lucha** por la supervivencia... → *presentación*
  ... **y toda lucha** comporta sufrimiento. → *consecuencia*

Este esquema de frases coordinadas puede sustituirse por otros, por ejemplo, condicionales.

si	+	*pregunta*
• **Si** no se respetan los derechos de la mujer,		**¿cómo** podemos hablar de democracia? **¿de qué** tipo de democracia estamos hablando?

Y puede hacerse progresivamente más complejo. Por ejemplo, podemos introducir la primera parte matizando nuestra postura ante lo afirmado.

Presentando esa primera parte como algo sobre lo que no nos pronunciamos.
- Los derechos de los pequeños empresarios **serán** importantes...

y completando el razonamiento con una afirmación o una negación que nosotros sostenemos.

... **pero más / también lo son** los de los consumidores.

Manifestando expresamente nuestro acuerdo.

- **Es verdad que** actualmente se curan muchos tipos de cáncer, **pero también es cierto** que hay que reforzar las campañas de prevención.

Podemos recurrir a las enumeraciones y adiciones.

- **Es verdad que** somos el país con mayor índice de paro **y también** que las mujeres ocupan los primeros puestos en estas listas **y** que **además** existen muchos contratos precarios...

Podemos recurrir a contraposiciones.

- Es cierto que la publicidad está aportando mucho a la creación audiovisual. **Ahora bien / Pero / Sin embargo**, debemos recordar que no es el único medio que lo está haciendo.
- Los niños **quizá no** puedan formular sus opiniones sobre la escuela, **pero sí** saben valorar la preparación pedagógica del profesorado.

Podemos dejar implícita una conclusión, o bien hacerla explícita.

- La naturaleza es la lucha por la supervivencia. Y toda lucha comporta sufrimiento. **(Entonces es imposible evitar el sufrimiento de los animales)**

GENTE CON DERECHOS

ciento cincuenta y tres 153

consultorio gramatical

O bien podemos sustituir la conclusión por una pregunta acerca de ella.

● No se respetan los derechos de la mujer.

entonces + *pregunta*
● **Entonces,** ¿**cómo** podemos hablar de democracia?
¿**de qué** tipo de democracia estamos hablando?

ENUMERACIONES, ADICIONES

● **No** me gustan las medidas que se proponen, **ni** creo que sea verdad que nos vayan a dar más subvenciones, **ni tampoco** que vayan a construir más guarderías, **y ni siquiera** me creo que sea verdad que apoyan a ciertos movimientos sociales.

● Prometen en su campaña que crearán nuevos puestos de trabajo, **y** que favorecerán el empleo fijo, **y también** que darán subvenciones para aquellas empresas que contraten a jóvenes menores de 25 años, **e incluso** que darán ayudas para las madres solteras.

● **Y además**, los partidos vinculados a los movimientos sociales cada vez son más.
● **Y encima**, nos dicen que debemos ir a votar en las próximas elecciones.

HACER PROPUESTAS Y SUGERENCIAS

Con un sujeto personal

condicional de **deber** + *infinitivo*
● **Deberías / Deberíamos ...** **empezar** a tratar este tema más en serio.

condicional de **tener** + *que* + *infinitivo*
● **Tendrías / Tendríais ...** **que visitar** a Ana en el hospital.

presente de indicativo + *que* + *subjuntivo*
● **Proponemos** **que se revise** la situación de los jubilados.
● Aconsejamos
● ... + *infinitivo*
revisar la situación de los jubilados.

De forma impersonal

● **Habría que**
● **Se tendría que** cambiar esa ley. No es justa.
● **Se debería**

Presente de **ser** + *adjetivo* + *que* + *presente de subjuntivo*
● **Es conveniente / aconsejable / deseable que se modifiquen** las leyes de menores.

Condicional de **ser** + *adjetivo* + *que* + *imperfecto de subjuntivo*
● **Sería conveniente / aconsejable / deseable que se modificaran** las normas relativas a la publicidad en televisión.

SUBORDINADAS SUSTANTIVAS (I): INDICATIVO / SUBJUNTIVO

Con aquellas expresiones que sirven para afirmar la veracidad de un hecho, el verbo de la frase subordinada va en indicativo.

- **Es cierto**
- **Es verdad**
- **Es evidente**
- **Es indudable**
- **Es incuestionable**
- **Es evidente**
- **Está demostrado**
- **Está probado**
- **Está claro**
- **No hay (ninguna) duda de**

que + INDICATIVO
que existe una solución a ese problema.

Con las expresiones que sirven para cuestionar o para negar la veracidad de algo, el verbo de la frase subordinada va en subjuntivo.

- **No es cierto**
- **No es verdad**
- **No es evidente**
- **No está demostrado**
- **No está probado**
- **No está claro**

que + SUBJUNTIVO
que exista una solución a ese problema.

También pertenecen a este grupo expresiones con valor negativo.

- **Es falso**
- **Es mentira**

que vayan a bajar los impuestos.

Igualmente, cuando la oración principal es un juicio de valor sobre la acción de la subordinada, esta última va en subjuntivo.

valoración + *presente de subjuntivo*

- **Es** ridículo / fantástico / una vergüenza ...
- **Considero** totalmente injusto / inadecuado / negativo ...
- **Me parece** positivo / una tontería / muy interesante ...
- **Encuentro** genial / absurdo / bastante peligroso ...

que **cambien** esa ley.

Si el verbo de la principal está en condicional, el verbo subordinado estará en imperfecto de subjuntivo.

- **Sería** conveniente / aconsejable / preferible ...   **que cambiaran** las leyes.

Cuando en la oración principal se manifiesta una voluntad de transformar, de incidir de algún modo en la acción subordinada, esta va en subjuntivo.

- Yo **propongo**
- Nosotros **defendemos**
- La oposición **quiere**
- **Están a favor de**
- Nosotros **estamos en contra de**

que se **cambie** la Constitución.

5 consultorio gramatical

CONSTRUCCIONES CONDICIONALES (II)

Condición necesaria

presente de subjuntivo

• De acuerdo, firmaremos el contrato { **siempre que / siempre y cuando / con tal de que** } nos **garanticen** el pago.

Excepción

• Nos opondremos al proyecto **a no ser que** **se contemplen** nuestras peticiones.

> **Siempre que** y **siempre y cuando** presentan la condición como necesaria o imprescindible.
>
> • De acuerdo, firmaremos el contrato **siempre y cuando** nos **garanticen** el pago.
> (= solo si nos garantizan el pago)
>
> **Con tal de que** presenta la condición como condición suficiente.
>
> • De acuerdo, firmaremos el contrato **con tal de que** nos **garanticen** el pago.
> (= basta con que garanticen el pago)
>
> **A no ser que** presenta la condición en negativo; es decir, que no se debe dar la condición para que la acción ocurra.
>
> • No firmaremos el contrato **a no ser que** nos **garanticen** el pago.
> (= como no garanticen el pago, no firmaremos)

(Viñeta: — A no ser que entreguéis el trabajo que os pedí, no os podréis examinar. — ¡Pero, profe!)

DERECHOS, OBLIGACIONES Y PROHIBICIONES

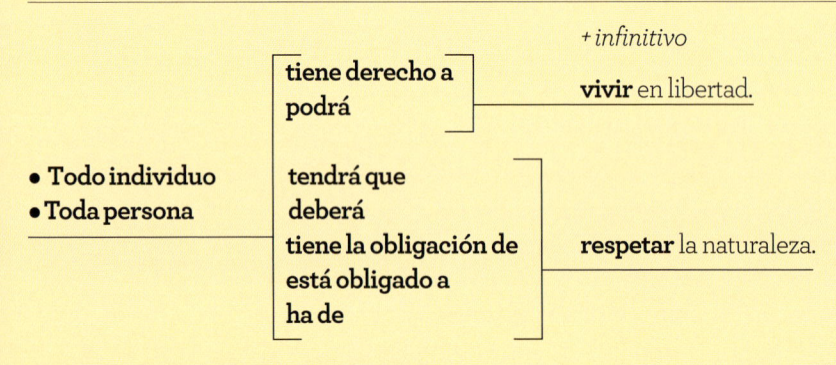

+ infinitivo

• Todo individuo
• Toda persona
{ **tiene derecho a / podrá** } **vivir** en libertad.

{ **tendrá que / deberá / tiene la obligación de / está obligado a / ha de** } **respetar** la naturaleza.

+ infinitivo

• Nadie tiene derecho a **maltratar** a los demás.

• En ningún caso se podrá
• Queda prohibido
• Está prohibido
usar teléfonos móviles.

> **Haber de** + infinitivo equivale a **tener que** + infinitivo, aunque su uso en la lengua oral es menos frecuente.
>
> • Los políticos **han de cumplir** sus promesas electorales.

consultorio gramatical 5

GENTE CON DERECHOS

OPINAR Y DEBATIR

Muchas veces queremos suavizar nuestra opinión respecto a un tema. Son frecuentes recursos como:

- **Lo que yo digo / pienso es que**
- **A mí, lo que me parece es que** ⎱ las ventajas de las nuevas tecnologías son escasas.
- **Yo diría que**

Recursos para concluir después de una argumentación

- (Bueno,) así lo veo yo.
- (Bueno, al menos) eso es lo que yo pienso.

Recursos para expresar acuerdo

- **Yo lo veo como** tú / ustedes / Iván ...
- **Yo soy de la misma opinión que** tú / ustedes / Iván ...
- **Es verdad**, **tienes razón**.

Recursos para expresar desacuerdo

- **Yo no lo veo** (**en absoluto**) **así** / **igual que** tú / él ...

- **Yo no estoy** (**nada**) **de acuerdo** ⎱ **contigo** / **con** ustedes / **con** el Ministro / **con** eso ...
- No estoy del todo de acuerdo

- **Eso** ⎱ **es** absurdo / injusto / una tontería /
- **Eso que** ha dicho / tú dices ... ridículo / mentira ...

- **Eso no es** cierto / verdad ...

USO DEL PRONOMBRE NEUTRO LO

El pronombre **lo** carece de marca de género y de número, ya que es un pronombre neutro. Y se usa, entre otras cosas:

Para referirse a un fragmento anterior del discurso.

- **Que todos debemos ser iguales ante la ley**, no **lo** discute nadie.

Como atributo de una frase con los verbos **ser**, **estar** o **parecer**. Se refiere a un adjetivo, a un nombre o a una expresión mencionada anteriormente.

- No es un trabajo **difícil**, ¿verdad?
- Sí, sí que **lo** es.

- Parece **una persona muy cerrada**, pero yo creo que no **lo** es.

- Yo creía que **Emilio y Ana estaban enfadados conmigo** pero no **lo** estaban.

ciento cincuenta y siete **157**

consultorio gramatical

OMISIÓN DEL NOMBRE

El / la / los / las + de: los nombres precedidos de los artículos **el / la / los / las** pueden omitirse cuando han aparecido en el contexto para evitar su repetición.

- La educación de los niños y la educación de las niñas.
- La educación de los niños y **la de las** niñas.
- El sueldo de las mujeres y el sueldo de los hombres.
- El sueldo de las mujeres y **el de los** hombres.
- Me parece injusto que los sueldos de las mujeres sean inferiores a **los de los** hombres.

Uno / una / unos / unas + de / con / sin ...

- Iba a comprarse un coche nuevo, pero al final se compró **uno de** segunda mano.
- En mi trabajo, teníamos una impresora muy antigua en blanco y negro; pero ahora nos han traído **una de** color.
- Me he comprado un bolso de flores, pero ahora quiero **uno con** estampados.
- Me gusta este tipo de camisa. Si encuentro **una sin** mangas, me la compro.

MARCADORES TEMPORALES DE INICIO

- **A partir**
  - **del (próximo)** verano / año / día 1 de enero ...
  - **de la (próxima)** semana / primavera ...
  - **de la semana / primavera que viene**

  entrará en vigor la nueva ley.

- **A partir de ahora**,
- **De ahora en adelante**,

  tú recogerás la basura y yo plancharé.

- **Desde este momento**,
- **Desde este mismo instante**,

  no se puede circular en coche por la ciudad.

VERBOS CON PREPOSICIÓN (II)

COMPROMETERSE A	• Debemos **comprometernos a** trabajar con esa empresa o perderemos un nuevo cliente.
ESTAR OBLIGADO A	• No **estás obligada a** asistir a clase, pero te conviene.
INFORMAR DE	• En la agencia de viajes le **informarán de** los vuelos que tiene a su disposición.
REDUCIRSE A	• **Se ha reducido a** la mitad el número de estudiantes que solicita entrar en las universidades privadas.
TENER LA OBLIGACIÓN DE	• Creo que **tienes la obligación de** pagar el alquiler puntualmente.

158 ciento cincuenta y ocho

consultorio gramatical 6

GENTE CON CORAZÓN

VALORAR A PERSONAS

- **Es** un chico / una chica
  un hombre / una mujer   especial / muy amable / un poco difícil ...
  un señor / una señora

- **Es una persona** amable / muy inteligente / nada comunicativa ...

> Normalmente el adjetivo calificativo va situado detrás del sustantivo al que acompaña. Existen, sin embargo, algunas expresiones con las que es muy frecuente el adjetivo antepuesto.
>
> **un gran hombre**   **una gran mujer**
> **un buen amigo**   **una buena amiga**
> **un buen padre**   **una buena madre**
> **un buen hijo**   **una buena hija**
> **una buena persona**
>
> Algunos adjetivos cambian de significado según su posición.
>
> *gran / grande*
>
> un **gran** hombre   una **gran** mujer (= por su personalidad u obra)
> un hombre **grande**   una mujer **grande** (= de tamaño)

> El adjetivo **grande**, cuando está delante del nombre, tiene la forma **gran** en singular, pero **grandes** en plural.
>
> Groucho Marx fue un **gran** cómico del cine de los años cuarenta.
>
> Los hermanos Marx fueron unos **grandes** cómicos del cine de los años cuarenta.

> *pobre*
>
> un **pobre** hombre, una **pobre** chica (= da matiz de lástima o de menosprecio)
> una familia **pobre**, un país **pobre** (= no rico)
>
> También es de uso frecuente con nombres de personas para expresar compasión:
>
> **la pobre** Victoria   **el pobre** Federico
>
> *viejo*
>
> un **viejo** amigo, una **vieja** colega (= relación antigua)
> un amigo **viejo**, una colega **vieja** (= edad del amigo)
>
> *Con cualidades negativas*
>
> **el tonto de** Jose Mari
> **la pesada de** Elvira
> **los egoístas de** mis hermanos

6 consultorio gramatical

Para marcar la intensidad de una cualidad negativa
- **No** es **nada** flexible / comprensiva ...

solo con adjetivos negativos
- **Es un poco** pesado / impertinente ... un poco guapo

solo con adjetivos positivos
- **Es poco** inteligente / diplomático ... poco feo
  (= no es muy...)

USOS DE LO

Hilario es muy antipático. + Eso es terrible.

↓

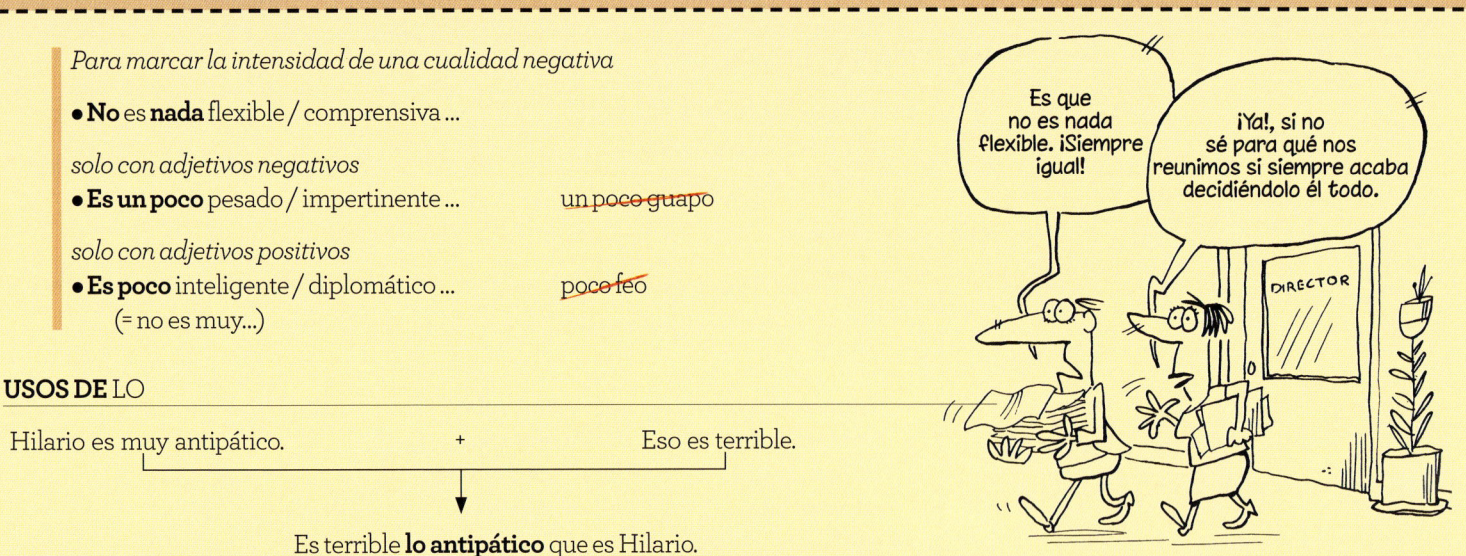

Es terrible **lo antipático** que es Hilario.

- ¿Has visto **lo grandes** que están los gemelos?
- No te puedes imaginar **lo estúpido** que es mi jefe.
- Yo no sabía **lo difícil** que era bailar el tango.

> Al ser un artículo neutro **lo**, no tiene marca de género ni de número.
> - El tonto de Pepe / La tonta de Pepa...
> - **Lo** tonto que es Pepe / **Lo** tonta que es Pepa.

- Para **lo** pequeño que es, habla muy bien.
  (= es muy pequeño y, teniendo en cuenta eso, habla muy bien)
- Con **lo** cabezón que es, seguro que deja el trabajo después de ese lío.
  (= es muy cabezón y, por esa razón, seguro que deja el trabajo)

VALORAR UN PERIODO

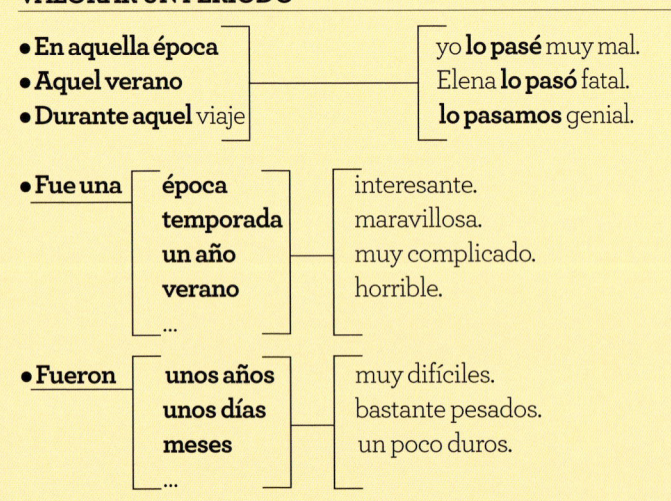

- **En aquella época**
- **Aquel verano**
- **Durante aquel** viaje

  yo **lo pasé** muy mal.
  Elena **lo pasó** fatal.
  lo pasamos genial.

- **Fue una** { época / temporada / un año / verano / ... } interesante. / maravillosa. / muy complicado. / horrible.

- **Fueron** { unos años / unos días / meses / ... } muy difíciles. / bastante pesados. / un poco duros.

consultorio gramatical 6

GENTE CON CORAZÓN

PASAR, PASARSE, PASARLO...

Recuerda que el verbo **pasar** tiene usos y significados muy diferentes.

a través de	**PASAR POR** • Vamos a Pamplona, así que **pasaremos por** Zaragoza.
ir demasiado lejos en el sentido espacial	**PASARSE** • Me parece que **nos hemos pasado**. Era la otra calle.
ir demasiado lejos en el sentido figurado	**PASARSE** • **Te has pasado** con Kiko. Has sido demasiado duro con él.
experimentar una vivencia de manera favorable o desfavorable	**PASARLO bien / mal / genial / fatal** ... • Iván **lo pasó genial** cuando estudiaba. • Durante la enfermedad de su madre **lo pasó fatal**.
divertirse	**PASÁRSELO bien / genial** ... *(en latinoamérica es más frecuente: PASARLA)* • En la fiesta de Ramón **nos lo pasamos genial**.
dejar de tener una sensación o sentimiento	**PASÁRSELE** • ¿**Se te ha pasado** el dolor de cabeza? ○ Estaba enfadado pero ya **se le pasó**.

SUBORDINADAS SUSTANTIVAS (II): INDICATIVO / SUBJUNTIVO

Cuando en la oración principal se manifiesta un sentimiento o una reacción ante la acción de la subordinada, esta va en subjuntivo. Esto sucede, por ejemplo, cuando el verbo de la oración principal es **gustar**, **encantar**, **molestar**, **preocupar**, **querer**, **tener ganas**, **preferir**, **odiar**, **no soportar**, etc.

Reacción o sentimiento presente sobre un hecho presente.

presente de indicativo   *presente de subjuntivo*
- **No soporta**
- **No tiene ganas de**
- **Quiere**
- **Prefiere**
- **Odia**   que Berta **trabaje** con él.
- **Le gusta**
- **Le molesta**
- **Le preocupa**
- **Le encanta**
- ...

Reacción o sentimiento pasado sobre un hecho pasado.

imperfecto de indicativo   *imperfecto de subjuntivo*
- **No soportaba**
- **Quería**   que Marta **dijera** eso.
- **Le encantaba**

indefinido   *imperfecto de subjuntivo*
- **Le sentó** fatal
- No **le gustó**   que Marta **dijera** eso.
- **Me molestó** mucho

ciento sesenta y uno **161**

consultorio gramatical

pretérito perfecto   *imperfecto / perfecto de subjuntivo*
- **Le ha preocupado**
- **Le ha molestado**   que Marta **dijera** / **haya dicho** eso.
- **No le ha gustado**

Reacción o sentimiento presente sobre un hecho pasado.

presente de indicativo   *imperfecto / perfecto de subjuntivo*
- **Me preocupa**
- **Le molesta**   que Marta **dijera** / **haya dicho** eso.
- **No le gusta**

También podemos valorar, dar una opinión actual sobre algo pasado.

imperfecto / perfecto de subjuntivo
- **Es normal**
- **Es lógico**
- **Es una pena**   que
- **Yo no encuentro lógico**

- **estuviera** enfadado.
- **tuviera** celos.
- no **haya podido** venir.
- se **haya enfadado** tanto.

ORGANIZADORES Y CONECTORES

En muchas ocasiones, cuando el hablante da una información, muestra al mismo tiempo su actitud frente a esa información. También, muchas veces, la conectamos o la relacionamos con otras informaciones que ya se comparten con el interlocutor.

Estos son algunos de los recursos que se utilizan:

Para citar la fuente:
- **Según Jaime / ella / mi prima Rita** ... Pepe es un egoísta.

En un registro más coloquial es habitual emplear:
- **Dice Jaime que dice mi madre que si** sabe usted...

Para asegurar o para garantizar una información o una intención.

Información

- Pepe es un idiota,
- Vendré mañana,

- **te / se lo aseguro.**
- **te / se lo juro.**
- **os / se lo prometo.**
- **de verdad.**

- Vendré mañana, **seguro**.

Cuando el hablante no se hace responsable de la información.

- **Según dicen,**
- **Dicen que**
- **Según parece,**   Laura y Gustavo han roto.
- **He oído que**
- **Me he enterado de que**

consultorio gramatical 6

GENTE CON CORAZÓN

Para resaltar como más importante una información respecto a las anteriores.

- **En el fondo,** es una buena persona.

- **Lo cierto es que**
- **A fin de cuentas,**
- **La verdad es que** van a despedir a varias personas.
- **De todos modos,**
- **De todas maneras,**

Para marcar una actitud frente a la información.

- **Por suerte,** *información positiva*
- **Afortunadamente,** la ambulancia llegó muy rápido.

- **Por desgracia,** *información negativa*
- **Desgraciadamente,** la ambulancia tardó mucho tiempo.

un hecho esperado
- **Por fin** llegó la ambulancia.

Para presentar información negativa que se añade a otras anteriores.

- **(Y)** **Para colmo,**
  Encima *información negativa*
  Lo que faltaba, tuvieron un accidente de moto.
  Lo que es peor,

Resumir y concluir.

- **En resumen,**
- **Total, que** decidieron cerrar la empresa.
- **En fin, que**

Introducir explicaciones sobre el presente porque hay algo problemático.

- **Lo que pasa es que**
- **Lo que sucede es que** María no sabe comunicarse.

Introducir explicaciones sobre el pasado porque ha habido algo problemático.

- **Lo que ha pasado / sucedido es que** ha dejado el trabajo.
- **Lo que pasó / sucedió es que** dejó el trabajo.
- **Lo que pasaba / sucedía es que** quería irse de España.

consultorio gramatical

Pedir explicaciones, o más información.

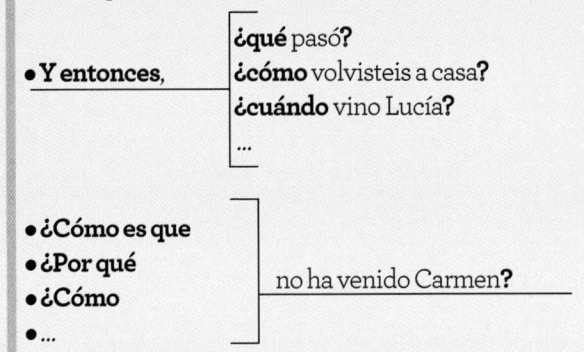

- **Y entonces,**
  - **¿qué** pasó?
  - **¿cómo** volvisteis a casa?
  - **¿cuándo** vino Lucía?
  - ...

- **¿Cómo es que**
- **¿Por qué**
- **¿Cómo**
- ...

no ha venido Carmen?

> Sinceramente, no entiendo cómo le han publicado esa novela.

Presentar algo que puede recibirse negativamente.

- **Sinceramente**, no me gusta lo que está pasando en la escuela.
- **Francamente**, tu cuñado me cae fatal.
- **La verdad**, no sé qué me estás intentando decir.

Admitir algo que en principio se rechazaba.

- **Hay que reconocer que** Andrés se equivocó al no perdonar a su hermana.
- **Habrá que admitir que** no había motivo para enfadarse tanto.

consultorio gramatical 7

GENTE UTÓPICA

EXPRESAR RECHAZO

- No soporto
- No aguanto
- No tolero

- Estoy harto/a de

infinitivo
tener que pagar impuestos.

- Me molesta
- Me fastidia
- Me indigna
- Me irrita

presente de subjuntivo
que muchos empresarios no **paguen** sus impuestos.

sustantivo en singular
la injusticia.

- Me da mucha rabia
- Me saca de quicio

sustantivo en plural
- Me fastidian — la**s** grande**s** mentira**s**.
- Me molestan — la**s** noticia**s** falsa**s**.
- Me indignan — la**s** promesa**s** de los políticos.
- Me dan mucha rabia — la**s** incoherencia**s** de la publicidad.

Recuerda que cuando en la oración principal se manifiesta un sentimiento o una reacción ante la acción de la subordinada, ya expresada antes o presupuesta, esta va en subjuntivo.

- **No soporto** que **salgas** por las noches sin mí.
- **Me indigna** que algunas ONG **cobren** cuotas a sus voluntarios.

Cuando el verbo de la oración principal está en condicional, el de la subordinada está en imperfecto de subjuntivo.

- **Me molestaría** que **ganara** la oposición.
  (ganar la oposición se presenta como algo posible o hipotético)
- **Me daría** mucha rabia que Juan **supiera** esto.
  (que Juan sepa esto se presenta como algo posible o hipotético)

PARA INTENSIFICAR O RESALTAR UN SENTIMIENTO

- Me fastidia
  - muchísimo
  - enormemente
  - tremendamente
  - especialmente
  - terriblemente
  - ...

  el tráfico.

ciento sesenta y cinco **165**

GENTE UTÓPICA

7 consultorio gramatical

- **Lo que más** me molesta   es   *infinitivo* **esperar**.
- **Lo que de verdad** me fastidia   es   *sustantivo singular* **la demagogia**.
- **Lo que realmente** me desespera   son   *sustantivo plural* **los dogmatismos**.
- **Lo que verdaderamente** me indigna   es   *que + subjuntivo* **que hables** así.

Hay algunas palabras que ya expresan léxicamente un grado máximo, por eso no admiten gradativos como **muy** y **mucho**.

Me desespera ~~mucho~~.
Me indigna ~~mucho~~.
Me encanta ~~mucho~~.

~~muy~~ intolerable	**realmente** intolerable
~~muy~~ inaceptable	**verdaderamente** inaceptable
~~muy~~ inadmisible	**totalmente** inadmisible
~~muy~~ fantástico	**absolutamente** fantástico

- **Lo que me resulta**...

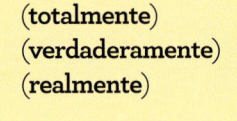

    (**totalmente**)   **intolerable**
    (**verdaderamente**)   **incomprensible**   **es** la arbitrariedad.
    (**realmente**)   **injustificable**   **son** los abusos de poder.
                   inaceptable   **es que** se permita este tipo de corrupción.
                   inadmisible
                   ...

EXPRESAR DESEOS

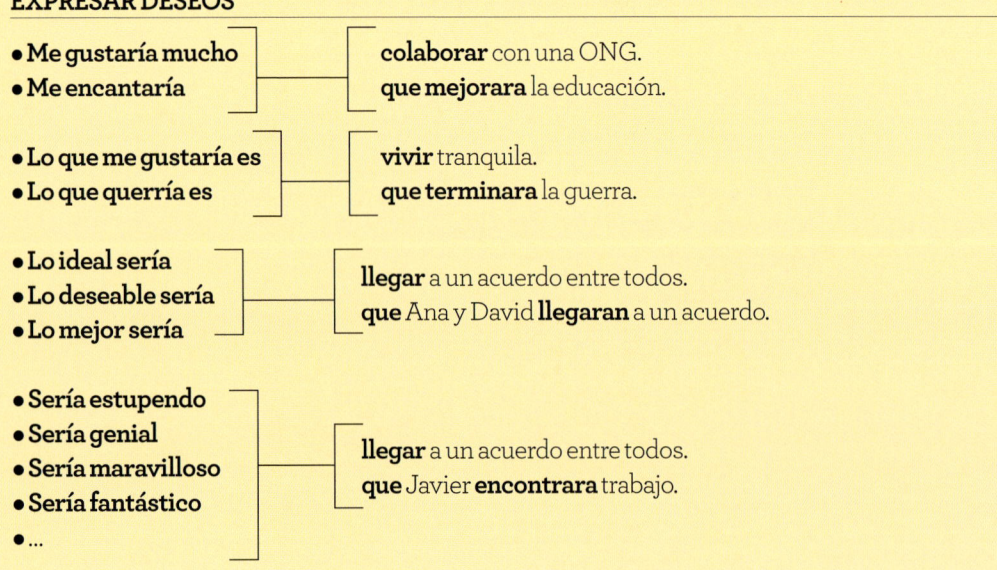

- **Me gustaría mucho**
- **Me encantaría**

    colaborar con una ONG.
    que mejorara la educación.

- **Lo que me gustaría es**
- **Lo que querría es**

    vivir tranquila.
    que terminara la guerra.

- **Lo ideal sería**
- **Lo deseable sería**
- **Lo mejor sería**

    llegar a un acuerdo entre todos.
    que Ana y David **llegaran** a un acuerdo.

- **Sería estupendo**
- **Sería genial**
- **Sería maravilloso**
- **Sería fantástico**
- ...

    llegar a un acuerdo entre todos.
    que Javier **encontrara** trabajo.

consultorio gramatical

LO DE (QUE) / ESO DE (QUE): ALUDIR A TEMAS

Cuando un tema se considera ya conocido por el interlocutor nos referimos a él con recursos como **lo de** y **eso de**.

Lo de / eso de + *artículo* + *sustantivo*
- **Lo de / Eso de la sequía** es un problema tremendo.

Lo de / eso de + *infinitivo*
- **Lo de / Eso de tener** que trabajar el domingo es horrible.

Cuando la alusión a un tema ya mencionado implica una oración, usamos **lo de que** y **eso de que**.

(en el contexto: "Van a bajar los impuestos")
- **Lo de que**
- **Eso de que** ⎱ vayan a bajar los impuestos me parece poco creíble.

(en el contexto: "Ana y Toni se van a casar")
- **Lo de que**
- **Eso de que** ⎱ se casen Ana y Toni lo veo bastante imposible.

[Viñeta: Yo, lo de María, hace mucho tiempo que lo sé y, la verdad, me parece intolerable.]

GARANTIZAR

Muchas veces necesitamos reafirmar lo que decimos, garantizando que es verdad o asegurando un compromiso. El fin suele ser tranquilizar al interlocutor o animarlo o argumentar nuestro punto de vista. Para ello, utilizamos las expresiones siguientes, que pueden aparecer al inicio o en otros lugares del enunciado.

en serio
ya lo verás
de verdad
de veras

- Voy a ir al médico mañana. **En serio**, no te preocupes.

Este tipo de expresiones son más habituales en un registro conversacional.

Registro formal:
- Prometemos acabar con la corrupción.
- Intentaremos que los precios no suban en los próximos años.

Registro conversacional:
- Acabaré todo el trabajo hoy mismo, ⎱ **te lo prometo**.
  te lo juro.

- **En serio / De veras / De verdad**..., no volveré a llegar tarde.

consultorio gramatical

ESTAR A FAVOR O EN CONTRA

- El Dr. Gutiérrez **está** (**totalmente** / **completamente**) **a favor de** la aplicación de esta nueva técnica quirúrgica.
- La oposición **está** (**totalmente** / **completamente**) **en contra de** esta propuesta de ley.

LA FINALIDAD (II)

- Es necesaria más inversión...

... **para** (*más informal*)
... **a fin de** / **con vistas a** (*más formal*)
    infinitivo
    mejorar la educación pública.

... **para que** (*más informal*)
... **a fin de que** (*más formal*)
... **con vistas a que** (*más formal*)
    subjuntivo
    mejore la calidad de la enseñanza.

VENTAJAS E INCONVENIENTES

- **La ventaja**
- **Lo bueno**

(de esto / de este programa ...) **es que** van a bajar los impuestos.

- **El inconveniente**
- **Lo malo**
- **El problema**

(de este programa / de lo que tú dices ...) **es que** van a reducir las becas.

QUEJARSE, PROTESTAR

- **¡Esto no puede seguir así!**
- **¡Ya está bien!**

- **¡Basta** (**ya**) / **Vale** (**ya**) **de** quejarse / injusticia / despidos!
- **Es hora de** saber la verdad.
- **Ha llegado el momento de** conocer los hechos.

VERBOS CON PREPOSICIÓN (III)

ACABAR CON	• Los políticos **han acabado con** las esperanzas de los ciudadanos.
COLABORAR CON	• Ahora estoy **colaborando con** una editorial de idiomas.
COMPROMETERSE A	• No **me comprometo a** llegar a la hora, ya me conoces.
ESTAR HARTO DE	• **Estoy harta de** que los sindicatos se vendan a la Patronal.
ESTAR INTERESADO EN	• Dice mi hermana que **está interesada en** comprar tu coche.
ESTAR PREOCUPADO POR	• Los ciudadanos **estamos preocupados por** los últimos acontecimientos políticos.
LUCHAR POR	• Los trabajadores de la empresa Solvives **luchan por** mantener su empleo y me parece muy legítimo.
LLEGAR EL MOMENTO DE	• **Ha llegado el momento de** comprometerse políticamente.
OPONERSE A	• Los estudiantes **se oponen al** nuevo plan de estudios.
QUEJARSE DE	• No **me quejo de** que no vengas a verme, pero sí de que no me llames ni para saber cómo estoy.
SER HORA DE	• Ya **es hora de** que empieces a estudiar o no aprobarás los exámenes de junio.

¡Ya está bien! Nunca me llamas, siempre soy yo el que tengo que hacerlo.

No te enfades, anda, prometo llamarte más, ya lo verás...

consultorio gramatical 8

FORMACIÓN DE PALABRAS (III): SUSTANTIVOS DERIVADOS DE VERBOS

elaborar: la **elaboración**   **transportar**: el **transporte**   **almacenar**: el **almacenamiento**

Son femeninos los terminados en **-ción / -cción / -sión** y significan normalmente el proceso o el resultado de la acción expresada por el verbo correspondiente.

la fabrica**ción**, **la** produ**cción**, **la** redu**cción**, **la** preci**sión**, etc.

En muchos casos, la raíz sufre modificaciones, especialmente cuando se trata de verbos de la 2ª y 3ª conjugación (**-er, -ir**).

disolver: la **disolución**   **corromper**: la **corrupción**
inscribir: la **inscripción**   **elegir**: la **elección**   **pedir**: la **petición**

Alternan las formas **-ción / -cción / -sión**.

verbos en	el sustantivo se forma con	
-dir / -der	**-sión**	divi**dir**: la divi**sión**; conce**der**: la conce**sión**
-ptar	**-pción**	ado**ptar**: la ado**pción**
-ctar	**-cción**	reda**ctar**: la reda**cción**, infe**ctar**: la infe**cción**
-gir / ger	**-cción**	diri**gir**: la dire**cción**, prote**ger**: la prote**cción**

Hay, además, muchas otras formas de derivación. Estos otros sustantivos derivados de verbos son en su mayoría masculinos.

almacenar → el **almacenamiento**
consumir → el **consumo**
cultivar → el **cultivo**
envasar → el **envasado**
etiquetar → el **etiquetado**
transportar → el **transporte**
usar → el **uso**

Pero:
probar → la **prueba**   citar → la **cita**

POSICIÓN DEL ADJETIVO CALIFICATIVO

La posición más habitual de un adjetivo es después del nombre, pero los adjetivos calificativos pueden ir delante o detrás. Cuando van detrás, tienen un valor especificativo: el nombre al que se refiere queda identificado por la propiedad del adjetivo.

• Vino Carlos con su **pequeño** coche. (= su coche es pequeño)
• Vino Carlos con su coche **pequeño**. (= tiene varios coches y vino con el pequeño)

Por eso suele ponerse delante siempre que se quiere resaltar una cualidad de algo ya identificado. Es, por ejemplo, muy frecuente en el lenguaje publicitario.

• El **nuevo** ordenador TIMSON es el más sofisticado del mercado.

La anteposición es también, a veces, la marca de un registro más formal o culto.

unas **excelentes perspectivas** para el turismo rural
los **nuevos mercados** de los productos españoles
las **últimas tendencias** de la moda
una **originalísima campaña** de lanzamiento

8 consultorio gramatical

EXPRESAR CAUSA

- Este modelo ha tenido mucho éxito
- Le dieron un premio

por + *sustantivo*
por su original **diseño**.
(= porque es muy original)

debido a / gracias a + *sustantivo*
debido a su original **diseño**.
(= porque es muy original)

debido a que / gracias a que + *oración*
gracias a que tiene un original diseño.
(= porque es muy original)

debido a lo / gracias a lo + *adjetivo*
Debido a lo original de su diseño.
(= porque su diseño es muy original)

¿Por qué te gusta tanto?
Por su carácter, por su inteligencia, por su manera de vestir...

RELACIONES DE CAUSA-EFECTO

Efecto
- **El aceite** ayuda a prevenir enfermedades

causa
porque reduce el nivel de colesterol

Cuando la información está presupuesta o ya es conocida:

Causa
- **Como** reduce el nivel de colesterol,
- **Dado que** reduce el nivel de colesterol,
- **Puesto que** reduce el nivel de colesterol,
- **Al reducir** el nivel de colesterol,

efecto
ayuda a prevenir enfermedades cardíacas.

CONTRAPONER INFORMACIÓN: CONSTRUCCIONES CONCESIVAS

Para contraponer una información con otra que consideramos la previsible o la normal.

- La situación del sector es difícil,

pero, **aun así**, **a pesar de ello**, **sin embargo**,

T.A.U ha obtenido buenos resultados.
(= lo previsible, con una situación difícil en el sector o con un tamaño tan pequeño, es que no hubiera obtenido buenos resultados).

sustantivo / infinitivo
- **A pesar de** la difícil situación del sector,
- **A pesar de** ser una empresa pequeña,
- **Aunque** la situación del sector **es / sea** difícil,
- **A pesar de que** la situación del sector **es / sea** difícil,

Cuando la información introducida por **aunque** o **a pesar de que** es presentada por el hablante como nueva, el verbo va en indicativo.

- **Aunque es** de mala calidad, se sigue consumiendo.
  (el hablante está informando de que "es de mala calidad")
- **A pesar de que produce** muchos efectos secundarios, muchos médicos recetan este fármaco.
  (el hablante está informando de que "produce efectos secundarios")

consultorio gramatical 8

Cuando el hablante no quiere pronunciarse sobre si sucede o no la acción introducida por **aunque** o **a pesar de que**, el verbo va en subjuntivo.

- Yo creo que los platos precocinados **son** muy artificiales.
○ Sí, pero, aunque **sean** de mala calidad, se consumen cada vez más.
   (el hablante no dice si son o no de mala calidad)

Cuando la oración concesiva se refiere a una acción que puede ocurrir en el futuro, solo es posible el subjuntivo: presente, perfecto o imperfecto.

- Aunque este año **hubiera** una buena cosecha de oliva,
   (*momento actual, afirmo que no la hay, o que la probabilidad de que la haya es mínima*)

- Aunque este año **haya** una buena cosecha de oliva,
   (*no me pronuncio, momento actual o futuro*)

   los precios del aceite no bajarán.

Pero:
- Aunque este año **hay** una buena cosecha de oliva,
   (*afirmo que la hay, en el momento actual*)

ADVERBIOS ACABADOS EN -MENTE

Muchos adverbios terminados en **-mente** sirven para expresar cómo se realiza una acción (y significan lo mismo que el adjetivo del que proceden). Otros tienen significados diferentes o juegan un papel como organizadores discursivos.
En el primer caso, suelen ir junto al verbo o junto al adjetivo al que modifican; no se separan por comas en el escrito ni con pausas en la lengua oral.
En el segundo caso, suelen ir al principio o al final de la frase, y separados por comas o por pausas entonativas.

Para reforzar una afirmación.

- **Indudablemente**,
- **Efectivamente**,
- **Indiscutiblemente**,   este es un producto de muy buena calidad.
- **Verdaderamente**,
- **Realmente**,
- ...

Para señalar evidencia.

- Él no tuvo la culpa y,   **naturalmente**,
                           evidentemente   tendrá que pagar la compañía de seguros.
                           obviamente

Para destacar o concretar.

- Falta descubrir todavía vacunas eficaces,
     concretamente,
     esencialmente,
     fundamentalmente,   contra algunas enfermedades tropicales.
     especialmente,
     prinicipalmente,

ciento setenta y uno **171**

8 consultorio gramatical

Para terminar.

- **Finalmente**, quería agradecerles la atención que me han prestado.

Para introducir un determinado punto de vista.

- **Personalmente**,
- **Humanamente**,
- **Técnicamente**,
- **Pedagógicamente**,
- ...

opino / creo / pienso que esto no es correcto.

A veces se usa: **Filosóficamente hablando, científicamente hablando**...

Para introducir valoraciones.

- **Afortunadamente**,
- **Felizmente**,

no hubo víctimas.

- **Desgraciadamente**, no hay tratamiento para esta enfermedad.
- **Lamentablemente**, el vuelo ha sido cancelado.

Para destacar excluyendo otros elementos.

- Está fabricado **únicamente / exclusivamente / íntegramente** con productos biológicos.

Para intensificar una cualidad.

- Es un tipo de verdura **especialmente / particularmente** indicada para las personas con anemia.
- Es un edificio **perfectamente** diseñado para personas con minusvalías.
- Es un periódico **absolutamente / totalmente / verdaderamente / realmente** independiente.

Para expresar frecuencia o tiempo

Habitualmente,
Generalmente,
Excepcionalmente,
Frecuentemente,
Normalmente,
Mensualmente,
Anualmente,
Últimamente,
...

vienen a visitarnos nuestros hijos.

ORGANIZADORES DISCURSIVOS

Referirse a aspectos de un tema

- **En cuanto a**
- **Con respecto a**
- **En lo que se refiere a**

la composición química, este producto no contiene cloro.

- **Desde el punto de vista** nutricional / gastronómico / ecológico..., es excelente.

Aclarar, reformular

- Está demostrado el alto valor nutricional y terapéutico de la soja...
    ... **esto es**, sus indudables beneficios para la salud.
    ... **es decir**, se han probado sus indudables beneficios para la salud.

Extraer consecuencias

- El tabaco es una de las principales causas de cáncer.
    Por tanto,
    Por consiguiente,
    Tanto es así, que
    Es por ello (por lo) que
    Es por esta razón (por la) que

    las autoridades sanitarias deben hacer planes de prevención.

- La gente come cada vez más comida rápida.
    Esto quiere decir que
    Esto significa que

    la mayor parte de la población se alimenta incorrectamente.

Contraponer datos

- En Europa central y del norte se consumen muchas grasas de origen animal. **Por el contrario**, en los países mediterráneos se cocina principalmente con aceite de oliva.

Concretar, ejemplificar

- Me encantan las películas españolas, **por ejemplo**, las de Almodóvar.
- He ido a Italia dos veces, **en concreto**, a Sicilia y a la Toscana.
- Me interesan mucho las nuevas tecnologías, **en particular**, internet.

8 consultorio gramatical

ALUDIR A UN TEMA YA MENCIONADO

En los textos, para referirnos a algo (una palabra, un concepto, un argumento...) ya presentado en el discurso utilizamos recursos como:

Pronombres personales

- Hemos tomado un queso buenísimo de La Mancha. **Lo** trajo Félix de Ciudad Real.
- Hemos traído un queso buenísimo de La Mancha para Félix. **Le** va a encantar.

Pronombres y adjetivos demostrativos

- Los quesos de leche de oveja de La Mancha son de una excelente calidad. **Esto**, sin embargo, todavía no es suficientemente conocido fuera de las fronteras españolas.
- La ciudad de Zamora es conocida, entre otras cosas, por su Semana Santa. Pero **esta** ciudad se distingue, además, por tener uno de los mejores quesos de oveja.

Adjetivos que se refieren a lo que ya se ha mencionado

- Los quesos de leche de oveja de La Mancha son de una excelente calidad.
  - **Dicho** tipo de quesos, están garantizados por la denominación de origen...
  - **Los mencionados** quesos...

Sustituciones con otras palabras

- Los quesos de leche de oveja de La Mancha son de una excelente calidad.
  - **Este producto artesano**...
  - **Estos derivados lácteos**...
  - **Esta excelente muestra de la tradición gastronómica manchega**...

VERBOS CON PREPOSICIÓN (IV)

BASARSE EN	• La película **se basa en** el último libro de Antonio Pérez.
CONSISTIR EN	• La nueva política del gobierno **consiste**, básicamente, **en** la privatización de la Sanidad Pública.
CONTRIBUIR A	• Tanta presión mediática **ha contribuido a**l fracaso de nuestra empresa.
PROCEDER DE	• Yo, desde luego, no me creo que el hombre **proceda de**l mono.
REFERIRSE A	• No **me refiero a** los problemas sociales, sino a los políticos.
SERVIR PARA	• El móvil **sirve para** estar localizable en cualquier momento y en cualquier lugar.
TRATAR DE	• Él **trató de** explicárselo, pero ella no quería escucharle.
ESTAR A PUNTO DE	• Cuando **estaban a punto de** llegar los invitados, se dio cuenta de que no tenía arroz para hacer la paella.

SE, LE: VERBOS CON PRESENCIA O AUSENCIA DE ESTOS PRONOMBRES

Se producen modificaciones de significado y de sintaxis.

Parecer

*Sin pronombre (+ adjetivo / nombre / **que** + indicativo)*

- Su casa **parece** un **castillo**. (= tiene el aspecto de un castillo)
- La casa **parece que está** deshabitada. (= tiene el aspecto de estar deshabitada)
- ¡La fiesta **parece interesante!** (= probablemente lo será)
- ¡**Pareces tonto!** (= sé que no lo eres, pero te comportas como un tonto)

*Con **le** (+ adjetivo / nombre / verbo + indicativo)*

- Esos espectáculos **le parecen** muy **aburridos**. (= los considera muy aburridos)
- A la gente de aquí **le parece que** eso **está** muy mal. (= cree que está muy mal)

*Con **se** (+ nombre + **a**)*

- Esta **plaza se parece** mucho **a la Plaza Mayor de Madrid**. (= es semejante)
- Son dos **ciudades** que **se parecen** mucho. (= son semejantes)

Quedar

*Sin pronombre (**con alguien / en algo**)*

- **Quedamos con** Félez **en no decirle nada a Pérez**. (= lo acordé o lo acordamos)

*Sin pronombre (**con alguien, para algo, a una hora, en un lugar**)*

- **Quedé con** Félez **a las cinco delante de mi casa para ir al cine**. (= nos citamos)

*Con **le** (+ adjetivo / adverbio)*

- Este vestido **le queda** muy **bien**. (= le va muy bien)
- Este cuadro **le ha quedado** muy **bonito**. (= el resultado es muy bonito)
- La casa **se les quedó pequeña**. (= necesitaban otra casa más grande)

*Con **le** (+ nombre)*

- Solo **le quedan** algunos **amigos**. (= ya no tiene más que unos pocos amigos)
- No **le queda** otra **solución** que dimitir. (= ya no tiene otra solución)

*Con **se** (+ expresión de lugar)*

- **Se quedó** en casa, no quiso salir a dar un paseo. (= no salió de casa)

*Con **se** (+ adjetivo / participio)*

- **Se quedó** muy triste / apenado. (= se entristeció / se apenó mucho y no sé si aún lo está)

consultorio gramatical

VERBOS QUE FUNCIONAN COMO GUSTAR

Existen en español muchos verbos que significan afecto, sentimiento o gusto, y que funcionan de modo similar a gustar: el sujeto gramatical no es el hecho, la cosa o la persona que experimenta el sentimiento sino lo que lo provoca. Son de uso muy frecuente:

llamar la atención / **sorprender** / **extrañar** / **impresionar**
atraer / **apasionar** / **volver loco** / **chiflar** / **entusiasmar**
aburrir / **matar** / **fastidiar** / **repugnar** / **horrorizar**
resultar extraño / sorprendente / ridículo ...
parecer extraño / sorprendente / ridículo ...   + *algo (a alguien)*
dar asco / miedo / pánico / rabia / pena ...
dejar indiferente / frío ...
poner triste / alegre / de mal humor / histérico ...

Todos estos verbos funcionan con la serie átona de pronombres **me**, **te**, **le**, **nos**, **os**, **les** y la tónica **a** + **mí**, **ti**, **él**, **ella**, **usted**, **nosotros / as**, **vosotros / as**, **ellos / as**, **ustedes**.

- **A mí** las corridas de toros **me horrorizan**.
- **A** Ignacio **le apasionan** las fiestas populares.
- **A** mis hermanos pequeños **les vuelven locos** los videojuegos.
- ¿**A ti** no **te resulta extraño** que no hayan llegado? Son las diez...

En muchas situaciones de comunicación se contrastan sentimientos de varios sujetos y entonces es necesario usar:

A + **mí** / **ti** / **él / ella / usted**
nosotros / nosotras **vosotros / vosotras** **ellos / ellas / ustedes**

- ¿**A vosotros** qué **os sorprende** de la vida cotidiana en nuestro país?
- **A ella le vuelve** loca bailar, pero **a mí me horroriza**.

El sujeto gramatical puede ser un sustantivo o un infinitivo o una frase subordinada sustantiva; en este último caso, el verbo va siempre en subjuntivo.

- **A mí me impresiona**
  - *subordinada en subjuntivo*
    que en España se **salga** tanto.
  - *sustantivo singular*
    la **vida** nocturna de esta ciudad.
  - *sustantivo plural*
- **A mí me impresionan** mucho las **procesiones** de Semana Santa.
- **Me repugna**
  - *subordinada en subjuntivo*
    que se **haga** sufrir a animales.
  - *sustantivo singular*
    el maltrato de los animales.
  - *sustantivo plural*
- **Me repugnan** las **fiestas** donde se hace sufrir a animales.

consultorio gramatical 9

También son muy frecuentes las construcciones:

- Me impresiona **cuánto** gasta la gente en Navidad.
  (= me impresiona la cantidad)
- Me sorprende **cómo** se trata a los animales domésticos en tu país.
  (= me sorprende la manera)

ACCIONES HABITUALES

Soler

Presente de indicativo

suelo
sueles
suele
solemos
soléis
suelen

- **Yo** los sábados **suelo** ir a la playa.
- En España **se suele** tener bastante relación con la familia. (impersonal)

Soler se puede utilizar para expresar hábitos en presente o en pasado (imperfecto de indicativo).
- Los domingos **suelo** levantarme tarde.
- Hace unos años **solía** levantarme más tarde.

Pero no otros tiempos verbales:

- El año pasado ~~había solido~~ salir ~~solí~~ mucho de noche.
- El año pasado **solía** salir mucho de noche.

- **Generalmente**,
- **Normalmente**,
- **Frecuentemente**,
- **Por lo general**,

visito a mis padres el domingo.

- **Lo más normal / frecuente** en mi país es pasar el domingo en familia.

IMPERSONALIDAD

En español existen varios modos de marcar que se desconoce el agente de un verbo o que no se quiere mencionar, es decir, varias formas de impersonalidad:

Se impersonal

- En España **se fuma** todavía demasiado.
- Aquí no **se puede** hacer eso.

El verbo va siempre en singular cuando es intransitivo (= cuando no lleva OD) o cuando va seguido de un infinitivo o de la conjunción **que**.

- Aquí no se puede **fumar**.
- **Se** dice **que** pronto van a construir una carretera nueva.

El verbo que lleva complemento directo concuerda con él en número:

- En Argentina **se hace** actualmente muy **buen cine**.
- En Argentina **se hacen** actualmente muy **buenas películas**.

Se comenta que el lunes echan a Pepe.
¡Ya me lo imaginaba!
¡Qué mala suerte!

ciento setenta y siete 177

9 consultorio gramatical

2ª persona con valor impersonal

Se utiliza cuando el hablante habla de un tema de manera general y se propone a él mismo o a su interlocutor como sujetos posibles.

- En el norte, **te metes** en cualquier bar y **comes** unas tapas riquísimas.
- Si **vas** a casa de un español a comer, lo más normal es llevar vino.

La gente / Todo el mundo...

Se utiliza cuando el hablante se excluye a sí mismo y a su interlocutor de lo que afirma con valor impersonal.

- **Todo el mundo** sabe que en este Ministerio hay desfalcos.
- ¡**La gente** hace cada cosa más rara!
- **Todo individuo / toda persona** tiene derecho a una vivienda digna.

SUBORDINADAS SUSTANTIVAS (III): INDICATIVO / SUBJUNTIVO

En general, cuando el verbo principal es un verbo de pensamiento o de palabra y está en forma negativa, el verbo de la oración subordinada va en subjuntivo.

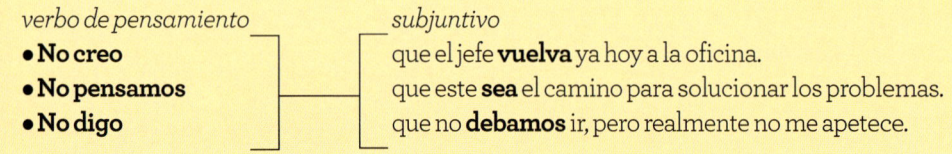

verbo de pensamiento + *subjuntivo*

- **No creo**
- **No pensamos**
- **No digo**

que el jefe **vuelva** ya hoy a la oficina.
que este **sea** el camino para solucionar los problemas.
que no **debamos** ir, pero realmente no me apetece.

Sin embargo, cuando se trata de una advertencia, de una recomendación o de un consejo en imperativo, el verbo subordinado va en indicativo.

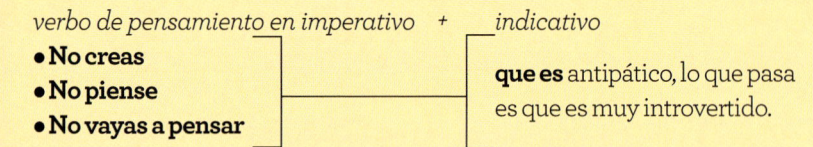

verbo de pensamiento en imperativo + *indicativo*

- **No creas**
- **No piense**
- **No vayas a pensar**

que es antipático, lo que pasa es que es muy introvertido.

Un caso especial es el formado por los verbos de percepción.

- **No he visto** que **haya llegado**. (= no he visto si ha llegado o no)
- **No he visto** que **ha llegado**. (= ha llegado, pero no lo he visto)
- **No me di cuenta de** que **pasaba** algo raro. (= afirmo que efectivamente pasaba algo raro)
- **No me di cuenta de** que **pasara** nada raro. (= no afirmo si pasó o no algo raro)

ES QUE... / NO ES QUE...

subjuntivo — *indicativo*

- **No es que tenga** mal carácter,

  es que
  sino que
  lo que pasa es que

  es un poco especial.
  a veces **se pone** nervioso.
  hay que conocerlo.

consultorio gramatical 9

GENTE Y CULTURAS

COMPARAR

Parecerse a
- Los carnavales de mi ciudad **se parecen mucho / un poco a** los de Canarias.
- Silvia **no se parece en nada** a su madre.

Ser parecido/a/os/as a
- Esta tradición **es parecida a** una que / a tenemos en mi pueblo. Cuando alguien se casa...

Ser igual que / a
- Este plato **es exactamente / casi igual que / a** uno que hacen en Granada.
- Aunque no lo creas Miguel y Helena **tienen** muchas cosas **en común**.

Ser distinto de / a
- El carácter de los gallegos **es muy distinto de**l / **a**l de los madrileños.

- Las fiestas de aquí y las de mi país
  - **no se pueden comparar**.
  - **no tienen nada que ver**.
  - **no tienen mucho / nada / demasiado en común**.

EXPRESAR DESEOS EN DESPEDIDAS

Es muy frecuente en español asociar a una fórmula de despedida un deseo formulado con **que** + presente de subjuntivo.

Despedidas

- Adiós, **que te vaya bien / le vaya bien / os vaya bien / les vaya bien**.
- Hasta luego, y **que tengas / tenga / tengáis / tengan suerte** en el examen.

A alguien que va a una fiesta, a un viaje de placer

- **Que te diviertas / se divierta / os divirtáis / se diviertan**.
- **Que lo pases / pase / paséis / pasen bien**.
- **Que tengas buen viaje**.

Al irse a dormir

- Buenas noches, **que descanses / descanse / descanséis / descansen**.
- Buenas noches, **que duermas bien**.

En la visita a un enfermo

- **Que te mejores / se mejore**.

Alguien que se enfrenta a algo desagradable

- **Que no sea nada**.
- **Que te sea leve**.

FELICITAR

Santo, cumpleaños

- ¡**Felicidades**!
- ¡**Feliz cumpleaños**!   / ¡**Que cumplas muchos más**!
- **Que pases un buen / feliz día**.

Grandes acontecimientos familiares o profesionales (bodas, nacimientos, ascensos, exámenes...)

- ¡**Enhorabuena**!

consultorio gramatical

Navidades, año nuevo

- **¡Felices fiestas!**
- **¡Felices Pascuas!**
- **¡Feliz Año Nuevo!**
- **Próspero Año Nuevo**. (Se usa en la lengua escrita)

CONECTORES DISCURSIVOS

Para introducir información útil para el interlocutor

- **Te interesará**
- **Te conviene**

saber que hemos convocado una reunión urgente para el lunes.

Para introducir información que explica otro tema abordado

- **Ten en cuenta que** las ventas del mes de enero fueron mucho peores que las del año anterior.

Para pasar de un tema a otro

- **Con respecto a**
- **En cuanto a**
- **Otro aspecto importante es**

la actitud de los jóvenes frente a la política.

Para enlazar dos temas con un punto en común

- **Eso vale también para** saber qué pasos debemos seguir para pedir una subvención estatal.
- **Igual / Lo mismo sucede con** la economía de los países desarrollados.

Para introducir un nuevo tema en contraste con el anterior

- En España se cena a las diez, **mientras que** en mi país se cena a las siete.
- Aquí se come muy tarde. **En cambio**, en Portugal se come bastante pronto.
- Solo salgo de noche entre semana. Yo, **al contrario / al revés**, solo salgo el fin de semana.

VERBOS CON PREPOSICIÓN (V)

ACORDARSE DE	• Tomás siempre **se acuerda de**l día de mi cumpleaños.
CAER EN LA CUENTA DE	• Lo siento pero no **caí en la cuenta de** que tú también llegabas hoy.
DARSE CUENTA DE	• Cuando viajas **te das cuenta de** la riqueza que aporta el contacto entre las diferentes culturas.
ENSEÑAR A	• Nadie te **enseñará a** comportarte, ya eres mayorcito.
PARTIR DE	• **Partimos de** un mismo esquema.
TENDER A	• Nosotros **tendemos a** ver las cosas con mucho pesimismo.

consultorio gramatical 10

FORMACIÓN DE PALABRAS (IV): SUSTANTIVOS DERIVADOS DE ADJETIVOS

De muchos adjetivos calificativos se derivan sustantivos que designan la cualidad correspondiente.

sensible → la **sensibilidad**   **inteligente** → la **inteligencia**

Muchos de ellos se forman con las terminaciones: **-cia**, **-idad / -dad** y **-ura**.

la creativ**idad**	la pacien**cia**	la loc**ura**
la generos**idad**	la importan**cia**	la cord**ura**
la agil**idad**	la vehemen**cia**	la amarg**ura**
la cruel**dad**	la decen**cia**	la chalad**ura**
la capac**idad**	la impertinen**cia**	la hermos**ura**
la false**dad**	la coheren**cia**	la tern**ura**

PLUSCUAMPERFECTO DE SUBJUNTIVO

Existen dos formas con usos equivalentes, aunque en muchos países hispanohablantes es más común la forma en **-ra**.

Imperfecto de subjuntivo de HABER   +   *participio*

hubiera / **hubiese**	
hubieras / **hubieses**	hablado
hubiera / **hubiese** +	tenido
hubiéramos / **hubiésemos**	sido
hubierais / **hubieseis**	
hubieran / **hubiesen**	

CONDICIONAL COMPUESTO

Condicional de HABER   +   *participio*

habría	
habrías	hablado
habría +	tenido
habríamos	sido
habríais	
habrían	

CONSTRUCCIONES CONDICIONALES (III)

Sobre el momento actual o futuro

imperfecto de subjuntivo   *condicional*
- Si **fuera** / **fuese** millonario,   **me dedicaría** a trabajos humanitarios.
   (= evocamos algo irreal, "no soy millonario")

- Si me **tocara** / **tocase** la lotería,   **me iría** a dar la vuelta al mundo.
   (= evocamos algo muy poco probable "seguramente no me tocará la lotería")
- Si ~~sería~~ millonario...   Si me ~~tocaría~~ la lotería...

Condicional
- Ahora mismo **me comería** un plato de fresas con nata.
   (= no puedo comérmelo o es difícil)

- Me **iría** ahora mismo de vacaciones. ¡Estoy harta!
   (= no puedo irme de vacaciones)

GENTE Y EMOCIONES

ciento ochenta y uno **181**

En el ámbito de los consejos (y presuponiendo la condición "si tú o yo estuviéramos en esa situación"):

- ¿Tú que **harías**?
  - Yo **hablaría** con ella. Seguro que lo **entendería**.

- ¿Tú **te presentarías** al examen? La verdad es que no he estudiado mucho.
  - Yo lo **haría**, a ver qué pasa. Y así ves qué tipo de examen es.

En la lengua coloquial, en este uso, aparece también el imperfecto de indicativo.

- Yo, en tu lugar, **hablaba** con ella. Seguro que lo **entendía**.
- Yo que tú **me presentaba** al examen.

En el pasado

pluscuamperfecto de subjuntivo + *condicional compuesto*
- Si **te hubieras / hubieses encontrado** en esa situación, **habrías hecho** lo mismo que yo.
- Si **hubierais hablado** del tema, seguramente lo **habríais solucionado**.
  (= evocamos algo irreal, que no ha sucedido en el pasado)

Uso del pluscuamperfecto con valor de condicional compuesto

A veces sustituimos el condicional compuesto por otro pluscuamperfecto de subjuntivo. Es un fenómeno cada vez más frecuente y considerado como correcto.
- Si **hubierais llegado** antes, **habríais / hubieseis podido** saludar a Jaime.

En este caso se tiende a utilizar la forma en **-ra** si se ha utilizado en la primera parte de la condición la forma en **-se**, y viceversa para evitar la repetición.

Muchas veces se presupone la condición "si yo me hubiera encontrado en esa situación" o "si yo hubiera estado en tu lugar".
- Yo **habría ido** a verle.
- Yo (**que tú**) **habría pedido** que me devolvieran el dinero.

A veces valoramos la situación imaginaria que no ha llegado a suceder. También en este caso pueden usarse indistintamente el condicional compuesto o el pluscuamperfecto de subjuntivo.

- **Lo mejor habría / hubiera / hubiese sido** hablar con él. Todo se habría arreglado.
- **Habría / hubiera / hubiese estado** bien poder encontrarnos en París.

Para reprochar a alguien algo o lamentarnos de que no ha sucedido algo, se usa:

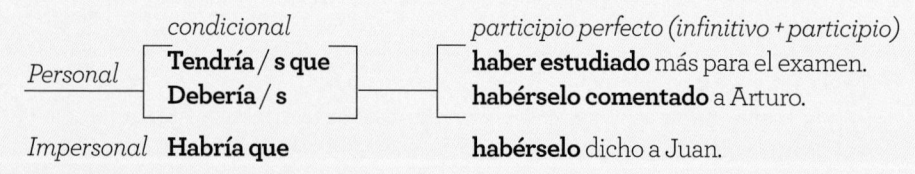

	condicional	*participio perfecto (infinitivo + participio)*
Personal	**Tendría / s que** **Debería / s**	**haber estudiado** más para el examen. **habérselo comentado** a Arturo.
Impersonal	**Habría que**	**habérselo** dicho a Juan.

En la lengua coloquial, es frecuente en estos usos, en lugar del condicional de **tener**, **deber** y **haber**, el imperfecto de indicativo.

Imperfecto de indicativo
- **Tenías** que haber estudiado más.
- **Debías** habérselo comentado.
- **Había** que habérselo dicho a Juan.

> Oye, ¿tú qué harías en mi lugar? ¿Lo llamarías?
>
> Desde luego. Más que nada lo llamaría para explicarle lo que realmente pasó.

consultorio gramatical 10

Para aludir a algo que ha sido posible en el pasado pero que no se ha producido.

Condicional o imperfecto de indicativo
- **Podrían**
- **Podían**   **haberse quedado** a dormir en casa, pero quisieron ir a un hotel.

Para reprochar es frecuente:

Condicional o imperfecto de indicativo
- **Podrías**
- **Podías**   haberme avisado, ¿no? Yo no sabía nada.

COMO SI

A veces utilizamos, para describir una situación o una acción, una comparación con algo imaginario en simultaneidad con la oración principal.

presente   simultaneidad
- **Vive   como si fuera** millonaria. (= "no lo es")

pasado   simultaneidad
- El cielo **estaba** de un color rarísimo, **como si estuviéramos** en otro planeta.
  (="no estamos en otro planeta")

O bien con algo imaginario en anterioridad con la oración principal.

pasado   anterioridad
- Al verme, **reaccionó como si hubiera visto** un fantasma.

presente   anterioridad
- **Hablas   como si yo te hubiera ofendido**.

PONERSE / PONERLE

Con los pronombres **me / te / se / nos / os / se**.

- **Me pongo** triste cuando veo lo difícil que es entenderse.
  (el sujeto soy yo)
- **Se puso** muy triste cuando le dijimos que no podíamos ir.
  (el sujeto es él / ella)

Con los pronombres **me / te / le / nos / os / les**.

- **Me pone** triste ⎡ ver lo difícil que es entenderse.
                     ⎣ esta situación.
  (el sujeto es: ver lo difícil / esta situación)
- **Le ponen** triste las discusiones entre sus hermanos.
  (el sujeto es las discusiones)

Como estos verbos se comportan algunos que hemos visto en la unidad anterior.

sorprenderse de algo / al + *infinitivo*
enfurecerse por algo / al + *infinitivo*
entusiasmarse con algo
molestarse por algo
irritarse por algo

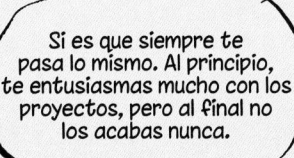

> Si es que siempre te pasa lo mismo. Al principio, te entusiasmas mucho con los proyectos, pero al final no los acabas nunca.

GENTE Y EMOCIONES

ciento ochenta y tres **183**

10 consultorio gramatical

GENTE Y EMOCIONES

HABLAR DE HABILIDADES

Se + **me / te / le / nos / os / les** + **dar**.

Con nombres de especialidades (**la informática, la cocina, las matemáticas**...), de instrumentos o herramientas (**los ordenadores, los fogones**...) y con verbos (**cocinar, hablar en público**...).

- La informática **se me da fatal**.
- A Antonio, los ordenadores no **se le dan** muy bien.

Salirle (**bien / mal / bueno / redondo / perfecto**).

Con nombres de productos.

- Los discursos en público **le salen muy emotivos**.
- Las paellas **le salen riquísimas**.

Ser un... + **para / en**

- Soy   **un** desastre / negado / inútil / genio   **para** la música.
- Ana **es**   **un** as   **en** informática.

Ser muy bueno / malo + gerundio / **en**... / **para**...

- Lidia es **muy buena**   **en** matemáticas.
  calculando de memoria.

- Gerardo es **malísimo**   **para** los deportes.
  jugando al fútbol.

Ser capaz / incapaz de... + infinitivo.

- Es **capaz de** hacer un traje en tres horas.
- Soy **incapaz de** seguir el ritmo. Me parece un tipo de música muy difícil.

Tener... + (adjetivo) + nombre (+ **para** + nombre / verbo).

- Valentín **tiene** (**mucha**) **facilidad para** los idiomas / la música / el teatro.
- Tú **tienes** (**muy**) **buena voz / buena vista / buen oído / buen olfato**.
- Pablo Gómez **tiene don de gentes / carisma / buena imagen**.

PERÍFRASIS VERBALES (II)

Para expresar una acción pasada reciente.

acabar de + *infinitivo*
- **Acabo de llegar** ahora mismo.
- Cuando **acababa de llegar**, entró Patricia.
- Cuando ~~acabé de~~ llegar...   Cuando he ~~acabado~~ de llegar...

Acabar de + infinitivo, además de expresar "acción pasada reciente" tiene otro significado: "terminar de hacer algo". En este caso sí es posible utilizarla con tiempos verbales como los tachados.
- Ayer, cuando **acabé de comer** me eché una siesta. (= cuando terminé de comer)

En el español de América la perífrasis **acabar de** + infinitivo se usa poco. Se suele usar en su lugar **recién** + un verbo conjugado.
- ¡Uf, qué tarde es! **Recién llego** ahora del trabajo.

184 ciento ochenta y cuatro

consultorio gramatical 10

GENTE Y EMOCIONES

Para expresar una acción futura inmediata.
estar a punto de + *infinitivo*
- Ahora voy para allá. **Estoy a punto de** salir de casa.

imperfecto
- **Estaba a punto de** salir cuando llegó Jaime.
  (= no se informa de si salí o no)

indefinido o perfecto
- **Estuve a punto de** irme a vivir al Canadá. (= no me fui, pero casi)
- **He estado a punto de** ir a recogerte al trabajo. (= no he ido, pero casi)

CIRCUNSTANCIAS TEMPORALES

Sin precisar

- **Al llegar** a la facultad me di cuenta de que me había olvidado la carpeta.

- **Antes** / **Después** **de llegar** a Sevilla, llama a Rocío.

- Me lo dijeron **en el momento de empezar** la reunión y no me dio tiempo a llamarte.

Precisando

- Se enteró **justo al regresar** de las vacaciones de Semana Santa.

- **Justo antes / después de llegar** / **Inmediatamente antes / después de llegar** a la fiesta vimos a Guillermo.

- Me lo dijo **justo en el momento de llegar** Pedro y fue bastante violento, la verdad.
- **En el momento preciso de salir**, me llamaron por teléfono y, claro, llegué tarde.

VERBOS Y EXPRESIONES CON PREPOSICIÓN (VI)

ENTERARSE DE + *sustantivo* / *que* + *indicativo*	• **Se han enterado** ya **de** la boda Josu y Yoli. • ¿**Te has enterado de que** Yoli y Josu **se casan**?
(NO) HACER BIEN + *gerundio* / *en* + *infinitivo*	• No sé si **he hecho bien llamándole**. • **No has hecho bien en llamarle**.
RECUPERARSE DE + *nombre*	• Dicen que Eli **se ha recuperado** muy bien **de su enfermedad**.
SER CAPAZ / INCAPAZ DE + *infinitivo*	• Alex **es incapaz de comportarse** como un
SER CONSCIENTE DE + *nombre* / *que* + *indicativo*	• ¿**Eres consciente del problema** que tienes? • No **eres consciente de que tienes** un problema.
SER TORPE + *gerundio* / *en* + *nombre*	• Iván **es** muy **torpe cocinando**. • **Soy torpe en ciencias**, pero me defiendo en lenguas.

CENTRARSE EN	• La charla **se centró en** el problema de la tierra.
CONVENCER DE	• Trató de **convencerme de** la conveniencia de firmar esos papeles.
DISFRUTAR DE	• A mí, lo que de verdad me gusta es **disfrutar de** mis amigos los fines de semana.
DUDAR DE	• Nunca **dudes de** la palabra de Antonio, es muy honesto.
HABLAR DE	• En la tele siempre **hablan de** lo mismo. Es un aburrimiento.
TENDER A	• Las nuevas generaciones **tienden a** ser más solidarias.

ciento ochenta y cinco **185**

11 consultorio gramatical

GENTE JUSTA

FORMACIÓN DE PALABRAS (V): ADJETIVOS

Existen varias maneras de formar adjetivos con sentido opuesto a otros, o que niegan una cualidad o característica.

Con el prefijo a-

amoral   **a**típico   **a**simétrico   **a**sexual

Ante vocal, el prefijo es **an-**.

analfabeto   **an**ovulatorio

Con el prefijo des-

deshonesto   **des**leal   **des**igual   **des**organizado   **des**confiado

Con el prefijo in-

intolerante   **in**cuestionable   **in**justo   **in**voluntario   **in**necesario

Modificaciones:

in +
- p → **imp**osible
- r → **irr**acional
- l → **il**ógico

Con anti- (que se opone a)

antiimperialista   **anti**aéreo   **anti**gripal   **anti**nuclear

EL / LA / LOS / LAS + DE: IDENTIFICAR A ALGUIEN YA MENCIONADO

Cuando queremos aludir a un miembro de un conjunto, ya mencionado, y no queremos o no podemos repetir el sustantivo o su nombre propio, lo identificamos con una característica o con un tema con el que se le ha relacionado.

• Los Martín Paños tienen tres hijas: Bárbara vive en Alemania y tiene un restaurante. La segunda hija, Laura, trabaja en un hospital en Lyon. Bibiana es la pequeña y vive en Milán. Tienen una *boutique*.

podemos referirnos a ellas como

Bárbara:	**la de** Alemania	**la** mayor	**la del** restaurante
Laura:	**la de** Lyon	**la** segunda	**la del** Hospital
Bibiana:	**la de** Milán	**la** pequeña	**la de la** *boutique*

SUBORDINADAS SUSTANTIVAS (IV): INDICATIVO / SUBJUNTIVO

Que + verbo en subjuntivo nos permite referirnos a cualquier acción sin afirmar si esta sucede o no.

• **Que** los niños hoy en día no **lean**...   (no afirmamos si leen o no)
• **Que haya** muchas personas solas...   (no afirmamos si hay o no)
• **Que** la gente **sepa** idiomas...   (no afirmamos si saben o no)

consultorio gramatical 11

GENTE JUSTA

Con este recurso podemos formular opiniones o valoraciones, expresar dudas o convicciones, dar explicaciones, etc.

- **Que** los niños de hoy en día no **lean**
  - puede deberse a que tienen otras diversiones.
  - me parece horrible.
  - es probable.
  - lo encuentro muy preocupante.
  - no es tan evidente.
  - yo no me lo creo.

En cambio, cuando queremos declarar algo, por ejemplo, informar de que "los niños hoy en día no leen", se usa indicativo.

- Que los niños hoy en día no **leen**
  - es evidente.
  - nadie lo discute.
  - lo sabemos todos.

Con verbos que afirman una realidad: **es evidente**, **nadie lo discute**, **lo sabemos todos**, etc.

En forma afirmativa: el indicativo es de uso obligado.
- Que los niños **leen** es evidente.

En forma negativa, admiten indicativo o subjuntivo, de acuerdo con la regla anteriormente facilitada.
- Que los niños hoy día no **lean** no es evidente.
(el hablante no se pronuncia)
- Que los niños hoy día no **leen** no es evidente.
(el hablante se pronuncia: "No es evidente pero puede ser cierto")

Con verbos que dejan en suspenso una realidad: **es posible que...**, **es probable que...**, **puede que...** es exigido el subjuntivo.

- Es posible que los niños no **lean**, pero habrá que demostrarlo.

Un pequeño truco: si podemos suprimir **que** y la frase principal sigue teniendo el mismo sentido, va en indicativo.

- Que esa empresa **va** muy mal,
  - yo lo veo muy claro.
  - es indiscutible. (= esa empresa va mal)
  - está claro.

- Que esa empresa **vaya** muy mal,
  - yo lo veo muy claro.
  - es indiscutible. (= esa empresa va mal)
  - está claro.

JUICIOS MORALES

Eso
Robar
Que alguien robe por necesidad
- está bien / mal.
- no está bien.
- me parece
- lo veo
- lo encuentro
- lo considero
  - bien / mal.
  - comprensible / justificable / inadmisible / vergonzoso ...
  - una vergüenza / una injusticia ...

ciento ochenta y siete **187**

consultorio gramatical

USOS DEL CONDICIONAL: EL FUTURO EN EL PASADO

Cuando el punto de vista es un momento del pasado y desde ese punto de vista nos referimos a una acción posterior, esta va en condicional. Es como el futuro del pasado.

- **Estaba** en su casa de Ibiza sin saber que unos días después **llegaría** su hermana
  (la acción de **llegar** es futura respecto a la de **estar**)
- El martes me **dijo** que **llegaría** el miércoles.
  (la acción de **llegar** es futura respecto a la de **decir**)

En lugar del condicional, puede usarse la perífrasis **ir a** + infinitivo; entonces, el verbo **ir** va en imperfecto de indicativo.

- Me dijeron que **iban a intentar** / **intentarían** solucionarlo cuanto antes.

Esto es frecuente con verbos de pensamiento en la oración principal.

verbo de pensamiento + *condicional*
- Ella **contaba** con
- Ella **creía**
- **Confiaba** en
- Ana **pensó**

que nadie la **descubriría**.

CONSTRUCCIONES CONDICIONALES (IV): CONDICIONALES CON DE

Cuando el sujeto de la condición se puede presuponer, puede expresarse la condición con **de** + infinitivo.

infinitivo compuesto

- **De haber sabido** que estabais aquí,
- **De haberme dicho** que había otros niños,
- **De haberme avisado**,

pluscuamperfecto de subjuntivo o condicional compuesto

no hubiera quedado con Alberto.
me **habría traído** a mi hijo.
yo **habría ido** enseguida.

LAS ACCIONES Y SUS CONSECUENCIAS

RESULTAR + *participio / adjetivo*
- Resultó perjudicado / vencedor.

SALIR + *participio / gerundio*
- Salió beneficiado / ganando.

ACABAR / TERMINAR +
- *gerundio*
- **por** + *infinitivo*
- **con** + *nombre*

- Acabarás cediendo.
- Terminarás por ceder.
- Acabarás con problemas.

ARGUMENTAR

Consulta las págs. 153-154 de *Gente con derechos*.

EL GERUNDIO EN FORMA NEGATIVA

Si es un complemento circunstancial de modo del verbo, la negación es con **sin** + infinitivo.

- Lo hizo dándose cuenta.
- Abandonó el lugar despidiéndose.

- Lo hizo **sin darse** cuenta.
- Abandonó el lugar **sin despedirse**.

Si es una explicación del sentido del verbo, entonces se mantiene la negación del gerundio.

- Creo que hiciste bien ayudándolos / al ayudarlos.
- Creo que hiciste mal **no ayudándolos** / **al no ayudarlos**.

consultorio gramatical 11

GENTE JUSTA

VERBOS Y EXPRESIONES CON PREPOSICIÓN (VII)

ACUSAR DE	• La **han acusado de** ser cómplice de asesinato.
CONFIAR EN	• Actualmente, ya no se **confía en** la justicia.
CORRESPONDER A	• La taquilla 123 le **corresponde a** Jorge Pedroche.
ESTAR DE ACUERDO EN	• No **estoy de acuerdo en** ese punto, es muy injusto.
NEGARSE A	• Esta vez **me niego a** asumir el trabajo de Pedro, es un vago.
PARTICIPAR EN	• ¿Este año no **participas en** la campaña electoral?
REFUGIARSE EN	• ¡No puedes seguir **refugiándote en** sus brazos!
RESPONSABILIZARSE DE	• Debes **responsabilizarte de** lo que haces, y no salir huyendo.
SER RESPONSABLE DE	• ¿Crees que Álex **es responsable de** lo que pasó en la fábrica?
TENER LA CULPA DE	• Debes entender que él no **tuvo la culpa de** lo que pasó.
SER CULPABLE DE	• No somos **culpables de** lo que pasó, por eso estoy tranquila.

En muchas ocasiones, la ausencia o presencia de la preposición, hace que cambie el significado del verbo.

• **Acaba / Termina** la sopa, Mafalda.

• **Acaba / Termina de ganar** un premio muy importante.
 (= una acción recién terminada)

• **Hemos aprovechado** la mesa para la salita. (= significado neutro)
• El gobierno **se aprovecha de** la buena situación económica mundial para adjudicarse méritos que no son suyos. (= actitud poco ética)

• **Cuenta las cajas** de libros. (= explicar algo o calcular la cantidad)
• **Cuento con Guillermo** para la fiesta. (= disponer o creer que se dispone
• **Cuento con que seremos** diez   de algo o de alguien)

• **Pienso cambiarme** de piso pronto. (= tener la intención de hacer algo)
• **Pensaré en** ti para la próxima plaza de becario. (= tener en cuenta / en consideración)

gente hoy 3

Libro del alumno

Autores
Ernesto Martín Peris
Jaume Muntal Tarragó
Carmen Pastor Villalba
Nuria Sánchez Quintana
Neus Sans Baulenas

Asesores internacionales
ALEMANIA: Rubén Cabello Justo, Instituto Cervantes de Frankfurt; BRASIL: Laura Fresno Tejedor, Instituto Cervantes de Río de Janeiro; ESPAÑA: Laura Múrtula, Academia DIME; María José González Madariaga, Universidad de Sevilla; FRANCIA: María Dolores Alonso García, Instituto Cervantes de París; MARRUECOS: Manuela Gil Toresano, Instituto Cervantes de Marrakech; RUSIA: Rocío Garrido Añón, Instituto Cervantes de Moscú; SERBIA: Jesús Herrera, Instituto Cervantes de Belgrado.

Coordinación pedagógica
Sergio Troitiño y Pablo Garrido

Coordinación editorial y redacción
Paco Riera

Diseño y dirección de arte
Ángel Viola, Juan Asensio, Grafica

Maquetación
Juan Asensio

Corrección
Miriam Galán, Àlex Sánchez

Ilustraciones
Pere Virgili (págs. 16, 18, 21, 25, 26, 32, 35, 37, 43, 45, 55, 56, 58, 66, 82, 85, 86, 88, 95, 102, 106, 115, 116,), Àngel Viola (cuadros de gramática, secciones "Os será útil..." y Consultorio gramatical), Martín Tognola (págs. 34 y 68), Alejandro Milà (pág. 94).

Fotografías
Unidad 0 pág. 14 Yuri_Arcurs/Istockphoto, Arne9001/Dreamstime, ManuelVelasco/Istockphoto, Jackf/Dreamstime, Aldo Murillo/Istockphoto, Nicolasmenijes/Dreamstime, pág. 17 Alexstar/Dreamstime, Andyb1126/Dreamstime, Kadettmann/Dreamstime, wikipedia.org, wikipedia.org, google.es, youtube.com, wikipedia.org, codejobs.biz, emezeta.com, wikipedia.org, hipertextual.com, commons.wikimedia.org, adslzone.net, commons.wikimedia.org, facebook.com, cyberpr.com, ptsem.edu, commons.wikimedia.org, digitaltroupe.com, flaticon.com, ochen.com, imagenpng.com; **unidad 1** pág. 18 wordreference.com, Manaemedia/Dreamstime, pág. 20 airenuestro.com, pág. 21 isabelallende.it, pág. 23 Threeart/Dreamstime, Tuja66/Dreamstime, pág. 24 wpr.org, versionlibreorg.blogspot.com.es, uma.es, aytoroquetas.org; **unidad 2** pág. 28 sensacine.com, pág. 29 ecartelera.com, mundodvd.com, pág. 30 Universal Pictures Iberia, S.L., pág. 31 Premios Goya 2014/Alberto Ortega, pág. 32 store.hbo.com, Rtimages/Dreamstime, pág. 33 Beyondthedarkroom/Dreamstime, pág. 36 telefe.com, pág. 37 marinello/Istockphoto, musikislife.net; **unidad 3** pág. 38 artrotter.com, vogue.com, culturacolectiva.com, commons.wikimedia.org biography.com, rockstation.it, huffingtonpost.com, en.wikipedia.org, commons.wikimedia.org, pág. 39 playrd.mx, stoppani.com.mx, motaen.com, wikiwand.com, pág. 40 Popperfoto/Getty Images, Alianza Editorial, pág. 43 Ullstein Bild/Getty Images, pág. 44 The White House/Getty Images, pág. 46 revistaperroverde.com, pág. 47 Christophe Simon/AFP/Getty Images; **unidad 4** pág. 48 Cassinga/Dreamstime, quiosquedoken.com, Jansucko/Dreamstime, Bigmax/Dreamstime, pág. 49 Alexsalcedo/Dreamstime, Marlee/Dreamstime, pág. 50 Billysiew/Dreamstime, Alina62/Dreamstime, Instituto Geográfico Nacional República Argentina, pág. 51 Mtrolle/Dreamstime, pág. 52 Zzvet/Dreamstime, pág. 54 Softlightaa/Dreamstime, Mpagina/Dreamstime; **unidad 5** pág. 58 Difusión, pág. 60 Procuraduría Federal del Consumidor de México, pág. 61 Adam Gregor/Fotolia, pág. 63 Tuja66/Dreamstime, thelinke/Istockphoto, pág. 66 Kokoroyuki/Dreamstime; **unidad 6** pág. 70 Arnoaltix/Dreamstime, laflor/Istockphoto, Mishatc/Istockphoto, laflor/Istockphoto, pág. 71 Peopleimages/Istockphoto, pág. 72 Taden/Dreamstime, Brebca/Dreamstime, pág. 74 Travellingtwo/Dreamstime, theboone/Istockphoto, ivosevicv/Istockphoto, pág. 75 Peopleimages/Istockphoto, Christopher Futcher/Istockphoto, Steve Debenport/Istockphoto, laflor/Istockphoto, Juanmonino/Istockphoto, IS_ImageSource/Istockphoto, Juanmonino/Istockphoto, pág. 76 Dreamzdesigner/Dreamstime, cubanosinfronteras.blogspot.com, pág. 77 univision.com, enplatea.com, diariolaprimeraperu.com, suggestkeyword.com, muchomasquebaile.com, eldiariomontanes.es, bueninvento/Flickr; **unidad 7** pág. 78 elnuevodiario.com.ni, Lonely Planet/Getty Images, Juanrvelasco/Dreamstime, Jgaunion/Dreamstime, theguardian.com, pág. 80 Spaxia/Dreamstime, Ocusfocus/Dreamstime, Franckito/Dreamstime, Nadino/Dreamstime, pág. 81 Mangostock/Dreamstime, Diego.cervo/Dreamstime, pág. 87 lahorca.cl, lavozdemaipu.cl, gritaradio.com, kromatikmusik.com, youtube.com, larevistadecanarias.com, sinmediante.net; **unidad 8** pág. 89 Oneo/Dreamstime, pág. 90 Kornienko/Dreamstime, Romeo1232/Dreamstime, rohaut.blogspot.com, guiadeaceite.com, olipremium.com, pág. 91 Paoloairenti/Dreamstime, Carlosdelacalle/Dreamstime, pág. 92 cultura.gob.pe, todotrujillo.pe, pág. 93 spiro.ir, Wikimedia Commons, pág. 94 Potapova Valeriya/123RF, pág. 95 Bzzz/Dreamstime, Ralukatudor/Dreamstime, pág. 96 Carlosdelacalle/Dreamstime, Ppy2010ha/Dreamstime, cocinamuysencilla.wordpress.com, Ppy2010ha/Dreamstime, burgos.laguiago.com, benidormgastronomico.blogspot.com.es, pág. 97 Alfonsodetomas/Dreamstime, Dallas Stribley/Getty Images; **unidad 9** pág. 98 Nito100/Dreamstime, barcelonacheckin.com, Iván Quintanilla, travelingiq.com, Ashiga/Dreamstime, pág. 99 es.omnidreams.net, pág. 100 Difusion, pág. 104 Vladteodor/Dreamstime, Innervisionpro/Dreamstime, pág. 105 FrankvandenBergh/Istockphoto; **unidad 10** pág. 108 Difusion, pág. 110 stylecaster.com, pág. 111 Ra2studio/Dreamstime, pág. 112 Bear66/Dreamstime, pág. 113 Chatchai5172/Dreamstime, pág. 114 Jstaley401/Dreamstime; **unidad 11** pág. 118 Artur Debat/Getty Images, tonywideman.com, Halfpoint/Istockphoto, pág. 119 Wavebreakmediamicro/Dreamstime, Celina Bordino, Nmint/Dreamstime, pág. 120 Dervish36/Dreamstime, ValoValo/Istockphoto, pág. 121 Maxisports/Dreamstime, Clickos/Dreamstime, Markasia/Dreamstime, Lailoken123/Dreamstime, pág. 123 Johnypan/Dreamstime, pág. 124 Gelpi/Dreamstime, pág. 125 nullplus/Istockphoto, pág. 126 theoldreader.com, museodelacaricatura.org, pág. 127 tuderechoaelegir.pe, pinterest.com, museodelhumor.es, clarin.com.

Cubierta Kota, Difusión, Ingrampublishing/Photaki, Adolfo López/Photaki, Ingrampublishing/Photaki, IS2/Photaki, Joan Sanz/Difusión (Ernesto Che Guevara), Kota, Silvana Tapia Tolmos, Edith Moreno, Emilio Marill, Sergio Troitiño, Barbara Ceruti, repro-arte.com (Diego Rivera), Claudia Zoldan, Ludovica Colussi, sodaniechie/Flickr, Juan Asensio, Sandra Gobeaux

Textos
© Isabel Allende, *Cuentos de Eva Luna*, Penguin Random House, 2014 (pág. 21)
© David Trueba, *Vivir es fácil con los ojos cerrados. Cuaderno de rodaje y guion*, Malpaso, 2014 (pág. 31)
© Mario Benedetti, *Despistes y franquezas*, Alfaguara, 1992 (pág. 66)

Grabación CD
Difusión, Estudios 103, CYO Studios. **Locutores:** Celina Bordino, ARGENTINA; Alícia Carreras, ESPAÑA; Roberto Castón, ESPAÑA; María Isabel Cruz, COLOMBIA; Sergio M. Curuchet, URUGUAY; Silvia Dotti, URUGUAY; Olivia Espejel, MÉXICO; Rosario Fernández, ESPAÑA; Pablo Garrido, ESPAÑA; Santiago Macías, ESPAÑA; Sabrina Meini, FRANCIA; Antonio Melero, ESPAÑA; Juan Pablo Miranda, ARGENTINA; María Inés Molina, ARGENTINA; Carmen Mora, ESPAÑA; Edith Moreno, ESPAÑA; Núria Murillo, ESPAÑA; Camilo Parada y Ortiz, CHILE; Albert Prat, ESPAÑA; Arnau Puig, ESPAÑA; Paco Riera, ESPAÑA; Núria Sánchez, ESPAÑA; Amalia Sancho Vinuesa, ESPAÑA; Víctor J. Torres, ESPAÑA; Sergio Troitiño, ESPAÑA; Antonio Vañó, ESPAÑA; María Vera, ESPAÑA. **Música:** Difusión, Juanjo Gutiérrez.

Agradecimientos
Manuel Barroso, Séverine Battais, Leonie Baumann, Antonio Béjar, Albert Borràs, Mateo Caballero, Charo Cálix González, Ana Campos, Alícia Carreras, Beatrice Casado Chinarro, Miguel Chinarro Martín, Francesca Coltraro, Ludovica Colussi, Carolina Domínguez, Estelle Foullon, Isabel García, Oscar García, Juan García-Romeu Díaz, Arturo Gimeno, Sandra Gobeaux, Javier González Lozano, Emma Haley, Paco Jurado Serrano, Eva Llorens, Luis Luján, Yoram Malka, Emilio Marill, Eva Martí, Adelaida Martín, Charline Menu, Carmen Mora, Edith Moreno, Verónica Muñoz, Lourdes Muñiz, Virginie Ouananie, Xavier Quesada, Marta Sanahuja, Clara Serfaty, Silvana Tapia Tolmos, Viviana Tapia Tolmos, David Troitiño Blázquez, Francisco Troitiño Pulido, Mar Troitiño Sanahuja, Nil Troitiño Sanahuja, Iago Troitiño Tapia, Maika Sánchez Fuciños, Pol Wagner Sans

© Los autores y Difusión, S.L. Barcelona 2015

Queda prohibida cualquier forma de reproducción, distribución, comunicación pública y transformación de esta obra sin contar con la autorización de los titulares de la propiedad intelectual. La infracción de los derechos mencionados puede ser constitutiva de delito contra la propiedad intelectual (arts. 270 y ss. Código Penal)

ISBN: 978-84-15640-40-0
Reimpresión: noviembre 2016
Impreso en España por Novoprint

Si quieres consolidar tu nivel **B2**, **te recomendamos:**

PREPARACIÓN PARA EL DELE

Las claves del nuevo DELE B2

Si quieres empezar con el nivel **C1**, **te recomendamos:**

PREPARACIÓN PARA EL DELE

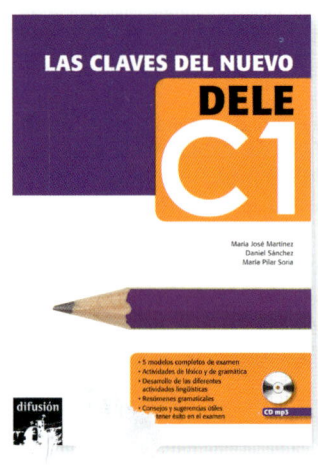

Las claves del nuevo DELE C1

y además:

nueva app de gramática española para ipad y tabletas android

http://appdegramatica.difusion.com

Mejora fácilmente tu español

Gramática Española es la *app* que te ayudará a dominar la gramática española

Disponible en el App Store

DISPONIBLE EN Google play

gramática española